DE GALLUP

BASADO EN NUESTRO MAYOR ESTUDIO GLOBAL

SOBRE EL FUTURO DEL TRABAJO

EL LÍDER

GALLUP HA DESCUBIERTO QUE LA CAPACIDAD Y
EXCELENCIA DE LOS DIRECTIVOS Y DE LOS LÍDERES
DE EQUIPO SON EL FACTOR MÁS IMPORTANTE
PARA EL ÉXITO A LARGO PLAZO
DE UNA ORGANIZACIÓN

DE GALLUP

BASADO EN NUESTRO MAYOR ESTUDIO GLOBAL

SOBRE EL FUTURO DEL TRABAJO

EL LÍDER

GALLUP HA DESCUBIERTO QUE LA CAPACIDAD Y
EXCELENCIA DE LOS DIRECTIVOS Y DE LOS LÍDERES
DE EQUIPO SON EL FACTOR MÁS IMPORTANTE
PARA EL ÉXITO A LARGO PLAZO
DE UNA ORGANIZACIÓN

JIM CLIFTON | JIM HARTER

REVERTÉ MANAGEMENT
BARCELONA/MÉXICO

El líder
It´s the Manager

© **Editorial Reverté, S. A., 2020, 2021, 2023, 2024**
Loreto 13-15, Local B. 08029 Barcelona – España
revertemanagement@reverte.com

5ª impresión: sep iembre 2024

Edición en papel
ISBN: 978-84-17963-08-8

Edición ebook
ISBN: 978-84-291-9567-5 (ePub)
ISBN: 978-84-291-9568-2 (PDF)

Editores: Ariela Rodríguez / Ramón Reverté
Coordinación editorial y maquetación: Patricia Reverté
Traducción: Jordi Vidal Moral
Revisión de textos: M.ª Carmen G. Galott

Impreso en España – *Printed in Spain*
Depósito legal: B 1869-2021
Impresión: Liberdúplex

A LOS QUE CREEN QUE MAXIMIZAR
EL POTENCIAL HUMANO ES AHORA
EL PROPÓSITO PRINCIPAL DE TODAS
LAS ORGANIZACIONES

ÍNDICE DE CONTENIDOS

Cómo leer este libro

Este es un libro de referencia para directores ejecutivos, directivos de recursos humanos, así como líderes de equipo o gerentes. No pretendemos, por lo tanto, que se lea de principio a fin en un vuelo de Chicago a Los Ángeles. Lo hemos escrito para orientar sobre cualquier asunto relevante al que se enfrenten las organizaciones.

El libro incluye más de 50 ejemplos y recomendaciones agrupados en cinco secciones: Estrategia; Cultura; Marca empleadora; De jefe a *coach*; y El futuro del trabajo.

Cada empresa se halla en una etapa distinta del recorrido. Es posible que algunas ya hayan solucionado ciertas cuestiones y estén afrontando otras, así que recomendamos consultar directamente los capítulos que contengan las respuestas a los principales problemas en cada caso.

Al leer este libro, se debe tener en cuenta que las capacidades y la excelencia de directivos y líderes de equipo constituyen el principal factor de éxito para una organización.

INTRODUCCIÓN
El nuevo propósito del mundo

A pesar de que en los centros de trabajo se han experimentado cambios extraordinarios en los últimos tiempos, la práctica de la gestión empresarial lleva estancada más de 30 años y ha quedado rezagada respecto a la manera en que la gente trabaja, vive y desea vivir. Y necesitamos adaptarnos a ello.

Para entender mejor esta situación, en Gallup hemos revisado la literatura existente sobre gestión empresarial y hemos analizado información y materiales de las instituciones más avanzadas, así como nuestros propios datos de seguimiento de centros de trabajo —tanto en Estados Unidos como en el resto del mundo—, durante un periodo que abarca más de 30 años. Esta labor ha incluido decenas de millones de entrevistas en profundidad a empleados y directivos de 160 países.

Por ejemplo, llevamos a cabo entrevistas grupales con los directores de recursos humanos de 300 de las mayores organizaciones mundiales y entrevistamos a algunos de los economistas más preeminentes del planeta.

A raíz de todo ello, en Gallup concluimos que el mayor problema global a corto plazo (es decir, de cinco a diez años) será el declive de la dinámica económica y la productividad (PIB per cápita). Asimismo, constatamos que estos problemas pueden reducirse en la misma medida en que el método Six Sigma logró en su momento mejorar la calidad de la producción estadounidense y mundial.

No obstante, esta vez no se trata de eliminar fallos en los procesos, sino de maximizar el potencial humano.

La clase política no va a solventar este problema; les corresponde hacerlo a los directores generales y de recursos humanos de las empresas. Así, las personas que lideran las 10.000 principales organizaciones del mundo —gubernamentales y no gubernamentales, u ONG— tienen en sus manos dar solución a uno de los mayores retos de la humanidad.

En este contexto, el tejido empresarial estadounidense debería desempeñar un papel crucial. Según la Oficina del Censo, existen unos seis millones de empresas en los Estados Unidos; de estas, cuatro millones tienen menos de cinco empleados y en su mayoría son comercios familiares y pequeños negocios. Eso nos deja con solo dos millones de pequeñas, medianas y grandes empresas, de las cuales un millón cuentan con entre cinco y nueve empleados; 600.000 tienen entre 10 y 19 y 500.000 entre

20 y 99. O sea, que solo hay 90.000 negocios en Estados Unidos con entre 100 y 499 trabajadores y otros 18.000 con 500 o más.

Esas 18.000 empresas líderes podrían, de hecho, modificar de forma radical las cifras de crecimiento del PIB y los niveles de productividad mediante la adopción de una cultura de alto desarrollo de sus trabajadores.

La clave reside en poner en sintonía la práctica de la gestión empresarial con el nuevo propósito de los trabajadores del mundo. El gran sueño americano ha cambiado y también lo ha hecho el del resto de la población mundial. Ahora lo que quiere la gente es un buen empleo; ese es el nuevo propósito global y todo cambiará cuando las empresas respondan a él.

Tal y como sucedió con el Six Sigma y la gestión optimizada, cuando las prácticas de gestión se transforman, las personas también lo hacen y, como consecuencia, las organizaciones ahorran enormes cantidades de tiempo y dinero. Todo funciona mejor: los individuos y los equipos crecen, se desarrollan y son mucho más exitosos, porque su situación laboral se ajusta a sus deseos y aspiraciones.

El fracaso en la optimización del potencial de los miembros de un equipo es —usando la terminología de Six Sigma— un *defecto* del sistema.

Por ejemplo, una empresa global de servicios profesionales estimó que estaba gastando mil millones de dólares al año en el tiempo que sus gerentes dedicaban a llenar formularios de evaluación en lugar de invertirlo en la formación de los trabajadores y mantener conversaciones continuas con ellos. Y es que, como muchos directivos y personal de recursos humanos están descubriendo, no existe prueba alguna en todo el mundo de que tales procesos de evaluación general de los trabajadores sean efectivos.

Habitualmente, directores ejecutivos y directivos de recursos humanos de las empresas nos preguntan cómo se puede saber con exactitud —o cómo se puede auditar— si ya se ha adoptado una cultura de alto desarrollo de su personal. La mejor manera de valorarlo, en mi empresa, consiste en que cada persona se plantee lo siguiente: «¿Hay alguien en mi trabajo que estimula mi desarrollo personal y profesional?»

Si el 60 % de los trabajadores de una compañía responden con un rotundo «sí» a esta pregunta, significa que ese centro de trabajo ha sido transformado y que, en cierta medida, se ha «cambiado el mundo».

Los datos y análisis de este libro muestran importantes descubrimientos que llevan a concluir que la productividad económica global se ha desacelerado en las tres últimas décadas. La causa es la ausencia de cambios significativos en la forma en que el personal directivo de las empresas ejerce su liderazgo y potencia el desarrollo de individuos y equipos.

Si bien es cierto que los resultados de Gallup lo atribuyen a las prácticas gerenciales, también se identifica que es una cuestión reparable. En este contexto, la «reparación» se entiende como la generación de un incremento en el compromiso global del empleado. Actualmente, solo el 15 % de los trabajadores de todo el mundo están comprometidos con su trabajo, esto es, consideran que tienen buenos empleos en los que se están desarrollando y cuyas funciones y objetivos les resultan enriquecedores. Si ese porcentaje aumentara hasta el 50 %, los centros de trabajo cambiarían y también lo haría el mundo.

Y el hecho es que la investigación muestra exactamente cómo lograr ese incremento en el porcentaje de empleados comprometidos. Se han escrito volúmenes enteros sobre esta temática; por tanto, el conocimiento ya está ahí. El problema es que, a pesar de que la *ciencia* de la administración empresarial ha avanzado de forma notable en las últimas tres décadas, en la *práctica*, no se ha hecho.

Durante mucho tiempo, el principal objetivo de un negocio ha sido generar rentabilidad para sus accionistas. Eso está bien, pero no es suficiente para garantizar un buen futuro del trabajo.

Por otro lado, Peter Drucker escribió en cierta ocasión: «Solo existe una definición válida para el objetivo de los negocios: crear clientes». Estamos de acuerdo, pero eso tampoco basta para lo que han de ser los centros de trabajo del futuro.

El nuevo propósito de los negocios y la empresa —y el futuro del trabajo— debe incluir la optimización del potencial humano.

¿QUÉ ES LA PRODUCTIVIDAD?

Maximizar el potencial humano no solo ejerce un impacto positivo en cualquier empresa, sino también sobre la productividad de un país y del mundo entero. Es, por lo tanto, mucho lo que está en juego.

El principal parámetro de medición para economistas y académicos de la mayoría de instituciones del planeta es el PIB, que consiste básicamente en la suma de todo lo que la ciudadanía fabrica o produce, así como de lo que se compran y se venden entre sí.

El cálculo de las «ventas totales» de un país sería su PIB, esto es, la suma de todas las transacciones de sus ciudadanos y organizaciones. Casi todos los gobiernos del mundo elaboran un informe de este tipo con periodicidad trimestral.

Aun así, el PIB no constituye el principal parámetro para definir el progreso social y la salud de una nación. Por ejemplo, el PIB per cápita de China está a buen nivel y el de Rusia no, por lo que, tanto autoridades académicas e intelectuales de renombre pueden concluir que el desarrollo humano de China es mejor que el de Rusia.

En realidad, las cosas no son tan simples, pero al menos el PIB es un indicador consistente y bastante útil para comparar naciones y sociedades.

El crecimiento del PIB dividido por la población total (o per cápita) es lo que los economistas denominan «productividad» de un país.

A modo de ejemplo, pensemos en los Estados Unidos como si fueran una empresa e imaginemos que somos su Director General o de Recursos Humanos. Disponemos de unos 125 millones de empleados trabajando a tiempo completo y 27 millones trabajando a tiempo parcial, lo que genera unos 20 billones de dólares en ventas (según el PIB de 2018) y casi la misma cantidad de deuda. Así pues, el problema más serio que debe afrontar esta gigantesca empresa, América S. A., es la caída del crecimiento y la existencia de unos gastos exorbitantes.

Además, la mitad de los empleados de esta enorme compañía se quejan de tener menos trabajo que hace 35 años y, en términos generales, no han obtenido ni un solo aumento de sueldo en ese periodo; los gastos cotidianos, médico-sanitarios y educativos se han disparado, mientras que sus nóminas se han quedado congeladas o incluso han empeorado.

Así pues, los Directores Generales y de Recursos Humanos de las empresas están en mejor situación que sus respectivos gobiernos nacionales para cambiar la dinámica económica de sus países y, en definitiva, el funcionamiento de la economía mundial. A pesar de que una buena política fiscal es mejor que una mala, las armas más efectivas están en manos de los directivos empresariales, no en las de los legisladores.

POR QUÉ WALL STREET SE ESTÁ QUEDANDO VACÍO

Cuando no se apuesta por el desarrollo de los trabajadores en todos los niveles, tampoco avanzan las propias organizaciones. Sin espíritu no hay ideas ni incremento de la clientela. En suma, nos encontramos con una dinámica económica decreciente. A excepción de unas 20 empresas, esto mismo es aplicable a todas las grandes compañías estadounidenses, que solo crecen mediante adquisiciones.

Cuando una empresa no consigue desarrollarse de forma orgánica, sus directores ejecutivos se rinden, vuelven a sus oficinas, adquieren a sus competidores y recortan precios; e, increíblemente, la mayoría de las juntas directivas de las empresas que cotizan en bolsa alientan este tipo de medidas.

La siguiente gráfica muestra el aspecto de un mundo con una dinámica económica en declive.

Crecimiento económico global - Banco Mundial

Crecimiento del PIB per cápita (% anual)

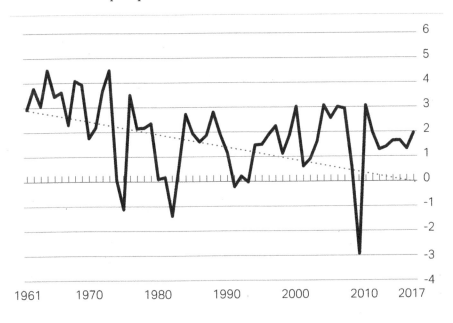

Así, adquirir a la competencia es la estrategia actual de crecimiento de casi todas las empresas de la lista Fortune 1000. Como resultado de ello, el número de compañías que cotizan en bolsa de los Estados Unidos se ha reducido casi a la mitad en los últimos 20 años, de unas 7300 a 3700.

En definitiva, el rebaño se está quedando muy pequeño.

En algún momento, esta estrategia de adquisiciones chocará contra un muro. Uno se pregunta durante cuánto tiempo más necesitaremos la Bolsa de Valores de Nueva York y el índice Nasdaq.

El análisis efectuado por Gallup revela que la mayoría de las empresas podrían doblar sus ingresos simplemente vendiendo más a su actual base de clientes. Pero, por las razones que sean, no lo hacen; toman el camino más fácil: comprar clientes en lugar de crearlos gracias a equipos inspirados.

Nota para las juntas directivas: en lugar de pagar precios elevados (e irrecuperables) por las adquisiciones, Gallup recomienda implementar de forma inmediata una estrategia de crecimiento orgánico asentada en una cultura corporativa completamente distinta, que potencie el desarrollo de los empleados y cuente con buenos líderes.

No tenemos ninguna duda: cuando aumenta la inspiración del equipo, también lo hacen el número de clientes, la rentabilidad y las ganancias.

Y hay que tener en cuenta que este tipo de desarrollo es gratuito y, además, reactiva a la gente, porque cumple con el propósito del mundo.

LO QUE TODO EL MUNDO QUIERE

Como señalamos antes, el nuevo propósito del mundo es tener un buen empleo.

Hace unos años, Gallup diseñó una metodología global —representando el 98% de la población mundial— para estimar el avance de la vida de las personas. Preguntamos a la gente… «Imagine una escalera con los escalones numerados del cero (escalón de abajo) al diez (escalón más alto). El escalón más alto representa la mejor calidad de vida posible para usted, y el más bajo, la peor. ¿En qué escalón de esa escalera siente que está en este momento?».

A continuación, les preguntamos qué factores concretos conformarían una buena vida.

Lo que descubrimos nos sorprendió: si bien la ley y el orden, la alimentación y la vivienda siguen siendo necesidades básicas para la gente de todo el mundo, comprobamos que el gran sueño global se cumple, sobre todo, cuando se tiene un «buen empleo».

De igual modo, el seguimiento que Gallup efectuó sobre el sueño americano durante más de 80 años mostró que la gente deseaba ante todo la existencia de ley y orden (es decir, seguridad), seguida de buena alimentación y vivienda, y después tener una familia, una casa propia y vivir en paz.

No obstante, en la actualidad, en Estados Unidos y en todo el mundo, el gran sueño es tener un buen trabajo, y este constituye uno de los mayores y más sorprendentes descubrimientos de Gallup en toda su historia. La familia, tener descendencia, casa propia y una vida en paz siguen siendo importantes, pero se trata de cuestiones menos prioritarias.

La «mejor vida imaginable» —especialmente para los jóvenes y para cada vez más mujeres— no es que se tenga un buen trabajo, con un salario digno y un líder de equipo que aliente tu desarrollo.

Pero ¿cuál es exactamente la diferencia entre un mal empleo, un buen empleo y un gran empleo?

Un «mal empleo» es aquel en el que se está subempleado, se recibe un salario muy bajo y se trabaja menos de 30 horas semanales cuando lo que la persona quiere es hacerlo a tiempo completo.

Por el contrario, Gallup define un «buen empleo» como aquel en el que se trabaja tiempo completo para una misma empresa (30 o más horas a la semana) y percibiendo un salario digno.

Por su parte, un «gran empleo» posee todas las cualidades de un buen empleo, pero con un gran factor diferencial: quienes ocupan esos puestos están comprometidos con un trabajo útil y enriquecedor y experimentan un crecimiento real, tanto individual como desarrollo en su centro de trabajo.

Las personas con grandes empleos llevan vidas muy diferentes a las del resto: aparte de impulsar el negocio, inspiran a los equipos, resuelven problemas en lugar de crearlos, hacen trabajos voluntarios en su comunidad, tienen mucho mejor estado de salud y bienestar, sufren menos accidentes laborales y no cometen errores, o cometen pocos.

El problema es que únicamente el 15 % de los trabajadores del mundo están comprometidos con su trabajo o parecen tener grandes empleos. Aun así, estas pocas personas son las que lideran la economía mundial, aportando un valor extraordinario a sus organizaciones y a la sociedad en la que viven.

Por tanto, según Gallup, el 85 % restante no son empleados comprometidos —se limitan a cubrir sus responsabilidades de forma rutinaria— o, lo que es peor, odian su trabajo, a sus jefes y sus empresas. Entre otras cosas, estas personas afirman que su empleo carece de sentido, lo cual, en el nuevo milenio, se traduce como que sus vidas no tienen sentido.

Así pues, los centros de trabajo en el mundo tienen una necesidad mucho mayor que la que creíamos.

Por ejemplo, si nos fijamos en Japón, un gran país que está esforzándose por hacer las cosas bien, vemos que un alarmante 94 % de sus trabajadores no están comprometidos con lo que hacen o directamente no les interesa. El problema es tan serio que el Gobierno ha intervenido dictando nuevas políticas y leyes para intentar paliar el estrés y el agotamiento en el trabajo, así como para poner coto a unas (trágicamente) elevadas tasas de suicidio.

La forma actual de llevar la administración y gerencia empresarial no solo está destruyendo el futuro laboral en Japón, sino también la propia cultura del país, ya que únicamente el 6 % de sus trabajadores dicen sentirse comprometidos con su empleo.

Hasta ahora, los líderes mundiales y los directores ejecutivos y de recursos humanos han afrontado retos mucho más difíciles que el de incrementar de forma significativa el compromiso de sus empleados. Sin embargo, es posible que nunca se hayan enfrentado a uno con una faceta tan positiva, no solo para la mejora de sus propias organizaciones, sino también para el crecimiento global de la libre empresa y para el siguiente gran paso en el desarrollo humano.

LA CLAVE ES EL LÍDER

Es probable que la mayoría de directores generales y de recursos humanos estén pensando: «Vale, estoy de acuerdo con todo esto, pero ¿qué puedo hacer para obtener mejores resultados? ¿De qué palanca debo tirar para generar cambios integrales en mi cultura empresarial, de manera que se ajuste al nuevo propósito del mundo y al futuro del trabajo?».

De todos los códigos que se ha pedido a Gallup que descifre —remontándonos 80 años atrás, hasta la época de nuestro fundador, George Gallup—, el hallazgo más profundo, singular y clarificador de la historia seguramente sea este: el 70 % de la varianza en el compromiso de un equipo viene determinado únicamente por la persona que dirige a ese equipo.

Así pues, la clave es el líder.

Si una empresa cuenta con 50.000 trabajadores, alrededor de 5000 serán gerentes o líderes de equipo; y ahí reside todo el potencial de cambio. Los paquetes de prestaciones, los nuevos sistemas de evaluación, los vales de comida y las pistas de voleibol junto a la oficina están muy bien, pero no cambian las cifras de crecimiento de la empresa; esto solo se consigue mejorando la proporción entre líderes buenos y malos.

Así, si de los 5000 gerentes de una organización el 30 % son muy competentes, el 20 % son pésimos y el restante 50 % se limita a «calentar la silla» —estos porcentajes se corresponden aproximadamente con la media de Estados Unidos en cuanto a compromiso con el trabajo—, el objetivo será doblar ese 30 % (al 60 %) y reducir el 20 % a cifras de un solo dígito. Si esto se consigue, la cotización bursátil de la empresa subirá como la espuma. Literalmente, nada que un director ejecutivo o de recursos humanos pueda hacer cambiará el valor de una organización de forma más real, estructural y sostenible.

Así que ¿cuál es el botón que hay que pulsar? Habitualmente no existe uno solo que sirva para generar cambios, pero en este caso sí: el del líder.

Si se dispone de buenos líderes que logren maximizar el potencial de cada miembro de un equipo, se habrá cumplido el nuevo propósito global: un buen empleo y una buena vida.

Ese es el futuro del trabajo.

ESTRATEGIA

LOS MENSAJES INSPIRADORES SON IMPORTANTES,
PERO NO TIENEN UN IMPACTO SIGNIFICATIVO A
MENOS QUE LOS LÍDERES DISEÑEN UNA ESTRATEGIA
PARA GESTIONAR MÚLTIPLES EQUIPOS Y TOMEN
BUENAS DECISIONES

CAPÍTULO I

¿QUÉ DEBERÍAN CAMBIAR EXACTAMENTE LOS DIRECTORES GENERALES Y DE RECURSOS HUMANOS?

La mayoría de *millennials* (las personas nacidas entre 1980 y 1996) y de miembros de la generación Z (los nacidos a partir de 1997) van al trabajo con entusiasmo. Pero las prácticas de gestión empresarial tradicionales —que implican un exceso de burocracia, la existencia de brechas de diferente tipo, un escaso tratamiento personalizado del trabajador y una evaluación del desempeño de carácter anual— convierten sus empleos (y sus vidas) en pura rutina. En otras palabras, la forma actual de dirigir las empresas, generalizada en todo el mundo, genera muy poco desarrollo.

¿Qué implica esto para la productividad de una organización? Muy sencillo: que se lleve a cabo un cambio significativo, una transformación en la cultura de la empresa.

El primer paso de ese cambio cultural consiste en modificar las creencias de los directores ejecutivos y de recursos humanos. A continuación, habrá que cambiar lo que piensan los directores de las compañías y, acto seguido, la forma en que fomentan el desarrollo de cada miembro de sus equipos.

Gallup ha descubierto que los *millennials*, en particular, han alterado la manera de trabajar en todo el mundo, porque han modificado el modo de comunicarse, de leer, escribir y, en definitiva, de relacionarse. Y no hay vuelta atrás. Tanto estos jóvenes como los de la generación Z están transformando sectores económicos como el inmobiliario, el comercio minorista, la hostelería, el transporte, el entretenimiento y los viajes, y pronto cambiarán también, de manera radical, la educación superior.

En resumen, estas dos generaciones están transformando el propósito del mundo y modificando el significado de tener un buen empleo y una buena vida.

LOS SEIS CAMBIOS

Como ya hemos dicho, Gallup recomienda que las organizaciones cambien de inmediato su cultura para pasar del *antiguo propósito* al *nuevo propósito*. Los seis grandes hechos, relacionados con esto, que hemos descubierto son los siguientes:

1. ***Los* millennials *y la generación Z ya no trabajan solo por un sueldo, sino que necesitan un propósito.*** Para estas personas, el trabajo debe tener un sentido, desean formar parte de organizaciones con una misión y un objetivo. Los *baby boomers* y otras generaciones no siempre necesitaban esto, la mayoría de las veces les bastaba con un buen sueldo porque su misión, su propósito, eran la familia y la comunidad. En cambio, para los *millennials* y la generación Z, aunque la retribución económica sigue siendo importante y se espera que sea justa, ya no es su principal motivación. El énfasis se ha trasladado del salario al propósito y, por lo tanto, en la cultura empresarial debería suceder lo mismo.

2. ***Los* millennials *y la generación Z ya no aspiran a la satisfacción laboral, sino al desarrollo personal.*** A la mayoría no les importan los señuelos vacuos que usan muchas empresas actuales (mesas de *ping-pong* en la oficina, sofisticadas máquinas de café o expendedoras de comida gratuitas) para intentar crear un ambiente laboral agradable. No, ofrecer regalos y privilegios es un error de liderazgo. Y, lo que es peor, resulta condescendiente.

3. ***Los* millennials *y la generación Z no quieren tener jefes, sino coaches.*** El papel del jefe de toda la vida, a la antigua, consiste en dar órdenes y controlar a sus empleados. Pero las nuevas generaciones de trabajadores prefieren tener líderes o coordinadores de equipo que puedan enseñarles algo, que los valoren como individuos y profesionales y que los ayuden a entender y desarrollar sus capacidades innatas y sus fortalezas.

4. ***Los* millennials *y la generación Z no desean evaluaciones anuales, sino conversaciones continuas.*** La forma de comunicarse de estas personas —a través de mensajería instantánea, SMS, tuits, Skype, etc.— es inmediata y continua. Por lo tanto, están acostumbradas a una comunicación y retroalimentación constante, lo cual afecta de forma significativa a su ambiente de trabajo. Además, las revisiones anuales *motu proprio* nunca han funcionado.

5. ***Los* millennials *y la generación Z rechazan a los gerentes o líderes que se centran en sus debilidades.*** La investigación de Gallup muestra que

los puntos débiles de una persona nunca se convierten en fortalezas, mientras que estos últimos se pueden desarrollar de forma infinita. Ahora bien, la empresa no debe ignorar las debilidades de su personal; lo que tiene que hacer es entenderlas al tiempo que maximiza sus fortalezas. Una cultura empresarial basada en las fortalezas y las capacidades de los trabajadores también ayuda a atraer y retener el talento.

6. *No es mi trabajo, es mi vida.* Como se comentó anteriormente, uno de los principales hallazgos de Gallup se basa en que, hoy en día, lo que todo el mundo desea y persigue en la vida es un buen empleo; y esto es especialmente cierto para los *millennials* y la generación Z. Más que nunca en la historia de la cultura corporativa, los trabajadores se preguntan: «¿Valora esta empresa mis capacidades y mi contribución? ¿En mi trabajo tengo cada día la oportunidad de hacer lo que mejor sé hacer?». El cambio de mentalidad de estas dos generaciones ha logrado que un trabajo deje de ser solo un trabajo y pase a ser su vida.

Demandas cambiantes de los trabajadores

Pasado ⟶	Futuro
Mi salario	Mi propósito
Mi satisfacción	Mi desarrollo
Mi jefe	Mi *coach*
Mi evaluación anual	Mis conversaciones continuas
Mis debilidades	Mis fortalezas
Mi empleo	Mi vida

CAPÍTULO 2

¿POR QUÉ EL CAMBIO ORGANIZACIONAL ES TAN COMPLICADO?

Solo el 22 % de los trabajadores están totalmente de acuerdo en que el liderazgo de su empresa sigue una dirección clara.

El cambio en la cultura corporativa, pasando del antiguo al nuevo propósito, y la adaptación de la gestión empresarial no ocurrirán sin que exista la participación de la alta dirección. El problema es que solo el 22 % de los trabajadores están totalmente de acuerdo en afirmar que el liderazgo de su empresa sigue una dirección clara.

Pero ¿por qué es tan complicado implementar un cambio organizacional?

Una posible respuesta es que, durante milenios, los humanos han vivido básicamente en pequeños grupos o tribus. Para aportar valor, cada miembro de una tribu desempeña un papel y se le incentiva para forjar lazos en su seno. Al final, la supervivencia del grupo depende de que cada quien haga su parte.

En consecuencia, se incentiva la desconfianza en los intrusos que puedan intentar apropiarse de los recursos de la tribu.

«Nosotros contra ellos» era una premisa de gran valor en una sociedad basada en la caza y la recolección. En otras palabras, llevamos el espíritu tribal en la sangre.

Es más, los sociólogos han descubierto que existe un límite en el número de aliados que podemos mantener en un grupo. Por tanto, para que una organización de grandes dimensiones funcione, los colegas leales deben tener, a su vez, otros colegas leales, y así sucesivamente.

Las redes de trabajo empiezan a ser influyentes solo a partir de las conexiones de segundo y tercer grado. Así que el éxito de alguien como líder dependerá de que su reputación llegue más allá de su entorno o círculo cercano.

La amplia investigación de Gallup en muy diversos centros de trabajo corrobora estos descubrimientos de la sociología. En las empresas de éxito se produce un efecto dominó: el compromiso de los líderes se propaga a los mandos intermedios y, a su vez, a los trabajadores operativos. Pero esto no sucederá si se deja todo al azar.

Solo de forma reciente en la evolución humana han surgido las grandes sociedades y las empresas con líderes a cargo de muchos equipos compuestos por miles de personas. Existen innumerables ejemplos de éxito y fracaso en estas grandes organizaciones; y el fracaso suele ser el resultado de una ruptura en la red de aliados. Ahí es donde el espíritu de la tribu resurge y cada equipo trabaja contra otros equipos, es decir, al final contra los objetivos de la empresa.

En este sentido, uno de los mayores retos para los líderes de las grandes compañías, a menudo incluso de las más prestigiosas, es la inexistencia de una cultura común. En el bestseller de Gallup titulado *Primero, rompa todas las reglas* se exponían varios hallazgos contrarios a la lógica, y uno de ellos era la amplia variabilidad en el nivel de compromiso de los equipos dentro de una misma empresa: algunos se situaban en los primeros puestos de nuestra base de datos, mientras que otros estaban clasificados en la parte baja y el resto se repartía hacia la mitad.

A pesar de ello, tanto las sociedades como las grandes compañías han logrado desarrollarse por algunas buenas razones; en esencia, han sido lo bastante eficientes para hacer la vida de la gente más sencilla y más larga, con menos dolor y dificultades para todos sus miembros.

El antiguo entorno de liderazgo, con sus dualidades jefe-empleado y orden-control, «funcionaba» cuando se trataba de construir sistemas de procesos eficientes, como diseñar grandes edificios y construir infraestructuras. Pero las técnicas de liderazgo de arriba abajo (*top-down*) pertenecen al pasado, no han sido capaces de adaptarse a la realidad actual de los centros de trabajo, cuyo personal ahora exige *coaching* y una estructura colaborativa para desarrollarse.

CAPÍTULO 3

DOS RASGOS NO NEGOCIABLES QUE DEBEN POSEER LOS LÍDERES

- Integrar a múltiples equipos.
- Tomar buenas decisiones.

Una percepción errónea, pero muy común, es que los líderes pueden lograr el éxito gracias a la pura inspiración. Ojalá fuera cierto.

Pensemos en ello: ¿por qué los oradores motivacionales suelen ser incapaces de mostrar evidencias de cambio duradero? Porque la mayoría de esos mensajes bienintencionados no se ajustan a las *experiencias diarias reales*.

En el ámbito del liderazgo pasa algo similar. Al principio, la mayoría de los empleados desea creerse esos mensajes inspiradores, pero su experiencia diaria les hace cuestionar la credibilidad de sus líderes. Se les pide que cambien de rumbo para enfocarse en una nueva iniciativa, pero no saben por qué; reciben el resultado de su evaluación anual y no tienen ni idea de la razón por la que no obtuvieron la bonificación o el ascenso que esperaban. «Seguro que se lo habrán dado a algún perezoso mejor relacionado que yo», piensan. A su vez, el jefe directo echa la culpa a los de arriba. ¿Qué opinan ahora esos trabajadores de su líder inspirador?

Gallup lleva cinco décadas analizando el comportamiento de todo tipo de líderes, desde los de más alto nivel pasando por los mandos medios y hasta los supervisores del personal operativo. Y ¿qué hemos descubierto que diferencia a los grandes líderes del resto?

Existen más de 20 características de los líderes exitosos, entre las cuales se encuentran la capacidad para generar una visión, la habilidad para pensar de forma estratégica y construir redes de trabajo internas y externas o la valentía para tomar decisiones difíciles. Lo que está claro es que el éxito en el liderazgo es algo multidimensional. Aun así, la mayoría de rasgos de un buen líder pueden agruparse en dos; se trata de personas que saben cómo:

1. Integrar múltiples equipos.
2. Tomar buenas decisiones.

A su vez, estos dos elementos tienen mucho que ver con la flexibilidad de la empresa.

En definitiva, los mensajes inspiradores son importantes, pero no habrá un impacto significativo hasta que los líderes dispongan de una estrategia para integrar de forma adecuada a sus equipos y tomar buenas decisiones.

Ninguno de estos dos requisitos puede existir sin el otro en el camino hacia el éxito de un líder.

CAPÍTULO 4

INTEGRAR MÚLTIPLES EQUIPOS

Cuando los líderes se desarrollan, son capaces de tener una visión más amplia de su puesto y, por lo tanto, más probabilidades de trabajar de forma efectiva con otros líderes.

En todas las empresas hay problemas que resolver; el que se opte por afrontarlos limando asperezas o señalando a otros con el dedo dependerá sobre todo de la opinión que el personal tenga acerca de sus líderes.

Al igual que el resto de los empleados, tanto los líderes de equipo como supervisores de personal operativo deben poder sentir que crecen profesionalmente. Algunos gerentes intentan proteger a sus equipos de los problemas de la empresa, en ocasiones incluso echándose la culpa a sí mismos. En cambio, otros prefieren culpar al escalón superior: «No es culpa mía, es un asunto corporativo».

En estos casos cobra sentido el «nosotros contra ellos» que citamos antes y se abre un abismo entre unos y otros.

Los líderes de cualquier nivel —ya ejerzan como líderes de equipo, directores de otros gerentes o directores ejecutivos— necesitan de una misión y un propósito bien articulados y definidos que todo el mundo pueda relacionar fácilmente con su trabajo cotidiano; esa será su contribución. Es decir, necesitan expectativas claras, pero que se redefinan constantemente dentro de una estrategia corporativa a menudo cambiante. Y también necesitan una formación y un grado de responsabilidad continuos, de forma que puedan ver su progreso y potencial.

Antes de que los líderes puedan aportar a sus trabajadores lo que necesitan, primero deben conseguir lo que *ellos* necesitan como trabajadores. Los equipos de los que forman parte se componen de otros directivos y gerentes que pueden estar o no en sintonía; es decir, ser sus aliados o sus enemigos. El grado de conexión interna en sus propios equipos determinará su capacidad para gestionar otros equipos.

En otras palabras, es más probable que los ejecutivos de una empresa fomenten la cooperación y el trabajo en equipo entre sus empleados si ellos mismos están comprometidos con una misión y creciendo profesionalmente. En los siguientes capítulos de este libro, en especial el titulado *De jefe a* coach, proporcionamos una serie de orientaciones para potenciar el desarrollo de líderes o gerentes.

En resumen, para que una empresa cambie de forma efectiva, sus líderes deben ser capaces de trabajar en equipo.

CAPÍTULO 5

TOMAR BUENAS DECISIONES

Las empresas son fábricas de decisiones.

Daniel Kahneman, veterano científico emérito de Gallup y psicólogo ganador del Premio Nobel, considerado de forma unánime una autoridad mundial en el ámbito de la toma de decisiones, dijo en cierta ocasión: «Las empresas son fábricas de decisiones».

Un negocio triunfa o fracasa en función de las decisiones de sus líderes en cuanto a la dirección estratégica, las fusiones o adquisiciones, las contrataciones, las nuevas tecnologías, la misión de la empresa o la forma de afrontar los dilemas éticos.

Si una decisión no es «correcta», toda la energía invertida en ella cae en saco roto.

Tomar las decisiones correctas es, en sí, una ciencia. Más allá del azar, que puede intervenir en algunos casos, existen tres claves para acertar con mayor frecuencia:

1. **Conocer los propios límites.** Un buen líder debe ser consciente de sus fortalezas y debilidades a la hora de tomar decisiones, así como preguntarse en qué situaciones puede ser más vulnerable y perjudicar a su empresa. Por ejemplo, es posible que su autoconfianza sea excesiva y le lleve a tomar decisiones sin sopesar bien las consecuencias; o quizá sea muy competitivo y priorice el éxito a corto plazo por encima de objetivos más sólidos a largo plazo; tal vez no haya profundizado lo suficiente en un tema y necesite el asesoramiento de gente experta. Los grandes tomadores de decisiones son plenamente conocedores de sus limitaciones.

2. **Aplicar el pensamiento crítico.** Es decir, hacerse preguntas del tipo: ¿tiene sentido esta decisión? ¿Cuál es su lógica? Para tomar buenas decisiones es imprescindible una reflexión profunda y crítica, compartida con otros colegas, con objeto de identificar los puntos ciegos de alto riesgo. Casi todos los líderes están expuestos al sesgo de confirmación, puesto que se rodean de otros que piensan como ellos y que están, consciente o inconscientemente, motivados para estar de

acuerdo. En muchas ocasiones, como líder tendrás que enfrentarte al «pensamiento grupal» y tomar decisiones contracorriente.

Por todo ello, antes de tomar decisiones importantes conviene evaluar si se verán afectadas por la fortaleza o una debilidad, prever cuáles serán sus consecuencias más probables a corto y largo plazo, así como comprobar si está funcionando el sesgo de confirmación: ¿te rodea gente «que dice a todo que sí»? En este sentido, es muy importante fomentar que el resto del equipo presente ideas discrepantes.

3. **Usar evidencias estadísticas.** ¿Qué dicen los números acerca del problema? ¿Aparecen patrones en los datos que justifiquen una determinada decisión o que la contraindiquen? (Véase capítulo 52). Uno de los lemas de Amazon es: «Lo mejor de las decisiones basadas en datos es que desautorizan a la jerarquía». En otras palabras: la estadística, si se usa de forma correcta, tiene el potencial de imponerse a las decisiones políticas, a los sesgos y a los prejuicios.

En definitiva, si se toman buenas decisiones y esto se combina con el trabajo en equipo, la empresa estará en el camino correcto para construir una *cultura* con garantías en la fuerza laboral del futuro.

CULTURA

LA CULTURA DE UNA ORGANIZACIÓN
TIENE UN IMPACTO DIRECTO Y MEDIBLE
SOBRE EL DESEMPEÑO.

CAPÍTULO 6

¿QUÉ ES UNA CULTURA EMPRESARIAL?

El 41 % de los trabajadores dice saber con seguridad lo que representa su empresa y lo que la hace diferente de sus competidores.

La cultura empieza con el objetivo por el que se está en el negocio. Ese objetivo vive o muere cada día dependiendo del trabajo de cada líder en la organización.

La mayor parte de los líderes son capaces de identificar cuál es el objetivo de su organización, pero esto no es así en el caso de los empleados: por término medio, apenas el 27 % de ellos cree en los valores de su empresa. De hecho, tal nivel de desafección tiene un impacto negativo en todos los aspectos.

La cultura determina la marca, así como la forma en que trabajadores y clientes perciben a la empresa.

Una cultura empresarial de alto nivel inspira a los trabajadores para que creen una mejor experiencia al cliente. Cuando una marca promete algo y después no lo cumple, pierde credibilidad ante sus clientes y, sobre todo, ante sus empleados.

Por desgracia, esta situación es muy común. Solo el 26 % de los trabajadores de Estados Unidos creen que su empresa cumple siempre lo que promete a sus clientes.

Por otro lado, el rendimiento de una compañía mejora cuando sus empleados entienden lo que diferencia a su marca de otras. Sin embargo, los análisis de Gallup revelan que menos de la mitad de los trabajadores estadounidenses (el 41 %) creen estar totalmente convencidos de saber qué representa su empresa y qué la hace diferente de la competencia.

El 71 % de los *millennials* que están de acuerdo con la anterior afirmación tienen previsto quedarse en su empresa actual al menos un año más; ese porcentaje cae hasta el 30 % entre los jóvenes que desconocen tales aspectos de la compañía en la que trabajan.

En resumen, si sus mejores empleados no saben cuáles son los objetivos de la organización, acabarán abandonando la organización tarde o temprano.

CAPÍTULO 7

¿POR QUÉ LA CULTURA EMPRESARIAL ES IMPORTANTE?

La cultura empresarial tiene un impacto directo sobre el desempeño.

Reflexionemos sobre las siguientes preguntas en torno a la cultura en tu empresa:

- ¿Hasta qué punto el propósito, la marca y la cultura de la empresa están alineados?
- ¿Qué tan claro es el propósito de la compañía tanto para el personal como para los clientes?
- ¿Están los trabajadores comprometidos con la cultura de tu empresa?

Habitualmente, los mejores candidatos se sienten atraídos por la reputación de una organización; y las redes sociales contribuyen en gran medida a incrementar el conocimiento sobre la cultura de una empresa, sea esta buena o mala.

Las estadísticas de Gallup muestran que los empleados y equipos que apoyan de forma consistente la cultura de su empresa tienen un mejor desempeño (en función de parámetros internos) que los que no lo hacen.

Así pues, *la cultura corporativa tiene un impacto directo y medible en el desempeño.*

De manera general, en todo el mundo, uno de cada tres trabajadores está totalmente de acuerdo con la siguiente afirmación: «La misión o propósito de la empresa, hace que sienta que mi trabajo es importante». En aquellas empresas donde esa proporción ha llegado al doble, se ha experimentado una caída del 34 % en el absentismo laboral y del 42 % en los accidentes de trabajo, así como un incremento del 19 % en los resultados de calidad.

SÍNTOMAS DE QUE UNA CULTURA EMPRESARIAL ES INEFICAZ

En ocasiones, inicialmente, las empresas no perciben que tengan «problemas derivados de su cultura». A continuación, exponemos algunos síntomas de la cultura empresarial ineficaz:

- ○ Incapacidad para atraer talento.
- ○ Dificultad para optimizar el crecimiento orgánico basado en las interacciones cliente-trabajador.
- ○ Iniciativas de liderazgo que no llevan a ningún sitio.
- ○ Falta de agilidad para responder a las necesidades de los clientes.
- ○ Pérdida de talento, que se marcha a otras empresas.

POR QUÉ LAS ENCUESTAS ESTANDARIZADAS NO SIRVEN EN EL ÁMBITO DE LA CULTURA EMPRESARIAL

La cultura es algo único de cada compañía, un rasgo propio.

No obstante, muchas encuestas intentan clasificar a las empresas en ciertos «tipos» de cultura, basados en una visión predeterminada de lo que es una cultura «buena» o «mala». Es decir, comparan la cultura organizacional con un marco de referencia externo, en lugar de hacerlo con las aspiraciones de liderazgo de cada caso concreto, que es lo que define y hace única a cada empresa.

Dicho de otro modo: las organizaciones necesitan una aproximación a su cultura lo bastante flexible para identificar su singularidad, y que además se fundamente en el rigor científico.

CAPÍTULO 8

CÓMO TRANSFORMAR LA CULTURA EMPRESARIAL

Mezclar culturas es complicado, puesto que cada tribu, por naturaleza, desea mantener su identidad.

Muchos directores ejecutivos y de RR. HH. dan a la «cultura» de su empresa la máxima prioridad.

Saben que es necesario un cambio, desean generar una cultura ágil y adaptable a la evolución constante que caracteriza al mundo actual; y, sobre todo, aspiran a lograr una cultura basada en la colaboración, gracias a la cual se puedan tomar decisiones acertadas y ejecutarlas con rapidez. Por último, anhelan una cultura que atraiga y retenga el talento, a los mejores trabajadores.

Tras batir récords en número de fusiones y adquisiciones, muchas compañías tratan de mezclar culturas y marcas; pero esto rara vez funciona, puesto que cada tribu, por naturaleza, desea mantener su identidad.

¿Qué debe ocurrir para que una cultura cambie?

1. **Identificar el propósito y la marca.** El equipo directivo ha de definir con claridad su propósito —la razón por la que están en el negocio— y cómo quieren que sus trabajadores (actuales y potenciales) y clientes perciban su marca. El propósito y la marca sientan las bases para todo lo demás. La experiencia del trabajador empieza con la primera impresión que se lleva de la empresa el candidato a un puesto y continúa durante toda su trayectoria en ella, incluyendo las fases de inducción, desarrollo y (eventual) salida. Es fundamental, pues, que la cúpula directiva esté de acuerdo y comprometida con el objetivo y la marca de la empresa. Ese es el punto de partida que permite gestionar equipos y tomar decisiones efectivas.

2. **Llevar a cabo auditorías de todos los programas y comunicaciones,** incluyendo el capital humano, la gestión del rendimiento, los valores

y protocolos y las estructuras de equipo, con el fin de alinearlos con el propósito y la marca de la empresa. Gallup sostiene que este proceso de auditoría puede ser ágil, por lo que recomienda hacerlo con carácter anual.

3.   **Convertir a los líderes de equipo en *coaches*.** Solo los mejores líderes son capaces de implementar la cultura deseada, una de las pocas cosas que no se pueden comprar en el ámbito empresarial. Los mandos de todos los niveles de la jerarquía tienen la capacidad de fomentar u obstaculizar el cambio de la cultura. Pero los sistemas tradicionales de gestión del desempeño se han visto retados con inspirar y desarrollar los empleados, lo que puede implicar miles de millones de dólares en pérdidas por baja productividad (véase capítulo 20). De manera general, hoy en día los trabajadores quieren tener un *coach*, no un jefe. Por tanto, convertir a los líderes en *coaches* no solo aumentará el nivel de compromiso de los empleados y mejorará su desempeño, sino que además es un factor esencial para transformar la cultura.

En los siguientes capítulos describiremos estos tipos específicos de cambio cultural —tales como construir una cultura basada en fortalezas y generar una cultura de alto desarrollo— necesarios para el trabajo del futuro. Dichos capítulos tratan aspectos como la atracción y el abandono de la empresa, la diversidad y la inclusión, o la inteligencia artificial; en ellos presentaremos los rasgos característicos de una empresa, que determinan su cultura y su marca, y aportaremos argumentos con base científica sobre cómo cambiar la cultura de tu empresa y construir tu propósito y marca.

MARCA EMPLEADORA

GRACIAS A LAS REDES SOCIALES Y A LA COMUNICACIÓN INSTANTÁNEA, EN LA ACTUALIDAD LA REPUTACIÓN DE UNA EMPRESA SE DIFUNDE MUCHO MÁS RÁPIDO QUE ANTES.

CAPÍTULO 9

ATRAER A LA NUEVA FUERZA LABORAL

Muchas empresas malgastan enormes cantidades de tiempo y dinero en campañas de marketing con el fin de construir una base de clientes leales, pero no invierten en la misma medida en la creación de una marca empleadora fuerte que atraiga al mejor capital humano.

Experiencia de empleado
La trayectoria dentro de una organización

PROPÓSITO • MARCA • CULTURA

ATRACCIÓN
Captar el talento
↓
SELECCIÓN
Escoger las mejores candidaturas
↓
INDUCCIÓN
Ratificar la decisión
↓
COMPROMISO
Construir fortalezas y propósito
↓
DESEMPEÑO
Guiar expectativas
↓
DESARROLLO
Potenciar el crecimiento durante la carrera profesional
↓
SALIDA
Fomentar una experiencia positiva al dejar la empresa

Gracias a la amplia difusión de la tecnología y las redes sociales, hoy en día cualquier persona puede compartir con el mundo su experiencia con la marca de su empresa. Es decir, todos saben ya lo que ocurre dentro de las organizaciones, incluida la experiencia completa de cada empleado desde su selección e incorporación, pasando por las oportunidades de desarrollo que se le presentan durante su carrera profesional, hasta el modo en que se produce su salida.

Como ya hemos dicho, la generación *millennial* está altamente interrelacionada a través de internet. Por ejemplo, al buscar trabajo consultan las opiniones de quienes ya están en las empresas de su interés, y se basan en las sugerencias de familiares y amigos. No se trata simplemente de conectarse a Facebook o a otra plataforma para encontrar un trabajo; *estas personas recurren a sus relaciones de confianza.*

La nueva fuerza laboral está menos interesada en asistir a ferias de empleo, a servicios de reclutamiento profesional u otros tipos de eventos orientados a la selección de personal. Hay caminos más sencillos y rápidos, y, para estos nuevos trabajadores, más auténticos.

Los *millennials* prefieren ir directamente a la fuente, a las empresas que les interesan. Pero también acuden a sus redes: sitios web relacionados con su carrera profesional, plataformas de redes sociales profesionales, sitios específicos de búsqueda de empleo, páginas de anuncios e incluso motores de búsqueda generales, que permiten explorar muchas opciones. En cambio, es menos probable que usen redes sociales generalistas o webs de asesoría profesional.

En lo que tiene que ver con la cultura del centro de trabajo, los *millennials* buscan un trabajo que encaje con su estilo de vida. Si bien el sueldo sigue siendo muy importante para casi la mitad de los jóvenes, lo es menos que las potenciales oportunidades de aprender y avanzar, la capacidad y excelencia de sus líderes y que el trabajo en sí sea interesante.

¿Qué influencia tiene todo esto en los procesos de selección de personal? Mucha, puesto que la realidad de una empresa es ahora más transparente que nunca. La cultura real —es decir, cómo funciona la gestión y la formación del personal, qué condiciones de flexibilidad realmente se ofrece a los empleados o cómo es el espacio de trabajo y dónde se ubica— define la marca empleadora.

Así pues, lo principal es lograr y mantener una marca empleadora fuerte y una cultura corporativa que esté a la altura de esa marca. Sin duda, hoy en día la reputación se propaga mucho más rápido que antes.

Además, esta transparencia organizacional será incluso mayor cuando la generación Z entre en el mercado laboral, ya que han nacido inmersos en la comunicación digital.

Es clave saber que, si existen discrepancias entre el modo en que una empresa se presenta al mundo y cómo es *realmente*, sus potenciales trabajadores las descubrirán, ya sea online o a través de sus conocidos. Y la noticia correrá como la pólvora.

CAPÍTULO 10

CONTRATAR A LOS MEJORES

Los sesgos y las preconcepciones pueden hacer
que se escoja a los candidatos erróneos.

Una selección errónea —o simplemente una mala selección— puede resultar muy costosa. Con ella no solo se pierde la oportunidad de elegir a alguien mejor, sino que habrá que gastar más dinero para formar a un sustituto.

Elegir a profesionales con talento y comprometidos es más rentable para las organizaciones, porque este tipo de empleados favorecen el compromiso de los clientes y la rentabilidad de la compañía.

Tomar decisiones correctas en la selección de personal fomenta la creación de una cultura de alto rendimiento, además de que permite estimar la facilidad con que los nuevos trabajadores se integrarán en la empresa, la rapidez con la que se desarrollarán, el tiempo que se quedarán (y si estarán al pie del cañón cuando vengan malos tiempos) y la forma en que representarán a la compañía.

Viéndolo con cierta perspectiva, se puede considerar que reducir los sesgos y preconcepciones en el proceso de selección de personal puede triplicar los indicadores de éxito de una empresa en este ámbito.

TIPOS DE PREJUICIOS

- **Deslumbramiento.** Se produce cuando las personas encargadas de la selección otorgan un peso desproporcionado a los rasgos superficiales del candidato durante la entrevista: su aspecto físico, su vestimenta o la forma que tiene de presentarse.

- **Falacia de la experiencia.** Sucede cuando se asume que si se entrevista a alguien procedente de una empresa donde le fue muy bien, todo aquel que venga de allí va a tener el mismo éxito.

- **Sesgo de confirmación.** Consiste en formarse una impresión determinada sobre un candidato basándose en la universidad en la que estudió o en un club al que pertenece, y luego hacer caso únicamente a la información que confirme esas creencias.

○ **Sesgo de exceso de confianza.** Se da en aquellos líderes que creen poseer una habilidad especial para juzgar a los candidatos basándose en su instinto y sin necesidad de considerar otras informaciones.

○ **Sesgo de similitud.** Se basa en seleccionar y contratar a personas que se parecen a quien lleva a cabo la selección.

○ **Estereotipos.** La mayoría son inconscientes y pueden estar asociados al género, la etnia, la orientación sexual, la nacionalidad o la edad.

○ **Sesgo de disponibilidad.** Ocurre cuando la persona encargada de la selección se fía de sus recuerdos de la entrevista y toma la decisión basándose en los mejores o peores momentos de aquella, en lugar de adoptar una perspectiva más global.

○ **Aumento del compromiso (o falacia del costo hundido).** Los encargados de la selección de personal se sienten obligados a seguir adelante con un candidato simplemente porque ya han invertido mucho tiempo y energía en el proceso.

En un metaanálisis publicado en la revista *Psychological Bulletin*, los investigadores Nalini Ambady y Robert Rosenthal acuñaron el término «juicio de corte fino», posteriormente popularizado por Malcolm Gladwell en su libro *Blink: The Power of Thinking Without Thinking* (*Blink: El arte de pensar sin pensar*). Esta teoría se basa en el hecho de que las personas suelen hacer inferencias muy rápidas y formarse una opinión sobre otros individuos basándose en cantidades mínimas de información; por ejemplo, las primeras impresiones.

En algunos casos, estos juicios de corte fino son certeros y útiles. Por ejemplo, tomar la tensión, el pulso o una muestra de sangre a un paciente es un juicio de corte fino con base científica que sirve para hacer inferencias sobre la salud de esa persona. No obstante, en otros casos esos juicios pueden revelar prejuicios inconscientes, como los citados, y a su vez conducir a tomar decisiones apresuradas que provoquen resultados fallidos.

Por lo tanto, no es inusual que un líder se arrepienta de haber contratado a un candidato, tras haber pasado más tiempo con la persona en el trabajo.

Más aún cuando en algunos sectores no se cuenta con suficiente información que se pueda analizar para tomar una decisión. Por ejemplo, los cazadores de talento deportivos se pasan horas estudiando datos y estadísticas y viendo vídeos de partidos antes de tomar una decisión, y también suelen usar sistemas de puntuación estandarizados para clasificar a cada jugador potencial.

Es cierto que la mayoría de las empresas no se pueden permitir el lujo de recopilar «vídeos de partidos» de todos los candidatos a un puesto; pero, por suerte, la psicología organizacional lleva un siglo desarrollando la psicometría, esto es, la ciencia que permite medir y evaluar las características *psicológicas* de las personas. Hoy en día existen métodos eficaces que ayudan a reducir de forma significativa los potenciales sesgos del proceso de selección; en esencia, estas herramientas aportan juicios de corte fino con base científica que, como se ha demostrado, permiten predecir el rendimiento futuro de un trabajador.

CAPÍTULO II

ANÁLISIS ESTADÍSTICOS PARA LA SELECCIÓN DE PERSONAL: LA SOLUCIÓN

Los cuatro criterios que hay que considerar para que un proceso de selección de personal tenga éxito:

1. Experiencia y logros previos.
2. Características innatas.
3. Múltiples entrevistas.
4. Observación laboral.

Por cinco décadas, los investigadores de Gallup han formulado preguntas, estudiando respuestas y supervisando el desempeño de cientos de trabajadores para más de 2000 empresas que son clientes suyos. Como resultado, han descubierto cinco rasgos generales que predicen el desempeño en el puesto de trabajo:

1. Motivación: energía para lograr.
2. Estilo de trabajo: organizar el trabajo para una ejecución eficiente
3. Iniciativa: tomar acción e inspirar a los demás para sobresalir.
4. Colaboración: establecimiento de relaciones de calidad.
5. Proceso de pensamiento: resolver problemas mediante la asimilación de nueva información.

Dentro de estos cinco hay otra serie de características medibles que pueden servir para mejorar la predicción del desempeño a futuro en puestos tanto de contribuidor individual, gerente o líderes ejecutivos.

El director científico de Gallup, Frank L. Schmidt —pionero y experto en metaanálisis—, revisó junto a sus colegas In-Sue Oh y Jonathan A. Shaffer información de más de cien años de estudios de psicología organizacional, además de analizar los métodos de selección más empleados por las empresas.

Su revisión incluyó 31 herramientas distintas. Algunas, como los test de inteligencia o personalidad y las entrevistas estructuradas, tardan entre 30 minutos y una hora en completarse; otras, como las que se desarrollan en centros de evaluación o en pruebas de empleo, requieren más tiempo e implican observaciones más detalladas. Schmidt y sus colegas descubrieron que las medidas más rápidas eran igual de efectivas, o más, que las observaciones más prolongadas, como resultado de muchos años de refinamiento de estas herramientas.

Por lo tanto, tomando en consideración la investigación de Gallup, los hallazgos de estos cien años de estudios al respecto y las evidencias prácticas del funcionamiento de estas herramientas en distintas organizaciones, recomendamos tener en cuenta los siguientes criterios para que el proceso de selección de personal tenga éxito:

1. **Experiencia y logros previos.** Es importante recabar información sobre la trayectoria laboral de los candidatos, sobre todo la que más tenga que ver con el puesto al que se aspira, además de la formación académica y otras experiencias laborales relacionadas.

2. **Características innatas.** Se recomienda evaluar a los candidatos en función de los cinco rasgos expuestos anteriormente: motivación, estilo de trabajo, iniciativa, colaboración y proceso de pensamiento. Con esto se cubrirá la mayor parte de lo que se necesita saber sobre un candidato. Para evaluar estas características de forma eficaz y con un bajo costo recomendamos usar las entrevistas estructuradas y las evaluaciones online de Gallup.

3. **Entrevistas múltiples.** En fases más avanzadas del proceso de selección es conveniente entrevistar a los candidatos en varias rondas, con distintos miembros del equipo. Estas entrevistas permitirán valorar la adecuación de cada aspirante al puesto, al líder, al equipo y a la empresa en general, además de que reducirá los posibles sesgos producto de un solo encuentro. Gallup ofrece guías de escucha para diseñar estas entrevistas.

4. **Observación en el puesto.** Se puede indagar más sobre la experiencia del candidato a través de prácticas o asignaciones de proyectos que permitan recolectar «observaciones» del logro de cada candidato, su colaboración, así como el valor hacia el cliente. También es recomendable pedir valoraciones de sus supervisores y compañeros de trabajo.

Con estos cuatro criterios basta para diseñar un proceso de selección que constituya una experiencia atractiva para los candidatos y que, al mismo tiempo, cuente con el suficiente rigor científico como para garantizar que predice el futuro desempeño en el puesto. Además, en los próximos años los avances en inteligencia artificial harán más eficientes los procesos de selección de personal.

CAPÍTULO 12

DÓNDE ENCONTRAR LOS «VÍDEOS DE PARTIDOS» DE FUTURAS ESTRELLAS

Menos de un tercio de los graduados universitarios dicen haber trabajado en proyecto de al menos seis meses o bien haber conseguido una práctica o empleo que les permitiera aplicar lo que estaban aprendiendo en clase.

El proceso de atraer a los mejores profesionales para construir una marca empleadora debería iniciarse cuando esas futuras estrellas todavía están en la universidad, o incluso en el colegio. Una de las mejores maneras de preparar a los estudiantes para el mercado laboral es ofreciéndoles prácticas en empresas y aportándoles aprendizaje útiles.

Podemos asegurar que los estudiantes aprecian enormemente tales oportunidades. En sus investigaciones, Gallup ha descubierto que solo un tercio de los universitarios creen que se graduarán con las habilidades y conocimientos necesarios para tener éxito en el mercado laboral (el 34 %) o en su futuro centro de trabajo (el 36 %). Por otra parte, más de la mitad (53 %) piensan que su rama o campo de estudio les permitirá acceder a un buen empleo.

Estos son algunos de los hallazgos clave extraídos del *Strada-Gallup 2017 College Student Survey,* una encuesta a escala nacional que analiza las percepciones sobre el grado de preparación de los futuros trabajadores y el apoyo que reciben en el desarrollo de su carrera.

Posteriormente, la encuesta Gallup Alumni (anteriormente llamada índice Gallup-Purdue) —diseñada para medir la calidad de la experiencia universitaria desde la perspectiva de los graduados— ha identificado seis aspectos positivos, durante los estudios universitarios, que presentan una fuerte correlación con el éxito profesional posterior. Son los siguientes:

1. Haber tenido al menos un profesor que les motivara a aprender.
2. Haber tenido docentes a quienes sentían que les importaban como personas.

3. Haber tenido un mentor que les animara a perseguir sus metas y sueños.

4. Haber trabajado en proyectos de duración igual o superior a seis meses.

5. Haber disfrutado de un periodo de prácticas en empresas o de un empleo que les permitiera aplicar lo que habían aprendido en clase.

6. Haber participado en actividades extracurriculares relacionadas con el mundo profesional durante su etapa universitaria.

Estas seis experiencias se vinculan con el bienestar de los egresados y el nivel de compromiso de los trabajadores, entre otros resultados clave. No obstante, solo el 3 % de los graduados reconoció haber vivido las seis situaciones en su etapa universitaria.

Los resultados de la mencionada encuesta de Gallup suponen una gran oportunidad para las empresas, ya que estas pueden desempeñar un papel activo en tres de las seis experiencias universitarias: tener un mentor, trabajar en proyectos que les permitan aplicar lo que aprenden y disfrutar de un periodo de prácticas en empresas. De cara a preparar la siguiente «ola de candidatos» de procesos de selección, para cualquier compañía sería interesante colaborar con universidades y escuelas superiores en la generación de actividades profesionales integradas en el currículum estudiantil.

¿Quién va a estar en mejor posición para guiar a los futuros trabajadores que los profesionales que ya están desempeñando ese trabajo? Las pasantías, las becas y las prácticas pueden ayudar a salvar la brecha existente en uno de los criterios de selección más difíciles de cumplir: la experiencia previa en un puesto similar.

Si una empresa depende sobre todo del personal altamente calificado, con estudios superiores, es preciso que sea proactiva en sus colaboraciones con universidades y otros centros de estudios. Ofrecer prácticas para estudiantes es la iniciativa más común, pero también se pueden hacer otras cosas, como introducir la actividad de la empresa en el currículo universitario a través del diseño conjunto de proyectos con los estudiantes.

Solo la mitad de los graduados universitarios reconoce que su carrera valió lo que pagaron por ella. Esta percepción está relacionada con la forma en que se diseñan los estudios superiores, pero también con el grado en que las empresas trabajan con las universidades en la preparación de quienes serán sus futuros candidatos.

Por supuesto, no todo el mundo estudia la tradicional carrera universitaria de cuatro años; muchas personas llegan directamente al mercado laboral desde el colegio, y hay que tener en cuenta que el modelo escuela-trabajo cambiará drásticamente en los próximos años.

Es aconsejable, por lo tanto, llevar la formación corporativa de los empleados a otro nivel completamente nuevo y proporcionar a los estudiantes una idea realista de cómo será el trabajo en una empresa. Esto no solo generará importantes ventajas a la propia empresa a la hora de seleccionar a sus futuras estrellas, sino que, además, aportará un valor incalculable a los estudiantes.

CAPÍTULO 13

CINCO PREGUNTAS PARA LA INDUCCIÓN O INCORPORACIÓN DE PERSONAL

1. ¿En qué creemos aquí?
2. ¿Cuáles son mis fortalezas?
3. ¿Cuál es mi papel en esta empresa?
4. ¿Quiénes son mis compañeros?
5. ¿Cómo será mi futuro aquí?

Una vez que se ha seleccionado y contratado, ¿cuál es el proceso por el que alguien que acaba de cruzar la puerta de una empresa se convierte en «uno de los nuestros»?

Se pueden adoptar varios enfoques para incorporar al nuevo personal, en función de la cultura de cada organización. Algunas de ellas se centran en construir vínculos sociales, mientras que otras dejan que la gente reflexione por sí misma. Es decir, ciertas empresas siguen un procedimiento de orientación preestablecido, mientras que otras asumen un planteamiento, dicho en términos populares, de «sálvese quien pueda».

El principal objetivo al incorporar a un nuevo trabajador debería ser introducirle en los aspectos básicos sobre los que puede construir su carrera profesional en esa empresa, aquellos que influirán en su rendimiento durante *décadas* y no solo a corto plazo.

Así mismo, las primeras impresiones son importantes, pues establecen el tono de la trayectoria de cada empleado, y nunca es más sencillo influir en el comportamiento de un trabajador como al principio, cuando es como una hoja en blanco y está deseando aprender y mejorar.

No obstante, a pesar de que las empresas han prestado de forma progresiva más atención a la mejora de los procesos de selección de personal, en la actualidad apenas uno de cada diez trabajadores (sean empleados, gerentes o directivos) admite que su compañía hace una buena labor en este ámbito. Por otro lado, solo cuatro de cada diez trabajadores se sienten comprometidos con la empresa en sus primeros seis meses en el puesto, que es cuando el grado de compromiso suele estar en su punto álgido.

Pero ¿por qué esta atención inicial no perdura, sino que pierde fuerza a medida que las personas llevan más tiempo en el puesto? ¿Tanto tú como los nuevos colaboradores tienen una clara visión del propósito de la empresa, de su cultura y de su marca?

A continuación, planteamos cinco preguntas que cualquier empresa debería ser capaz de contestar a cada nuevo miembro de su personal si aspira a que su programa de incorporación o inducción sea exitoso:

1. «¿EN QUÉ CREEMOS AQUÍ?»

Lo primero que cualquiera necesita saber al llegar a una empresa es su propósito, su misión o, en otras palabras, las creencias compartidas de quienes trabajan allí. Todo lo demás será una expresión de lo que la empresa representa e intenta alcanzar.

Obviamente, se debe transmitir mucha información durante la incorporación o inducción del nuevo personal: las condiciones y prestaciones, las normas o las políticas de empresa que rigen para todo el personal. Y estas cuestiones, en apariencia solo pragmáticas, son en realidad expresiones de la cultura corporativa.

La forma en que los líderes ponen en práctica y tienen en cuenta detalles como la seguridad, los permisos familiares y los informes sobre incumplimientos éticos dice mucho de una cultura corporativa. Por ejemplo, si se establece una política de flexibilidad temporal y al personal se le transmite que su bienestar es valioso para la empresa, ¿pueden luego los trabajadores, en la práctica, irse al gimnasio en horario de oficina o salir antes para asistir a un evento escolar de sus hijos? Es decir, ¿están en consonancia los beneficios, las normas, los límites éticos y la cultura de una empresa con su *misión* y su *marca*?

2. «¿CUÁLES SON MIS FORTALEZAS?»

Para convertirse en «uno de los nuestros» y ser productivos, los empleados deben conocerse a sí mismos. Pero las empresas casi siempre pasan por alto este primer paso crucial.

Cualquier compañía tiene un interés especial en que sus nuevos trabajadores asuman sus funciones aplicando sus fortalezas. Los empleados que son más conscientes de sus capacidades pueden llevar la relación con sus líderes a un nivel más profundo. También, si los miembros de un equipo conocen bien las capacidades de los demás, las nuevas incorporaciones serán asimiladas más rápidamente y la colaboración será más productiva.

Es necesaria una orientación efectiva para que los nuevos empleados exploren cómo sacar partido a sus fortalezas y conseguir de ese modo los mejores resultados. Así mismo, el personal de reciente ingreso debe ser consciente de las cosas que no hace bien; así sabrán cuándo recurrir a los demás para pedir ayuda.

En cualquier caso, el refuerzo de las capacidades personales no busca solo incrementar el desempeño; es una inversión inicial de tiempo y dinero en el desarrollo individual de cada trabajador. Potenciar sus fortalezas demuestra a los nuevos empleados que la empresa se preocupa por su desarrollo a largo plazo. Analizaremos esta ciencia de las fortalezas en el siguiente capítulo.

3. «¿CUÁL ES MI PAPEL?»

Según el estudio global de Gallup sobre los centros de trabajo, cerca del 50 % de los trabajadores saben lo que se espera de ellos y la mayoría se hacen una idea durante el proceso de incorporación o inducción a la empresa. No obstante, con demasiada frecuencia tal idea no concuerda con lo que se les había prometido en un principio. La claridad y la precisión en cuanto a las responsabilidades que implica cada puesto y el modo de evaluar el desempeño parecen cuestiones básicas, pero en la práctica se pasan por alto a menudo.

El siguiente paso es estimar cómo los nuevos pueden emplear sus fortalezas y habilidades en lograr buenos resultados, tanto para ellos mismos como para la empresa, además de cómo conectar su cometido concreto con la misión general de aquella. El grado de idoneidad del candidato respecto a su puesto es un buen predictor del rendimiento y de la estabilidad en la empresa.

Por tanto, adquirir la confianza en dominar sus funciones rápidamente es básico para los nuevos empleados; estos deberían poder echar la vista atrás seis meses después y enumerar sus logros.

4. «¿QUIÉNES SON MIS COMPAÑEROS?»

Es conveniente que los recién llegados a una empresa adquieran pronto un sentimiento de pertenencia, que sepan que sus líderes o gerentes y también sus pares los aceptan, y que pueden confiar en ellos si precisan ayuda a medida que se van adaptando al puesto.

Cada nuevo miembro del personal debería tener la oportunidad de desarrollar una estrategia para establecer lazos en la empresa, una especie de «mapa de relaciones». Los estudios de análisis de redes sociales ilustran cómo la influencia de cada persona en su empresa se determina basándose en sus conexiones de primer, segundo y tercer grado con otros miembros de la organización.

Las conexiones de primer grado se establecen con aquellos a quienes el individuo conoce personalmente y en quienes confía, esto es, sus amistades. No obstante, también las conexiones de segundo y tercer grado pueden ejercer una gran influencia en la reputación y el crédito de un empleado, ya que multiplican estas características a través de los demás.

En resumen, las relaciones dentro de la empresa determinan las funciones que cada empleado puede asumir y refuerzan su pertenencia a la organización.

5. «¿CÓMO SERÁ MI FUTURO AQUÍ?»

Todo el mundo necesita aprender y crecer, si bien la gente más joven, en particular, percibe cada nuevo empleo como una oportunidad para aprender y crecer. Pero, independientemente de la edad, cualquier trabajador necesita vislumbrar un camino hacia el futuro de su carrera dentro de la organización.

Casi nueve de cada diez personas encuestadas afirman que la última vez que cambiaron de puesto de trabajo lo hicieron también de empresa. Esto viene a significar que casi todas las compañías invierten en la contratación y formación de nuevos trabajadores, pero después no pueden proporcionarles una carrera profesional aceptable. Por el contrario, quienes gozan de oportunidad de aprender y crecer en su empresa cuentan con el doble de posibilidades de continuar su carrera profesional en la misma compañía.

Nota: es muy importante que la experiencia de incorporación o inducción coincida con la *cultura real* de la misma. Suele ocurrir que, tras más o menos seis meses en el puesto, el idilio empieza a desvanecerse; probablemente el trabajador, al principio idealista, ya se haya topado a esas alturas con algunos veteranos que le han comentado «cómo funcionan aquí las cosas *en realidad*». Si los valores predicados el primer día —así como las condiciones laborales, el reconocimiento de los logros y la estrategia de liderazgo— no coinciden con los que de verdad se demuestran día a día, el personal que acaba de incorporarse sufra un shock cuando se percate de que lo que pensaba al firmar el contrato es muy distinto de la realidad.

CAPÍTULO 14

EL CAMINO MÁS CORTO HACIA EL DESARROLLO: CONVERSACIONES BASADAS EN LAS FORTALEZAS

Si eres un líder o gerente, hazte la siguiente pregunta: «¿Soy un experto en las debilidades de los miembros de mi equipo o en sus fortalezas?».

Nuestro cerebro está programado para criticar a los demás. Cuando un colega de trabajo nos pide, por ejemplo, que revisemos una presentación que ha preparado, es casi un acto reflejo buscar los errores y las «opciones de mejora». Así mismo, cuando se nos encomienda la formación de un nuevo trabajador, nos centramos en la dificultad de aprender o en la información que malinterpreta.

La gestión tradicional del desempeño refleja este tipo de automatismos, pues está pensada para clasificar, calificar y «corregir» errores. Pero el caso es que este enfoque suele fracasar en la mejora de la productividad. Solo el 21 % de los trabajadores reconoce que la forma en que su empresa gestiona su trabajo les motiva a hacer un trabajo excepcional.

Es posible que estemos programados de forma natural para criticar, pero no lo estamos para asumir las críticas; al contrario, anhelamos recibir elogios y alabanzas de forma continua.

Entonces, ¿cómo pueden los líderes de equipo calcular el equilibrio justo entre el halago y la crítica hacia sus trabajadores?

Elaborar un análisis serio sobre las fortalezas y debilidades de un individuo es esencial para obtener un desarrollo excepcional de su carrera. La retroalimentación crítica es necesaria en ocasiones, y todo el mundo ha de ser consciente y responsable de sus puntos débiles. Pero para inspirar un desempeño al máximo nivel, es mejor y más útil basarse en lo que la persona hace bien por naturaleza; revisando la metodología de forma continua, claro está. Este es el punto de partida para generar confianza, la cual, a su vez, aumenta la probabilidad de que las críticas también den lugar al crecimiento y al desarrollo.

Dado que hoy en día las empresas piden cada vez más a sus líderes que interactúen de forma frecuente con los empleados, aquellos han de tener cuidado de no convertir esas conversaciones en una crítica continua. Porque eso hará casi imposible construir una relación de confianza entre ambos y, a su vez, dificultará que el trabajador acepte las críticas con una mente abierta y se sienta comprometido con su trabajo.

Y es que el típico día de una persona comprometida con su trabajo es muy distinto al de otra desinteresada en lo que hace. Una de las razones subyacentes a esa diferencia es la abundancia de experiencias positivas que atesoran los empleados comprometidos.

No obstante, este tipo de trabajadores tampoco son inmunes a la negatividad o al estrés laboral. Las investigaciones de Gallup demuestran que, estén comprometidas o no las personas con su trabajo, sienten más estrés entre semana que el fin de semana. Este no es un dato sorprendente, por supuesto: la mayoría de la gente debe lidiar en su día a día con diversos requerimientos y dramas de oficina. En cambio, la estructura de una jornada laboral de un empleado comprometido y sus interacciones tanto con su líder como con sus compañeros le permite pasar más tiempo haciendo lo que mejor sabe hacer.

Por tanto, ¿cómo deberían los líderes de equipo diseñar un día «ideal» para sus empleados, que aliente en ellos un mayor compromiso y desempeño?

En una encuesta de Gallup con una muestra de 8115 trabajadores, se pidió a los participantes que pensaran en su jornada de trabajo más reciente (si es que fuera el día anterior) e informaran del número de horas que habían pasado haciendo diferentes actividades. Lo que más distinguía a los empleados comprometidos de los no comprometidos era que los primeros estaban más tiempo enfocándose en sus fortalezas —y tan absortos en su trabajo que el tiempo se les pasaba rápidamente— y menos dedicándose a lo que no hacían bien. Es decir, pasaban cuatro veces más tiempo de su jornada enfocándose en sus fortalezas que en sus debilidades. En cambio, *los empleados no comprometidos estaban el mismo tiempo centrándose en sus fortalezas que en actividades que no dominaban.*

Por supuesto, un método centrado en las fortalezas y orientado al desempeño no debe pasar por alto las debilidades ni pretender que los empleados hagan *solo* aquello que les guste; las funciones de todo el mundo implican también asumir ciertas responsabilidades que no resultan tan agradables.

De igual modo, habrá ocasiones en las que los líderes de equipo necesitarán hacer alguna crítica constructiva para ayudar a sus trabajadores a mejorar en sus funciones. Pero no hay que considerar esas críticas una especie de compensación al elogio; la balanza debe estar claramente inclinada hacia lo que cada persona hace mejor.

Los resultados de Gallup sugieren que los trabajadores de hoy en día esperan que sus líderes les den formación, principalmente basándose en sus fortalezas. En general, el personal de alto desempeño debería tener también esta expectativa respecto de sus líderes de equipo, ya que esa estrategia lleva a obtener mucho mejores resultados.

CAPÍTULO 15

LA HISTORIA DE CLIFTONSTRENGTHS

LOS 34 TEMAS DE FORTALEZAS CLIFTON

Activador	Contexto	Individualización
Adaptabilidad	Coordinador	Intelección
Afinidad	Creencia	Logrador
Analítico	Deliberativo	Mando
Aprendedor	Desarrollador	Maximizador
Armonía	Disciplina	Positivo
Autoconfianza	Empatía	Responsabilidad
Coleccionador	Enfoque	Restaurador
Competitivo	Estratégico	Significación
Comunicación	Futurista	Sociable
Conexión	Idear	
Consistente	Inclusión	

«¿Qué pasaría si estudiáramos lo bueno de cada persona?». Dr. Don Clifton (1924-2003).

Esta simple pregunta, planteada hace seis décadas por Don Clifton, impulsó el movimiento global de las fortalezas.

El caso es que la cuestión tenía un cariz particularmente personal para Don:

Durante la II Guerra Mundial, Clifton puso a prueba sus habilidades matemáticas siendo piloto de la Fuerza Aérea, cuando volaba aviones B-24. Un día mientras sobrevolaba las Azores, el mal tiempo y su aeroplano se salió de su rumbo. Don intuyó cómo corregirlo, pero al hacer los cálculos matemáticos se dio cuenta de que su intuición era errónea. Aquella experiencia le hizo ver que debía confiar en la ciencia antes que en la intuición.

Don recibió la Cruz de Vuelo Distinguido por el heroísmo demostrado en 25 misiones de bombardeo culminadas con éxito. Pero, una vez concluidas sus misiones, pensó que ya había visto suficiente guerra y destrucción. Tenía la intención de pasar el resto de su vida haciendo el bien para la humanidad, lo que le llevó a centrarse en su pasión: estudiar el desarrollo humano de un modo diferente, analizar lo que está *bien* en cada persona.

«Durante mis estudios universitarios de psicología, me resultó evidente que los psicólogos habían venido estudiando lo que falla en las personas en lugar de aquello que funciona», dijo Don. «Me di cuenta de que, con demasiada frecuencia, las personas son caracterizadas por sus problemas y debilidades en lugar de por sus talentos. Ese descubrimiento me llevó a la necesidad de considerar a la gente que ha tenido éxito. La única manera de aprender a identificar las diferencias en cualquier profesión es estudiar a los que tienen más éxito».

En 1949, Clifton y sus colegas crearon, en la Universidad de Nebraska, la Fundación de Investigación de Recursos Humanos de Nebraska. Esta actuaba como servicio comunitario para los estudiantes y como laboratorio para que los graduados practicaran la psicología basada en fortalezas. Don y sus estudiantes y colegas descubrieron que los alumnos exitosos —aquellos que persistían hasta graduarse— tenían rasgos de carácter notablemente distintos a los menos exitosos.

Estos tempranos hallazgos sobre las personas de éxito derivaron en la formulación de otras hipótesis. Don y sus colegas empezaron a analizar a consejeros escolares, profesores, vendedores y ejecutivos de prestigio; y hallaron que la gente que triunfa en roles concretos comparte ciertos rasgos. Clifton definió estas tendencias como «patrones de pensamiento, sentimiento o conducta recurrentes de manera natural y que pueden ser empleados de forma productiva».

Don deseaba identificar rasgos universales y prácticos que, al mismo tiempo, predijeran el desempeño. También pretendía detectar tendencias únicas de cada individuo que pudieran transformarse en fortalezas con la práctica. El objetivo de su trabajo era centrar la atención en las conversaciones, de forma que las personas pudieran entender mejor no solo lo que eran, sino también en qué podían convertirse.

El Dr. Clifton desarrolló cientos de instrumentos predictivos con el fin de identificar a los mejores profesionales para puestos específicos dentro de cada empresa.

Estos instrumentos, validados desde el punto de vista científico, servían para detectar los talentos más adecuados para cada puesto de trabajo.

Pero aún faltaba algo.

Identificar los grandes talentos para una empresa no siempre resulta igualmente útil para los individuos. Por consiguiente, a mediados de los 90 Clifton desarrolló un método de evaluación capaz de identificar rasgos específicos y un marco para desarrollarlos que redundara en beneficio de los individuos; y denominó a esta serie de rasgos «fortalezas».

A lo largo del proceso de elaboración que hoy se le conoce como la evaluación CliftonStrengths, conoció a muchos académicos e investigadores. Entre ellos, tal vez la conexión más significativa fue la que estableció con el profesor de Psicología de Harvard, Phil Stone. El Dr. Stone había sido una especie de niño prodigio, pues ingresó en la Universidad de Chicago a los 15 años y obtuvo dos doctorados a los 23; luego enseñó Psicología en Harvard durante 39 años. Además de su pasión por las ciencias sociales, el Dr. Stone era defensor a ultranza de una tecnología que se había descubierto recientemente y a la que se denominaba «internet».

El Dr. Stone sugirió al Dr. Clifton crear un método de evaluación adecuado para la inminente era digital y que usara para ello un algoritmo de puntuación ipsativo modificado, en lugar de la puntuación normativa habitual —como en la escala Likert de cinco puntos o en la de elección múltiple—. La puntuación ipsativa requiere que la persona encuestada escoja entre dos resultados deseables. Se basa en la asunción de que a los individuos, en situaciones reales, se les suelen presentar varias alternativas positivas; por ejemplo, «Se me da bien organizar» y «Se me da bien hacer análisis». Un sistema de evaluación ipsativo es particularmente útil para identificar características intrapersonales, ya que reduce el sesgo de deseabilidad social que se suele dar en mediciones normativas.

Una de las primeras aplicaciones de lo que se convertiría en la evaluación CliftonStrengths tuvo lugar con un grupo de estudiantes de Psicología de Harvard. Estos participantes iniciales aportaron información muy valiosa sobre los distintos temas y los descriptores de los temas.

Posteriormente, en 1997, los doctores Clifton y Stone elaboraron un manual titulado *Corner of the Sky* (literalmente, la esquina del cielo), que Stone usó en sus clases de Harvard. Aquel fue el comienzo de la expansión de este método en el ámbito universitario y el amanecer del movimiento de la psicología positiva.

Por su parte, en la costa oeste el Dr. Edward «Chip» Anderson, científico social de la UCLA, se interesó por el trabajo de Clifton y en 1998 ambos impartieron un curso complementario para los estudiantes de la UCLA, titulado «Llega a lo más alto gracias a tus fortalezas» (originalmente *Soaring With Your Strenghts*). Ese material se convertiría posteriormente en un libro pionero en este campo, *StrengthsQuest: Discover and Develop Your Strengths in Academics, Career, and Beyond* (*En busca de las fortalezas: descubre y desarrolla tus fortalezas en el ámbito académico, profesional y más allá*).

Otro miembro fundamental de ese equipo de investigación fue el especialista informático de Gallup Jon Conradt, que trabajó estrechamente con Clifton en el desarrollo de una plataforma digital de evaluación y puntuación algorítmica. La mayor parte del código original sigue siendo la columna vertebral de la tecnología actual de CliftonStrengths.

Don condensó esos hallazgos en 34 temas de fortalezas, que desembocaron posteriormente en StrengthsFinder y más tarde en CliftonStrengths.

El trabajo de este investigador ha inspirado algunos libros leídos por millones de personas en todo el mundo, como *Soar With Your Strengths*, del que Don es coautor junto a Paula Nelson; *Strengths Based Leadership*, de Tom Rath y Barry Conchie; *How Full Is Your Bucket?*, de Don y Tom Rath; *Now, Discover Your Strengths*, que el propio Clifton escribió junto a Marcus Buckingham; *CliftonStrengths for Students*, de Tom Matson; y uno de los libros del ámbito empresarial más vendidos de todos los tiempos, *StrengthsFinder 2.0*, de Tom Rath.

Casi al final de su vida, Don fue honrado con la Mención Presidencial por la Asociación de Psicólogos de Estados Unidos, como padre de la psicología basada en las fortalezas.

Al regresar de la II Guerra Mundial, la intención del Dr. Clifton era contribuir de forma significativa al desarrollo humano. En el momento en que escribimos este libro, más de 21 millones de personas han descubierto ya sus fortalezas Clifton.

Efectivamente, Don cambió el mundo.

Para realizar la evaluación de CliftonStrengths, consigue tu código de acceso en press.gallup.com/purchase/Spanish/code. La evaluación te permite obtener resultados personalizados, informes y otros recursos sobre tus talentos. El código de acceso es único y válido para un solo uso.

CAPÍTULO 16

CINCO PASOS PARA CONSTRUIR UNA CULTURA BASADA EN FORTALEZAS

1. Empezar por el Director General, o no funcionará.
2. Exigir a cada colaborador que descubra sus fortalezas.
3. Generar una red interna de coaches que potencien las fortalezas de los trabajadores.
4. Integrar las fortalezas en la gestión del desempeño.
5. Modificar los programas de aprendizaje.

Pocas compañías del mundo pueden decir, honestamente, que su cultura está «basada en fortalezas». Bien, pues se trata de una oportunidad inmejorable que se están perdiendo. Las empresas y los equipos con una cultura de este tipo superan continuamente en desempeño a sus competidores.

Construir una cultura basada en fortalezas es complicado, ya que no es suficiente conocer las fortalezas de cada persona para generar un cambio; se precisa, además, tener conversaciones continuas, así como reflexión y práctica para integrar con éxito las distintas fortalezas en las rutinas diarias de una empresa. Y la forma más efectiva de conseguirlo es a través *de coaches* certificados por Gallup.

Las organizaciones cuya cultura se basa en las fortalezas se caracterizan por un fuerte liderazgo y por contar con grandes gerentes que se han ido formando mediante la selección y los programas de desarrollo. Estos líderes influyen en el desempeño de la empresa, porque creen profundamente en el valor económico que tiene el desarrollo humano.

Este tipo de compañías, además, tienen equipos que siguen esta estrategia como estándar cultural, es decir, a modo de norma sobre cómo hacer el trabajo. Además, los equipos que se basan en las fortalezas presentan un compromiso mayor, un nivel más elevado de retención del talento, un mejor servicio al cliente y una rentabilidad más alta.

En vista de los beneficios reales y mensurables de tener una cultura basada en fortalezas, ¿de qué modo puede una empresa desarrollarla y que sea una parte importante de sus fundamentos? Veamos las pautas básicas de acción:

1. **Hay que empezar por el Director General, o no funcionará.** Si se desea adoptar una cultura basada en fortalezas, el Director General debe tener claro de qué modo las distintas fortalezas de cada miembro del personal contribuirán a los objetivos comerciales del negocio. Estos líderes deben, así mismo, compartir con el resto la manera en que emplean sus propias capacidades y fortalezas. En el libro *Strengths Based Leadership*, Gallup subraya el hecho de que los líderes, a pesar de sus talentos y fortalezas distintas, consiguen, cada uno a su manera, un desempeño excepcional.

2. **Es fundamental hacer que cada empleado descubra sus propias fortalezas.** La detección de las fortalezas aporta a los equipos de trabajo un lenguaje común para colaborar y mejorar su productividad. Concienciarse sobre esto es solo el principio; un método de evaluación basado en las fortalezas se diseña principalmente para mejorar la comunicación y el desarrollo de los equipos.

3. **Se recomienda construir una red de trabajo interna de *coaches*.** Los llamados *coaches* de fortalezas proporcionan a los líderes de equipo conocimientos y herramientas prácticas sobre su propio patrón natural de pensamiento y comportamiento; son una especie de consultores internos que asesoran y dan un apoyo continuo.

4. **Se deben integrar las fortalezas en la gestión del desempeño.** Los líderes han de convertirse, a su vez, en *coaches* para sus equipos. Esto significa que primero deben entender sus propias fortalezas y cómo usarlas y después comprender las de sus trabajadores, de modo que puedan mantener conversaciones efectivas y continuas con ellos que lleven a un incremento en las competencias y la productividad. Cuando cada colaborador independiente de una empresa aprende a aplicar sus fortalezas a su puesto, estas se convierten en una parte esencial de su forma de actuar en el negocio.

5. **Por último, es básico reconvertir los programas de aprendizaje.** Es muy recomendable auditar completamente los programas y prácticas de aprendizaje existentes, tanto en la fase de selección como en la contratación, la inducción o incorporación y el ciclo entero de la vida del empleado. Hay que detectar cualquier programa, práctica o política que desgaste al personal y modificarlo, porque va en contra de la cultura basada en fortalezas. Así mismo, identificar las debilidades de cada empleado es importante, puesto que seguramente la gente desempeñará ciertas tareas y habrá asumido responsabilidades que no se adecúan del todo a sus capacidades. En otras palabras, para desarrollar las competencias del personal de manera efectiva, primero hay que entender quién es quién y cuáles son las tendencias naturales de cada persona. Solo entonces se deberá situar a los distintos trabajadores en puestos donde se maximice el tiempo que pasan empleando sus fortalezas para incrementar la productividad.

CAPÍTULO 17

LAS EXPECTATIVAS CORRECTAS: COMPETENCIAS 2.0

Las siete expectativas necesarias para tener éxito en cualquier puesto son:

- **Construir relaciones:** generar confianza, compartir ideas y cumplir con el trabajo.

- **Hacer desarrollar a las personas:** ayudar a los demás a ser más efectivos a través de sus fortalezas, expectativas y formación.

- **Liderar el cambio** y fijar objetivos que concuerden con la visión planteada.

- **Inspirar a los demás:** animar mediante el optimismo, la visión, la confianza, los retos y el reconocimiento.

- **Pensar de manera crítica:** recopilar y analizar la información para tomar decisiones inteligentes.

- **Comunicar de manera clara:** compartir información de forma regular y concisa.

- **Generar un sentimiento de responsabilidad** respecto a la productividad, en uno mismo y en el equipo.

De manera general, para que un enfoque basado en fortalezas tenga éxito, cada persona debe orientar sus cualidades a la consecución de un objetivo importante para sí misma y para su empresa.

Entonces, la pregunta es: ¿qué se puede esperar de cada empleado?

Si ya estás en condiciones de dar una respuesta concreta a esta pregunta es porque has identificado con claridad qué cultura corporativa quieres. En cambio, si la lista de cualidades es demasiado larga o incluye cuestiones con las que no se identifica la mayoría de la gente, entonces la cultura no coincide aún con tus aspiraciones reales.

Las grandes compañías fijan competencias que esperan que sus trabajadores dominen. Estas pueden ir desde aspectos más concretos, como «proporcionar retroalimentación constructiva» o «ser capaz de tomar decisiones», a otros más vagos o ambiguos, como «ser de utilidad» o «desalentar el movimiento regresivo».

La práctica del «modelado de competencias» se ha hecho cada vez más popular, a pesar de no existir una definición o una metodología ampliamente aceptada, ni tampoco una correlación clara con la eficacia organizacional.

Los modelos de competencias suelen incluir una amplia gama de rasgos, habilidades, capacidades, conocimientos, conductas y responsabilidades, y esta mezcolanza genera confusión en torno a qué representan tales competencias y cómo usarlas.

Hace poco no se había hecho ningún intento de definir un conjunto de competencias deseables para todos los puestos de trabajo y tipos de empresas. Con el fin de solucionarlo, un equipo de Gallup revisó la amplia literatura de investigación producida a lo largo de décadas y analizó el contenido de 360 requerimientos o demandas del puesto en 559 puestos de trabajo de 18 empresas distintas. Estos datos procedían de análisis previos llevados a cabo por expertos de Gallup para caracterizar a los mejores trabajadores en una amplia variedad de funciones, así como de algunos modelos de competencias creados en distintas empresas. De este modo, se trató de recopilar la máxima información posible.

A partir de este exhaustivo análisis, el equipo de investigación de Gallup halló bastantes redundancias; es decir, constató que se emplean muchos términos diferentes para referirse a las mismas competencias. En concreto, todas ellas podían agruparse en una de siete categorías que describen las expectativas necesarias para alcanzar el éxito en, literalmente, cualquier puesto de trabajo.

Estas siete categorías —las que se especifican al comienzo de este capítulo— no contienen todas las competencias descritas a lo largo de la historia, pero sí es muy probable que la mayoría, si no es que todas, de las que una empresa haya identificado como predictivas de un alto desempeño encajen en una de ellas.

Así, esta lista es la respuesta más simple (pero completa) de Gallup al objetivo de que todos los trabajadores consigan la excelencia en cualquier organización.

¿SON ESTAS EXPECTATIVAS REALMENTE APLICABLES A TODO EL MUNDO?

Es posible preguntarse cómo estas siete competencias pueden ser útiles en *cualquier* puesto de trabajo, desde las funciones del personal de atención al público a las responsabilidades de los altos ejecutivos. ¿Se debe esperar que un operario de fábrica o un conductor de autobús fomente el desarrollo de otras personas, lidere el cambio e inspire a otros? Bien, pues la respuesta es que, en una empresa gestionada de manera óptima, sí; *todo el mundo* debería jugar un papel en el desarrollo de sus colegas, aportando interacciones relevantes e incluso ayudándolos en su formación.

Eso sí, los líderes deben ser los primeros en asumir estas cualidades, ya que su conducta dicta lo que el resto de trabajadores interpreta como esperable de la empresa.

Pero, alguien que no posee naturalmente talentos en los temas Desarrollador o Individualización, ¿cómo puede *fomentar el desarrollo* de los demás? Y alguien que no tiene especiales dotes en los temas Analítico o Estratégico, ¿cómo puede *pensar de forma crítica*? Aún más, alguien que no es especialmente hábil en el tema Comunicación, ¿cómo puede *comunicar de forma clara*? (Véanse las definiciones de los 34 temas de CliftonStrengths en el Apéndice 1).

Está claro que no todo el mundo lo logrará de la misma manera. En función de las fortalezas de cada persona, algunas competencias serán más sencillas de conseguir que otras, pero cualquiera puede usar sus talentos individuales para satisfacer estas exigencias.

Por ejemplo, un individuo altamente competitivo podrá *hacer progresar al personal* estableciendo criterios claros de desarrollo, de modo que se pueda definir el concepto de «ganador». Por su parte, una persona con harmonía podrá *pensar de manera crítica* detectando y enfatizando lo que la gente tiene en común y aportando su capacidad para la resolución de conflictos.

Cada una de esas siete competencias se corresponde con prácticas eficaces de gestión del desempeño que aumentan el compromiso y producen un alto rendimiento. ¿Cómo sabes si estás cumpliendo correctamente estas competencias? Pregúntele a tus compañeros, a tus empleados, a los directores y a otros socios. Estas siete competencias se enfocan en un proceso de desarrollo de 360 grados.

En la fuerza laboral del futuro, todos los trabajadores tendrán que mejorar en cada una de estas siete áreas. Está claro que para todo el mundo es positivo construir relaciones interpersonales, contribuir al desarrollo de los demás, liderar el cambio desde su puesto, inspirar a otros, pensar de manera crítica, comunicarse de forma clara y asumir (y exigir al resto) ciertas responsabilidades.

Así pues, todo el mundo debería pensar en cómo usar sus fortalezas y capacidades para satisfacer estas siete expectativas.

CAPÍTULO 18

HACER UN PLAN DE SUCESIÓN CORRECTO

- ○ Empezar aplicando medidas de desempeño objetivas.
- ○ Analizar las competencias que requiere el cargo.
- ○ Aprovechar las tendencias innatas.
- ○ Diseñar un plan de desarrollo del liderazgo individualizado.

Planificar la sucesión de manera efectiva es esencial para retener el talento de una organización, y no solo en el caso de los altos ejecutivos.

El problema de la mayoría de empresas es que planifican la sucesión a través de un proceso subjetivo y propenso a los sesgos, lo que desemboca en malas decisiones sobre quién debería ascender en la organización empresarial; y ello socava la estructura empresarial por completo, ya que muchas veces se asciende a personas que carecen de capacidad para desempeñar el cargo.

Por otro lado, hay empresas que ni siquiera cuentan con un plan de sucesión y toman las decisiones sobre la marcha. Carecer de un sistema organizado acarrea costos extraordinariamente elevados, en especial en lo que se refiere a la contratación externa.

En cambio, cuando se hacen bien, los ascensos producen altos índices de éxito, porque las personas encargadas de tomar las decisiones pueden previamente observar el desempeño de esos candidatos a ascender y emplear esa información para tomar mejores decisiones.

Pero tener un plan es solo el primer paso; también se necesita un sistema que evite los sesgos y prejuicios.

Para ilustrar de qué manera las ideas preconcebidas pueden afectar las decisiones de gestión empresarial, ofrecemos el siguiente ejemplo: Gallup entrevistó a 645 líderes y les preguntó qué puesto de dirección asignarían a su mejor empleado si tuvieran dos vacantes: una en una división donde la empresa tiene pérdidas y la otra en una rentable. Dos tercios de estos líderes afirmaron que le encomendarían la sucursal con pérdidas en un intento por recuperar la situación. Este tipo de decisiones refleja un sesgo de aversión a las pérdidas, esto es, una propensión a evitarlas a toda costa.

En cambio, los directivos restantes (todos ellos con un nivel de productividad alto) eligieron asignarlo a la división rentable, pues sabían que podrían incrementar más aún esa rentabilidad si combinaban un negocio ya exitoso con un responsable altamente capacitado. Los resultados de la investigación apoyan esta última decisión: los líderes de alto desempeño tomaron una decisión objetiva, basada en los datos, dejando a un lado el sesgo de aversión a las pérdidas.

También hay otro sesgo, el de confirmación, que influye en las decisiones de sucesión: muchos líderes eligen a quiénes promocionar entre aquellos que son como ellos mismos, que se ajustan a sus ideas preconcebidas o a ciertas intuiciones; o bien conceden el ascenso a alguien con logros recientes, sin analizar toda su trayectoria. Esto se conoce como la falacia del éxito reciente y es una predisposición a regirse por lo inmediato.

A continuación, exponemos los cuatro pasos prácticos necesarios para diseñar un plan de sucesión más riguroso:

1. **Empezar aplicando medidas de desempeño objetivas.** Si se va a ascender a alguien a un puesto de muy alto nivel (gerente o similar) conviene aplicar medidas de desempeño objetivas durante un periodo de tiempo significativo, años si es posible. Es recomendable, por ejemplo, hacer una auditoría de resultados de los equipos que han liderado los candidatos en cuanto a ventas, rentabilidad, rotación de personal, evaluación del servicio por parte de los clientes, absentismo, seguridad y grado de compromiso de los trabajadores que han estado a su cargo.

2. **Analizar las competencias que requiere el cargo.** Es imprescindible evaluar las cualidades necesarias para el puesto, aquellas que han desarrollado sus ocupantes previos y las que requerirá el cargo conforme evolucione. Algunas de ellas pueden ser la capacidad para: asumir retos que estén más allá de los conocimientos actuales del individuo; liderar equipos en situaciones adversas; establecer alianzas con otras divisiones de la empresa; adquirir experiencia internacional; y conocer bien a los clientes. Resulta imprescindible aportar objetividad a las decisiones que

tienen que ver con las promociones laborales empleando un método de cuantificación de estas competencias.

3. **Aprovechar las tendencias innatas.** Tal como expusimos en los capítulos dedicados a la selección de personal, las evaluaciones bien validadas pueden aportar información muy valiosa sobre las tendencias naturales de los individuos, cómo desempeñarán su labor y cómo serán sus relaciones personales en la empresa. Así, los candidatos potenciales a un ascenso que posean un alto porcentaje de las cinco tendencias innatas mencionadas —motivación, estilo de trabajo, iniciativa, colaboración y proceso de pensamiento—, siempre adaptadas a las características del cargo que van a asumir, tendrán una probabilidad más alta de éxito. De forma ideal, una compañía dispondrá de estos datos antes de la contratación de los candidatos, por lo que podrá planificar mejor la promoción interna. Sin embargo, no es conveniente usar este tipo de medidas para sustituir los dos criterios anteriores, esto es, desempeño previo y competencias que requiere el cargo.

4. **Diseñar un plan individualizado de desarrollo del liderazgo.** Este tipo de programas debería basarse en las fortalezas de cada persona y tener como objetivo final la generación de autoconciencia, orientada a las competencias específicas del cargo. Construir líderes exitosos —ya sean gerentes, ejecutivos o empleados de alto valor— es un proceso continuo.

CAPÍTULO 19

GESTIONAR LA SALIDA DE TRABAJADORES

Actualmente, el 35 % de los trabajadores dicen haber cambiado de empleo en los últimos tres años; y un poco más de la mitad están buscando activamente un nuevo trabajo o, al menos, están atentos a las oportunidades que se puedan presentar.

En este libro hemos recalcado qué prácticas pueden reducir de forma significativa la rotación (o salida) de los trabajadores más calificados. Pero, inevitablemente, alguien acabará abandonando la empresa. La salida es uno de los momentos cruciales en el ciclo de un trabajador y debe gestionarse de forma correcta.

Todas las empresas viven buenos y malos movimientos de su personal. Uno bueno sería, por ejemplo, cuando un empleado se jubila tras una larga y positiva contribución a la compañía o cambia de empleo para emprender una nueva senda en su carrera profesional. En teoría, la rotación es una experiencia positiva tanto para el trabajador como para la empresa, siempre que aquel se marche teniendo una buena relación con esta y hablando bien de ella. Pero eso no siempre sucede en la práctica.

En el otro extremo, el movimiento más indeseable se produce cuando los empleados salientes se sienten en cierto modo ofendidos por la empresa, un tema que abordaremos en posteriores capítulos.

Una mala rotación también incluye a aquellos empleados estrella que se marchan porque no se sentían realizados o no podían crecer en su empresa actual; así, lo más normal es que se vayan con la competencia, lo cual daña la reputación de la empresa que abandonan y complica la atracción de nuevos talentos.

La investigación sobre este aspecto revela que el costo de la rotación de personal oscila entre la mitad y el doble del sueldo anual de un colaborador, o más dependiendo de la complejidad del trabajo. La estimación de los costos incluye la contratación de sustitutos, así como la formación y la pérdida de productividad, pero no el enorme costo, en ocasiones, de las demandas judiciales. Incluso las pequeñas ganancias que pueda suponer una alta tasa de retención del talento pueden equivaler a decenas de millones ahorrados.

Pero existe un costo aún mayor, y a largo plazo, de la marcha de algunos trabajadores: el riesgo que supone para la reputación de una empresa si esta no ha sabido gestionarla bien.

Adoptar un enfoque adecuado en el proceso de salida del empleado permitirá obtener información que sirva de base para las decisiones futuras en torno a la cultura corporativa y además creará embajadores de marca.

Así pues, ¿cuál es la forma correcta de gestionar la marcha de un trabajador? Es fundamental que la persona que se va:

1. **Se sienta escuchada.** Las entrevistas de salida aportan una información imperfecta, pero que puede proporcionar datos que evitarán cometer los mismos errores de nuevo. También son útiles para saber lo que ofrece la competencia. Y, lo más importante, son una forma de que los trabajadores que abandonan la empresa se sientan escuchados y de determinar las razones por las que se van.

   Hoy en día existen incontables foros en internet donde la gente puede expresar su insatisfacción respecto a su empresa o exempresa. Por tanto, Gallup recomienda evitar esta situación permitiendo a los empleados desfogarse primero con su líder. Disponemos de un banco de preguntas de salida muy extenso para llevar a cabo una entrevista de este tipo en cualquier clase de empresa.

   Otra recomendación es hacer entrevistas continuas a los mejores trabajadores —mientras todavía están en la empresa— con el fin de elaborar un buen análisis que prediga las posibilidades de retenerlos.

2. **Se marche sintiéndose orgullosa de su contribución.** Casi todos los trabajadores hacen en algún momento contribuciones a la empresa, en aspectos que resultan significativos tanto para ellos mismos como para los demás. Excepto en los casos de rescisiones de contrato por un comportamiento inadecuado, se recomienda asegurarse de que todo el que deje la empresa sepa en qué ha contribuido y que esto se aprecia.

3. **Se convierta en embajadora de marca.** Por supuesto, la mayoría de los trabajadores dejan la empresa por causas negativas, y ninguna puede recuperar a todos sus exempleados descontentos. Pero dejar que antes de marcharse den su opinión y reciban un reconocimiento por sus contribuciones incrementará las opciones de que más tarde se conviertan en embajadores de marca.

Una red de empleados aporta más a la reputación de una organización que ninguna otra cosa. Nuestro consejo es mantener el contacto con los antiguos trabajadores para tenerlos al corriente de las oportunidades que se puedan presentar una vez que se han marchado.

En general, las experiencias por las que pasan y las relaciones que tienen los trabajadores durante su ciclo de vida laboral en una organización determinarán el grado de retención de los mejores y, en última instancia, la fuerza de la marca empleadora. Y todo ello dependerá, en última instancia, de lo bien que el líder (o los líderes) forme y oriente a cada nuevo trabajador.

DE JEFE A *COACH*

UNA CULTURA BASADA EN UN ALTO NIVEL
DE DESARROLLO DE LOS TRABAJADORES ES
EL ENTORNO MÁS PRODUCTIVO TANTO PARA
UNA EMPRESA COMO PARA SUS COLABORADORES.

CAPÍTULO 20

LOS TRES REQUISITOS DEL *COACHING*

1. Establecer expectativas.
2. Acompañamiento continuo.
3. Asignación de responsabilidades.

El cambio en los métodos de gestión del personal no podría ser más urgente. Gallup estima que el costo de una mala gestión y de la pérdida de productividad generadas por trabajadores no comprometidos o desinteresados, solo en los Estados Unidos, se sitúa entre los 960.000 millones y los 1,2 billones de dólares anuales. Globalmente, el costo se aproxima a los 7 billones de dólares, es decir, entre el 9 y el 10 % del PIB.

Veremos ahora cómo ha sido la reciente evolución de la gestión del desempeño. Una compañía podría estar pasando por una de las siguientes situaciones, o por ambas:

- **Descubre que su sistema de gestión de desempeño es menos productivo de lo deseable.** Solo uno de cada cinco empleados afirma que el sistema de gestión del desempeño de su empresa les resulta motivador. De hecho, las grandes compañías gastan decenas de miles de horas y grandes cantidades de dinero en actividades que no solo no funcionan, sino que además expulsan a estrellas y líderes

- **Los extraordinarios cambios en la tecnología y la globalización, y el cada vez más abrumador flujo de información están transformando el futuro del mercado laboral.** Los trabajadores de hoy en día, en especial los *millennials*, piden algo diferente; no quieren un jefe, desean expectativas claras, tener una responsabilidad, un propósito que les motive y, sobre todo, retroalimentación y formación continuos.

Para ayudar a las empresas de todo el planeta a abordar el problema de la mala gestión, Gallup recopiló toda la información posible sobre el tema. Para ello, revisamos nuestra base de datos de clientes, que contiene información sobre más de 60 millones de empleados, y a esto añadimos los metaanálisis a gran escala elaborados por otros investigadores a partir de cientos de estudios sobre fijación de metas, retroalimentación, compromiso, diferencias y competencias individuales. Entrevistamos, así mismo, a los mejores científicos, líderes, gerentes y empleados.

Deseábamos saber lo que la ciencia tenía que decir, así como qué conocimientos podían resultar más útiles y aplicables tanto al campo del liderazgo como al de los puestos de atención al público.

En el lado positivo, la investigación revela que existen métodos más adecuados y modernos para mejorar de forma significativa la gestión y la productividad, además de mostrar cómo puede transformarse la gestión del desempeño tradicional en *desarrollo* del desempeño. Con todo, Gallup también ha descubierto que la mayor parte de las compañías no han tomado en consideración, o han pasado por alto, los hallazgos científicos, tapados por las sucesivas corrientes de moda en la gestión del desempeño que han ido apareciendo a lo largo de los años.

En concreto, las organizaciones que aplicaban sistemas de gestión del desempeño tradicionales lo han tenido más complicado para inspirar y hacer crecer a sus trabajadores, dado que sus métodos generaban unas expectativas poco claras, una retroalimentación infrecuente y escasamente efectiva y unos métodos de evaluación injustos o directamente inexistentes.

El caso es que cuando los sistemas y procesos dificultan que la gente haga su trabajo, los líderes pierden credibilidad. En cambio, si los trabajadores ven factible conseguir lo que se les pide, empezarán a vislumbrar una cultura a la que quieren pertenecer.

De este modo, para alcanzar la meta del éxito en la cultura de una empresa, los líderes de equipo se deben convertir en formadores, y para ello hay que enseñarles, a su vez, a cumplir los tres siguientes requisitos:

1. Establecer expectativas.
2. Acompañamiento continuo.
3. Asignación de responsabilidades

¿Cuál es el motivo de que sean estos, y no otros, los criterios? La investigación de Gallup ha llevado a descubrir las siguientes nociones relacionadas con el fomento del desarrollo:

○ **Los trabajadores cuyos jefes los involucran en el establecimiento de metas tienen casi cuatro veces más probabilidades de sentirse comprometidos con la empresa que el resto de sus compañeros.** Aun así, por término medio solo el 30 % de los empleados tienen esa expectativa.

○ **Los empleados que reciben retroalimentación diaria de sus superiores tienen tres veces más probabilidades de sentirse comprometidos que quienes lo reciben una vez al año o menos.** No obstante, esta retroalimentación debe ser relevante y basarse en el conocimiento de las fortalezas individuales del trabajador. Lo ideal sería dar retroalimentación a los empleados al menos una vez a la semana. Estas conversaciones pueden presentar distintos formatos: desde interacciones rápidas diarias a supervisiones recurrentes orientadas al *coaching* para el desarrollo. (Véase capítulo 21).

○ **A pesar de que muchas empresas están cambiando sus sistemas de evaluación anual, la responsabilidad personal sigue siendo importante.** Los líderes deberían evaluar los progresos de su equipo al menos dos veces al año y enfocarse en el propósito general, las metas, los datos de productividad, el desarrollo, la estrategia, la contribución al equipo y la vida personal del colaborador. Estas evaluaciones deberían estar orientadas a los logros, ser justas y precisas y focalizarse en el desarrollo.

○ **Las evaluaciones de desempeño deben ir acompañadas de un programa de desarrollo individualizado.** Si no se combina el desarrollo individual de los trabajadores con la evaluación de su desempeño, estos podrían percibir dicha evaluación como una amenaza y entonces su desarrollo no iría en línea con los objetivos de la empresa.

CAPÍTULO 21

LAS CINCO CONVERSACIONES DE *COACHING*

Cerca de la mitad de los trabajadores (47 %) dice haber recibido retroalimentación de su líder «pocas o muy pocas veces» durante el año anterior. Además, solo el 26 % reconoce que eso les ha ayudado a hacer mejor su trabajo.

Gran parte de las críticas a los sistemas de gestión del desempeño se centran en las evaluaciones anuales, y es por una buena razón: los líderes dependen demasiado de estas evaluaciones, las usan como principal fuente de información para dar retroalimentación a sus trabajadores, pero en realidad estos necesitan interactuar con sus líderes más de una vez al año.

Muchos gerentes realmente *desean* comunicarse con sus equipos de forma regular. Sin embargo, apenas la mitad de los trabajadores (el 47%) dicen haber recibido retroalimentación de sus líderes «pocas o muy pocas veces» durante el pasado año. Y solo el 34% creen que saben en qué proyectos o tareas están trabajando.

Peor aún, solo el 26% de los trabajadores piensan que la retroalimentación que les dan sus líderes les ayuda a hacer mejor su trabajo.

Numerosas investigaciones a gran escala han revelado que la formación continua ejerce un poderoso impacto sobre el desempeño. Además, fijar objetivos tiene un efecto positivo mayor en el desempeño cuando va acompañado de una retroalimentación frecuente.

Sin la existencia de conversaciones continuas (y efectivas) entre líderes y empleados, se dejan al azar tanto la mejora del desempeño como el logro de objetivos. En la mayoría de las empresas, los objetivos cambian a medida que lo hacen las necesidades del negocio, y esos cambios suelen generar ansiedad y confusión en los trabajadores. Por eso un acompañamiento continuo les facilitará tener en cada momento expectativas claras sobre los objetivos de la empresa, de forma que puedan gestionar los cambios con mayor confianza y claridad.

Pero la realidad es que muchas empresas no exigen a sus líderes esta supervisión y acompañamiento continuos. Al contrario, la gran cantidad de responsabilidades que deben asumir —elaboración de presupuestos, planificación estratégica y numerosas tareas administrativas— dificulta priorizar el contacto con los miembros del equipo.

Por tanto, para que una empresa modifique su sistema de gestión debe proporcionar a sus líderes los recursos y la formación suficientes para cumplir con estos nuevos requisitos, orientados al crecimiento profesional de los trabajadores y a la mejora de su rendimiento.

Si los directivos de una empresa han de priorizar una acción, Gallup recomienda que sea la preparación de sus líderes para que se conviertan en coaches.

Preparar a los gerentes y mandos medios para el proceso de *coaching* va más allá de pedirles *que formen a sus trabajadores*. Previamente es imprescindible:

- Redefinir sus funciones y las competencias que se espera que alcancen.
- Proporcionarles las herramientas y recursos necesarios para cumplir con esas expectativas.
- Diseñar técnicas de evaluación que les ayuden a valorar el desempeño con precisión, a dar responsabilidades a los empleados y a formarles para el futuro.

Pero limitarse a sustituir (o complementar) las evaluaciones anuales por conversaciones más frecuentes no es suficiente. Esos encuentros formativos deben tener, además, un significado y un propósito, para evitar que los trabajadores se sientan microgestionados o vigilados.

En este sentido, conviene recalcar que los diferentes escenarios de desempeño requerirán distintos enfoques y métodos. Quienes estén en puestos complejos necesitarán un *coaching* más enfocado en la definición de resultados generales y mucha más autonomía y apoyo para cumplir con esas expectativas; y la microgestión no es útil para ese tipo de trabajos. Por el contrario, el personal con funciones más sencillas podrá desempeñar su labor con mayor efectividad si cuenta con objetivos más específicos y con una serie de pasos claros sobre cómo hacer su trabajo; es decir, cierto grado de microgestión puede ser adecuado en estos casos.

Gallup ha diseñado una estructura práctica para saber cómo y cuándo se deben generar expectativas, dar acompañamiento continuo y asignar responsabilidades, a través de las cinco conversaciones de *coaching*.

LAS CINCO CONVERSACIONES DE *COACHING*

1. **Orientación sobre funciones y relaciones.** El *coaching* empieza con las primeras impresiones. El objetivo principal de esta conversación inicial es conocer al individuo y saber cuáles son sus fortalezas, así como generar expectativas acordes con esas fortalezas personales y con los objetivos de la empresa.

   Durante esta conversación (que suele durar entre una y tres horas y se tiene una vez al año o cada vez que el trabajador cambie de puesto), los líderes deberán definir los criterios de éxito de ese puesto concreto y cómo sus funciones se relacionan con las expectativas de sus colegas. Esta conversación debería servir como preludio a la evaluación semestral de progreso (la quinta conversación) e incluir un intercambio de ideas sobre el propósito general, los objetivos, los resultados, el desarrollo, la estrategia, el equipo y el bienestar del empleado.

2. **Interacción rápida.** Si bien es importante que los trabajadores dispongan de autonomía para «interiorizar» su trabajo y la forma en que lo llevan a cabo, tener breves conversaciones diarias y semanales es muy útil en muchos sentidos. Por un lado, la gente odia sentirse ignorada, algo que es incluso peor que enfocarse en sus puntos débiles. *Cierto grado de atención, sin importar de qué tipo, es mejor que nada.* Así, mantener conversaciones continuas basadas en las fortalezas es una de las acciones más reforzantes para un trabajador.

   Además, es mejor debatir ciertas cuestiones laborales mientras están sucediendo, para que los líderes puedan tomar decisiones rápidas y orientar a sus trabajadores en la dirección adecuada. Por lo tanto, para que un gerente sea buen *coach* ha de desarrollar el hábito de las interacciones rápidas, ya sea por correo electrónico, teléfono, conversaciones de pasillo o cualquier otro contacto personal breve (de unos 10 minutos), al menos una vez a la semana.

Si se logra dominar el arte de las interacciones rápidas, los miembros del equipo siempre sabrán si van por el camino correcto y podrán actuar sin obstáculos innecesarios. Además, los líderes podrán felicitar a los miembros de su equipo por un éxito en el momento oportuno, discutir cualquier cuestión que surja en el desarrollo de su trabajo o, simplemente, estar en contacto. En cualquier caso, la frecuencia de este tipo de conversaciones no debería resultar forzada; variará en función de la persona, de sus capacidades y sus responsabilidades laborales.

3. **Check-in (tocar base).** En este tipo de conversaciones, los líderes y empleados revisarán los logros alcanzados y las dificultades surgidas en el proceso, además de ajustar y actualizar las prioridades. Cada líder debería mantener con los miembros de su equipo encuentros para tocar base (de entre 10 y 30 minutos, dependiendo de las necesidades y responsabilidades de cada empleado) al menos una o dos veces al mes. Este tipo de conversaciones requieren una mayor planificación que las de interacción rápida; en ellas, jefe y empleado discutirán sobre las expectativas, la carga de trabajo, las metas y las necesidades del momento.

4. **Coaching de desarrollo.** Es un verdadero arte y posiblemente el tipo de encuentro más complicado de dominar. Una conversación de esta clase, aunque sea breve (entre 10 y 30 minutos), puede ejercer un gran impacto en la carrera del trabajador.

Es más efectiva cuando el líder conoce bien al empleado y comprende su personalidad. El contenido del encuentro debería basarse en la asignación de proyectos y en las oportunidades de crecimiento. El propósito de estas conversaciones es proporcionar orientación, apoyo y consejo para el desarrollo de la trayectoria de alguien en la empresa; pueden derivar en la programación de una formación o en el diseño de un plan de acción.

Los líderes deben recordar que hay que enfocarse en las fortalezas y logros del trabajador durante estas conversaciones, en lugar de hacerlo en sus carencias.

5. **Evaluación de progreso.** Si bien es cierto que la evaluación anual se ha convertido en el parche (solución temporal) de la mala gestión del desempeño, ello se debe sobre todo a que la mayor parte de líderes de equipo no mantienen con sus trabajadores las otras cuatro conversaciones.

   Las evaluaciones anuales son, para mucha gente, amenazantes reuniones de rendimiento con enormes repercusiones sobre el sueldo y los ascensos. Obviamente, un proceso de *coaching* continuo y efectivo debe conllevar ciertas responsabilidades; es fundamental que los líderes evalúen el progreso en el desempeño de los trabajadores y actualicen sus expectativas al respecto en función de los cambios que se hayan producido.

   Las conversaciones de evaluación de progreso constituyen una poderosa herramienta de *coaching* cuando se focalizan en los logros alcanzados, en preparar a la persona para futuras metas y en planificar las oportunidades de desarrollo y crecimiento. La duración de este tipo de encuentros debería situarse entre una y tres horas, y su frecuencia al menos dos veces al año. Por supuesto, el contenido debería ir en la línea del resto de conversaciones de *coaching* diarias, semanales y mensuales.

   De todas formas, no han de limitarse a evaluar el desempeño. Gallup recomienda la inclusión de los siguientes temas, que pueden servir de guía para el desarrollo de la reunión:

   Mi propósito general. Preguntar al colaborador los motivos por los que hace su trabajo.

   Mis objetivos. Preguntar al colaborador qué desea conseguir; y por lo tanto trabajar con la persona para ajustar sus metas a las de la empresa.

Mis resultados. Generar herramientas que midan la evolución en cuanto a logros individuales, colaboración con los miembros de su equipo y valoración por parte del cliente.

Mi desarrollo. Hablar con el colaborador sobre sus perspectivas de crecimiento y desarrollo personal, y sobre cómo quiere que sea su futuro.

Mi estrategia. Pensar críticamente junto con el colaborador sobre su propósito, sus objetivos, sus resultados y su desarrollo, y el modo de emplear sus fortalezas para generar un plan de acción.

Mi equipo. Identificar a los mejores compañeros del colaborador.

Mi bienestar. En función de las preferencias y el nivel de confort del empleado en la conversación, se le puede plantear charlar sobre la vida en general, incluyendo su situación económica, su involucramiento en la comunidad, sus actividades sociales y su salud.

A primera vista podría parecer que estas cinco conversaciones son otra carga más para los ya saturados gerentes. «¿Quién tiene tiempo para todo esto?». Pero, de hecho, mejoran la eficiencia en la gestión del personal y, en última instancia, ahorran una considerable cantidad de tiempo. Es así porque, gracias a este proceso de *coaching* continuo, los trabajadores invertirán menos energía en tareas improductivas o erróneas que, a la larga, perjudican a la empresa.

Ser un *coach* eficaz es la capacidad más importante que cualquier líder puede adquirir. El modo en que los trabajadores interpretan su valor para la compañía, e incluso su sueldo, será un reflejo directo de cómo han sido formados al respecto.

Dominando estas cinco conversaciones de *coaching*, los directivos y líderes de equipo podrán priorizar mejor a qué dedican su tiempo y esfuerzo.

CAPÍTULO 22

RETRIBUCIÓN ECONÓMICA Y PROMOCIONES

Para proporcionar una retribución económica adecuada y conceder una promoción justa hay que basarse en:

- Un plan de desarrollo.
- Una correcta evaluación del desempeño.

Como habrás notado, las cinco conversaciones de *coaching* no abordan la verdadera cuestión que le importa a todo el mundo: el sueldo y las posibilidades de promoción. Y, dado que ambos son aspectos con una alta carga emocional, se deberán abordar de una forma tan seria como la evolución profesional del trabajador.

Lo adecuado es tratarlos en una conversación por separado.

Pensemos en ello: ¿qué le viene a la mente en primer lugar a un trabajador que se somete a una evaluación de desempeño anual, cuando su líder saca temas como el propósito general, los objetivos, los resultados, el desarrollo, la estrategia, el equipo y el bienestar personal? Muy sencillo: *Vale, pero ¿qué hay de mi sueldo y de mi ascenso»?*

Esta pregunta se contesta sola.

Cuando surge la discusión sobre las retribuciones, otros aspectos igualmente importantes quedan sin contestar. Esta es la razón por la que recomendamos encarecidamente que estos dos temas (sueldo y ascensos) se traten aparte, en una reunión independiente y dedicada en exclusiva a ello.

El desarrollo profesional de un trabajador nunca debería tener un papel secundario respecto a su sueldo y sus posibilidades de promoción interna. Todo lo contrario, ambas cosas deben ir en consonancia y lo segundo debe ser resultado de lo primero. No obstante, los líderes de equipo deben comprender que la psicología humana es así, en donde hay una necesidad por la equidad, la justicia, las contribuciones personales, la comparación social, la autonomía y el bienestar con el valor económico de las retribuciones.

La percepción que un trabajador tiene de su sueldo está profundamente arraigada en sus experiencias laborales. En entornos con un bajo nivel de desarrollo de los empleados, en los que no se mantienen las cinco conversaciones de *coaching*, el sueldo y los ascensos no se sitúan en un lugar bien delimitado, se convierten más bien en el «premio», lo que desemboca en conductas disfuncionales como emplear maniobras políticas para conseguir salarios más altos y un mayor estatus.

Tales comportamientos generan un elevado nivel de ineficacia en las empresas. Si los trabajadores dedican su tiempo a las intrigas políticas, serán menos productivos; si malgastan su tiempo y energía de esa forma, trabajarán mucho menos, por lo que la empresa tendrá que contratar a más personal para hacer el mismo trabajo. Y cuando se tiene que contratar a más gente, la retribución de cada individuo desciende.

En cambio, las personas que trabajan en entornos de alto desarrollo tienen percepciones más favorables de su sueldo, con independencia de cuáles sean sus ingresos.

La razón de esto es que, en dichos entornos, todo el mundo posee una necesidad inherente de ver que progrese; y los trabajadores que tienen *coaches* en vez de jefes tienen muchas más probabilidades de detectar tal progreso.

Por otro lado, cuando una persona no recibe atención y formación continua y además siente que las cosas nunca cambiarán, se centra en la medida estrictamente cuantitativa de su valor y progreso: la retribución económica.

Conviene tener en cuenta que la competencia necesita pagar alrededor del 20% más para que una persona cambie de trabajo si realmente está comprometida con su empresa. Ahora bien, si no lo está, es bastante probable que deje su actual puesto a cambio de cualquier pequeño aumento de sueldo.

Cierta compensación puede incrementar tanto el desempeño individual como los resultados empresariales. En este sentido, recomendamos aplicar las siguientes pautas, contrastadas científicamente, para decidir el enfoque respecto al sueldo y los ascensos que mejor se adapte a cada compañía y a su personal:

1. **A pesar de que la retribución económica es una cuestión personal, los criterios respecto a aumentos y ascensos deberían ser transparentes.** La investigación demuestra que un alto porcentaje de trabajadores que tienen un sueldo acorde al mercado creen que están recibiendo en realidad menos de lo que deberían para sus funciones. Conviene, por lo tanto, comunicar con claridad en qué medida los sueldos son

equivalentes a los que se podrían obtener en cualquier otra empresa. Si no se hace así, cada trabajador cubrirá las lagunas de información con sus propias ideas, probablemente negativas. En muchos casos, tales ideas procederán de simples rumores que no reflejan la realidad.

También hay que ser especialmente claro respecto a los criterios para subir el sueldo o conseguir un ascenso, sobre todo en cuanto a qué objetivos se deben alcanzar.

2. **No utilizar rankings para determinar el sueldo o los ascensos en pequeños equipos.** Esta estrategia presupone que cada equipo tiene trabajadores de perfil alto, medio y bajo, pero en algunos equipos es posible que todo el mundo tengan un perfil alto, por lo que un ranking penalizará a algunos de sus miembros; otros quizá estén compuestos solo por trabajadores de perfil bajo, en cuyo caso se estará recompensando a los menos malos por un desempeño en realidad pobre.

El deseo de justicia y equidad es una necesidad humana básica. Un sistema de evaluación del desempeño debería disponer de una definición clara de lo que supone un «rendimiento excepcional» para cada individuo con base a sus funciones y objetivos. La mejor manera de hacerlo es combinar múltiples fuentes de información, siempre individualizadas, y comparar esos datos con los objetivos profesionales del trabajador. También es necesario explicar cómo se medirá el desempeño y cuál será la puntuación media, la considerada por debajo de la media, por encima, el desempeño sobresaliente y el excepcional para cada función o tarea.

3. **La mayoría de los trabajadores quieren alguna forma de incentivo.** Las personas, en general, desean tener cierta influencia sobre su sueldo. Así, por ejemplo, dos tercios de los empleados afirman que les gustaría tener una forma de incentivo variable. De este modo, los mejores trabajadores pueden, por ejemplo, obtener una bonificación por ciertos logros que beneficien a la empresa y que les ayuden a destacar.

Pero los líderes también deben ser conscientes de cuál es el límite adecuado para ese tipo de incentivos en relación con el salario base, y a qué conductas negativas puede llevar el establecimiento de un sueldo variable. Por ejemplo, se sabe que los bonos individuales elevados generan comportamientos individualistas: un incentivo económico nunca debería tentar al trabajador a ir en contra de los clientes o de sus propios compañeros; es preciso que las metas para obtener estas recompensas vayan en consonancia con las del equipo y las de la organización. Y, sobre todo, potenciar el desempeño basado tanto en los logros individuales como en la colaboración y en el valor del cliente.

4. **Hay que convertir el bienestar financiero de los trabajadores en una responsabilidad de la empresa.** Cuando la gente se siente bien, trabaja mejor, eso es un hecho. Se recomienda, por lo tanto, implementar sistemas de apoyo a los trabajadores que los ayuden en su planificación financiera y les den consejos de inversión. Esto implica tener en plantilla a expertos en finanzas que puedan ofrecer este asesoramiento, de modo que se reduzca el estrés económico a corto plazo, se aumente la seguridad a largo plazo y se maximicen los recursos financieros. Así los trabajadores tendrán cubiertas sus necesidades básicas y podrán centrarse en su vida personal y familiar. Por otro lado, un paquete de prestaciones competitivas también puede influir de forma positiva en el bienestar de los empleados.

CAPÍTULO 23

INDICADORES DE DESEMPEÑO: SESGOS Y PREJUICIOS

Los indicadores de desempeño dicen a veces más sobre el líder que sobre el empleado.

¿Deben las empresas «clasificar» a sus empleados? ¿O sería mejor suprimir por completo los índices de desempeño?

Muchas compañías han elegido la segunda opción, y por una buena razón, ya que es una solución comprensible para los sistemas de gestión del desempeño fallidos. Habitualmente, las evaluaciones de desempeño no se basan en conversaciones continuas, sino que se llevan a cabo a final de año y en esa única ocasión se decide a quiénes se conceden los bonos y los ascensos. Este tipo de procedimiento favorece la aparición de maniobras políticas para asegurar una alta calificación, en lugar de potenciar un mayor desempeño.

Pero el problema no son los índices en sí mismos; tanto estos como los sistemas de evaluación fueron creados con la buena intención de generar responsabilidades y recompensar a los buenos trabajadores. El problema es que estos índices se han visto asociados a sesgos y prejuicios en el sistema.

Incluso si se decide suprimir los índices de desempeño, no significa que haya que transformarlo todo. Los tres componentes que hacen que un sistema de gestión del desempeño tenga éxito son: establecer expectativas, dar acompañamiento continuo y delimitar responsabilidades; y estas últimas también requieren una evaluación, sea con o sin índices.

Vamos a analizar paso a paso el proceso: supongamos que se suprimen las evaluaciones anuales de desempeño y se sustituyen por un sistema de evaluación continua a través de conversaciones o encuentros periódicos. Si se hace así, ¿cómo se podrán tomar decisiones justas sobre ascensos y subidas de sueldo? Seguimos necesitando un sistema que le diga con exactitud al personal cómo está haciendo su trabajo, para que todo el mundo pueda tener un marco de referencia sobre su nivel de contribución y sus progresos.

Tradicionalmente, las evaluaciones anuales han cubierto esa necesidad.

Como ya hemos señalado, se concibieron con la mejor de las intenciones, pero, al igual que en los programas de gestión del desarrollo, muchas veces se han llevado a cabo sobre la base de suposiciones erróneas.

La suposición más errónea es creer que una sola persona puede calificar de forma fiable el desempeño de un trabajador, y únicamente mediante la observación. El resultado es que los índices de desempeño revelan más sobre el evaluador que sobre el propio empleado.

Con independencia de la escala de calificación que se emplee y del tipo de preguntas que se hagan, los evaluadores tienen prejuicios que exceden cualquier ventaja que se pueda obtener de las nuevas escalas de desempeño. Sí, algunas de estas escalas funcionan mejor que otras, y en el siguiente capítulo mostraremos la mejor que hemos encontrado. Pero, aun así, se precisa contar con un sistema que corrija los prejuicios personales de los evaluadores.

TIPOS DE PREJUICIOS DE LOS EVALUADORES DE DESEMPEÑO:

- **Prejuicios personales o idiosincráticos.** Normalmente existen más probabilidades de ver lo positivo en los trabajadores que nos gustan y que hacen las cosas de la misma manera que nosotros.

- **Efecto halo.** Cuando alguien rinde bien en un área que su responsable valora, es posible que este también puntúe favorablemente otros aspectos de su desempeño que no son tan positivos.

- **Sesgo del trabajador promedio.** Se tiende a calificar a la mayoría de las personas con un desempeño «satisfactorio» simplemente porque se esfuerzan en distinguirse de los demás. Requiere más esfuerzo justificar por qué alguien está desempeñando significativamente mejor o peor que otros.

- **Sesgos de indulgencia y severidad.** Si bien la mayoría de los líderes tienden a calificar el desempeño de sus trabajadores como satisfactorio, algunos muestran inclinación a los extremos. El prejuicio de indulgencia consiste en otorgar calificaciones positivas aunque el trabajador tenga un amplio margen de mejora. En el otro extremo, el prejuicio de severidad se da cuando un responsable cree firmemente que «nadie es perfecto» y tiende a ser abiertamente crítico con la mayoría de los miembros de su equipo.

○ **Efecto derrame (o *spillover*).** Igual que sucede con el efecto halo, existen más probabilidades de calificar positivamente a quienes se desempeñaron bien en el pasado. Una vez que se sitúa el parámetro para un empleado determinado y se toma una decisión sobre su desempeño, hace falta una muy buena razón para modificar esta opinión.

Históricamente, los líderes han intentado corregir estos sesgos estableciendo rankings, pero este tipo de método distorsiona los resultados, ya que, como vimos antes, presupone que en todos los equipos hay personas con un desempeño alto, medio y bajo, cosa que no siempre ocurre. (Véase capítulo 22).

Así, algunos equipos solo tienen miembros que desempeñan a un nivel muy alto, mientras que otros tienen mayoría de miembros de bajo desempeño. En este sentido, una persona con bajo desempeño integrada en un equipo de alto rendimiento puede llegar a ser más productiva que otra con un rendimiento alto a la que se integre en un equipo con un desempeño más bajo. En estas circunstancias, ¿quién querría penalizar a un trabajador de alto rendimiento o premiar a uno perezoso?

A continuación, exponemos dos tácticas útiles para mejorar la fiabilidad de las evaluaciones de desempeño:

1. Incluir información de múltiples fuentes, como compañeros de trabajo y clientes, y tantos datos de desempeño como se puedan recabar.

2. Mantener un diálogo más frecuente con los empleados.

Ningún líder puede conocer el desempeño real de sus trabajadores sin mantener conversaciones de *coaching* continuas con ellos. Los sistemas de evaluación parciales, en especial los que no contemplan este tipo de encuentros periódicos, provocan un comportamiento del trabajador limitado a hacer lo que sea con tal de mejorar sus resultados en la evaluación, en lugar de centrar su esfuerzo en contribuir a alcanzar los objetivos de la empresa.

CAPÍTULO 24

INDICADORES DE DESEMPEÑO: LA SOLUCIÓN

Las tres dimensiones que definen el rendimiento son:

1. Mi trabajo = logros individuales
2. Mi equipo = la labor colaborativa
3. Mi cliente = el valor del cliente

Los investigadores de Gallup analizaron los requisitos de más de 500 puestos de trabajo para identificar las competencias que se consideran más relevantes en todos los tipos de puestos de colaboradores individuales. Para ello se examinaron muchas escalas diferentes y más de 200 aspectos relacionados con el desempeño.

Este análisis reveló tres dimensiones que conforman la definición más simple e integral del desempeño y que predicen, desde el punto de vista estadístico, el éxito en un puesto concreto:

1. **Los logros individuales**, es decir, las responsabilidades que cada persona debe asumir.

2. **La colaboración con el equipo** o cuán eficaz en la consecución de los objetivos es el trabajo conjunto de cada persona con sus compañeros de equipo.

3. **El valor del cliente** o, en otras palabras, el impacto que tiene la labor de alguien sobre la respuesta de los clientes; en este contexto, Gallup considera tanto a clientes externos como internos (de la propia empresa).

Seguro que todos podemos citar a personas que rinden de forma excepcional cuando trabajan solas, pero que desaniman a otros miembros del equipo o no tienen en cuenta el valor de su trabajo para los clientes. Sin embargo, para que una empresa funcione realmente bien, sus líderes deberían priorizar el desarrollo de los trabajadores con el objetivo de conseguir un desempeño excepcional en las *tres* dimensiones.

Después de poner a prueba una amplia variedad de ítems y escalas con una muestra de 3475 líderes y 2813 compañeros de trabajo, una de esas escalas resultó ser el indicador más fiable y válido. Consta de cinco categorías de respuesta en cada uno de los tres criterios establecidos (logros individuales, colaboración con el equipo y valor del cliente). El enunciado es el siguiente:

«Le rogamos que califique el desempeño de esta persona en los últimos seis meses, basándose en los siguientes criterios:».

Los grados de la escala son: por debajo de la media, en la media, por encima de la media, sobresaliente y excepcional.

Como se puede observar, esta escala, que fue la que mejor funcionó, está desequilibrada, puesto que la opción de respuesta en la media no es la que está en el punto medio de la escala. Los análisis de Gallup revelaron que una escala desequilibrada producía mayor variabilidad en las respuestas y además reducía el efecto halo y el sesgo de indulgencia. (Véase capítulo 23). Además, esta escala tiene graduaciones más específicas en la parte superior, con el objetivo de fomentar el desempeño a un nivel más alto.

En este sentido, conviene destacar que los líderes han de priorizar los métodos de evaluación y las observaciones que diferencian el desempeño «excepcional» del «sobresaliente» y del que está «por encima de la media». Este simple ejercicio es algo inmensamente valioso. En general, Gallup recomienda definir a los trabajadores con desempeño «sobresaliente» como uno de cada diez empleados y a los de desempeño «excepcional» como uno de cada 100, considerando una muestra típica. El objetivo es incrementar el número de trabajadores sobresalientes y excepcionales con el paso del tiempo, y hacerlo basándose en criterios objetivos.

Sin importar la forma en que se comunican los niveles de rendimiento y de si se usa o no una escala en las evaluaciones, Gallup aconseja hacer el ejercicio de determinar cuál es el logro «excepcional» de un individuo, cómo es la colaboración entre los miembros de un equipo y cuál es el valor de cliente para cada función de una organización. Además, durante las evaluaciones semestrales y las conversaciones periódicas se recomienda trabajar con todos los empleados para identificar las experiencias de desarrollo laboral que les impulsan a tener un desempeño «sobresaliente» y «excepcional» en cada dimensión.

Con el fin de reducir de forma significativa los prejuicios idiosincráticos, Gallup propone también establecer una medida del desempeño con estos tres tipos de datos:

- **Medidas de desempeño** que estén bajo el control de los empleados y que arrojen resultados sobre productividad, rentabilidad, precisión, seguridad o eficiencia. Estas técnicas deberían incluir sistemas de retroalimentación de compañeros y clientes.

- **Observaciones subjetivas** que permitan al líder evaluar de forma cualitativa el desempeño de esa persona en función de las cualidades necesarias para cada puesto.

- **Metas individualizadas** que tengan en cuenta los conocimientos, la experiencia y las responsabilidades laborales de cada miembro del equipo, junto con las responsabilidades generales de ese trabajo.

Para observar el desempeño desde una perspectiva holística, lo mejor es aplicar técnicas tanto cualitativas como cuantitativas en su evaluación, ya que cuando se emplean múltiples fuentes de información los resultados son mucho más fiables y precisos. Por ejemplo, si un empleado recibe una calificación subjetiva favorable de su superior y demuestra un desempeño excepcional según los parámetros clave, es muy probable que esté haciendo un buen trabajo. No obstante, cuando las calificaciones subjetivas y las medidas objetivas de desempeño no concuerdan, es señal de que hay que revisar con mayor atención el trabajo de esa persona.

Por otro lado, para que las medidas de desempeño sean relevantes es fundamental que tanto las expectativas sobre los trabajadores como su desarrollo estén individualizados, es decir, que los objetivos para cada miembro de un equipo se fijen en función de sus capacidades, responsabilidades, conocimientos prácticos, experiencia y aspiraciones.

Además, hay que tener en cuenta que incluso los sistemas más sofisticados y diseñados con las mejores intenciones fallarán si las personas evaluadas creen que no son justos. Para que un método de evaluación del desempeño sea percibido como justo deberá estar orientado a los logros, ser preciso e incentivar el desarrollo. Asimismo, deberá inspirar la reflexión a largo plazo y una conducta que contribuya al bien común de la empresa y que vaya en consonancia con sus objetivos estratégicos.

Por último, medir y gestionar el desempeño precisa de cierta práctica. Es conveniente que cada líder compare sus resultados con los de otros y que se pongan de acuerdo en lo que consideran un desempeño *excepcional, sobresaliente, por encima de la media, en la media* y *por debajo de la media*. Además, deberían tomar como referencia a sus mejores trabajadores al definir lo que consideran excepcional. En la mayoría de casos, elevarán la definición más de lo que lo habrían hecho en otras circunstancias.

CAPÍTULO 25

CÓMO HACER QUE «MI DESARROLLO» SEA EL MOTIVO POR EL QUE LOS TRABAJADORES SE QUEDEN EN LA EMPRESA

Los tres elementos clave para el crecimiento de una carrera profesional son:

1. Tener la oportunidad de marcar la diferencia.
2. Alcanzar el éxito.
3. Ajustarse a las aspiraciones de carrera.

Gallup ha descubierto que la razón principal por la que la gente cambia de empleo en la actualidad son las «oportunidades de crecimiento profesional»; y es un motivo a la alza.

Según los resultados de nuestras investigaciones, el 59 % de los *millennials* afirman que las posibilidades de aprender y crecer son clave para solicitar un trabajo, cosa que dice solo el 44 % de la generación X y el 41 % de la del *baby boom*. Por otra parte, el 87 % de los *millennials* consideran el crecimiento profesional y las oportunidades de desarrollo como un factor importante en un posible empleo, frente al 69 % de quienes no pertenecen a esa generación.

Cuando Gallup preguntó a miembros de varias generaciones sobre las razones por las que dejaron su último trabajo, los términos que aparecían más en las respuestas eran «crecimiento» y «oportunidades». De hecho, el 91 % de los trabajadores estadounidenses afirman que la última vez que cambiaron de empleo lo hicieron por esos motivos.

DEL ESCALAFÓN CORPORATIVO A LA MATRIZ CORPORATIVA

El patrón de crecimiento profesional tradicional ha sido siempre ascender en los distintos escalafones corporativos, asumiendo cargos gerenciales con títulos y sueldos cada vez más impresionantes y más personal al que supervisar.

Pero este modelo está cambiando de forma radical, porque cada vez hay más empresas con una estructura matricial, donde los trabajadores disponen de muchas otras vías para su desarrollo profesional y también de opciones para cambiar de equipo, proyecto o jefe.

Los trabajadores de hoy en día buscan un puesto que se adecúe a las circunstancias de su vida personal, una posibilidad extremamente atractiva que no suele encajar en el modelo tradicional, jerárquico.

Para dar respuesta a ello, es necesario que los líderes de los negocios tengan una idea más amplia de lo que significa una «oportunidad de crecimiento profesional». La investigación de Gallup y la revisión bibliográfica sobre el tema sugieren que hay tres elementos vinculados con el crecimiento percibido por los trabajadores: la oportunidad de marcar la diferencia, tener éxito y que los resultados coincidan con las aspiraciones de su carrera.

Estos tres factores son útiles como guía para mantener conversaciones con los empleados sobre sus progresos y su potencial de desarrollo. A continuación, presentamos ocho preguntas que pueden servir de punto de partida en este sentido:

1. ¿Cuáles han sido tus logros más recientes?
2. ¿Qué te hace sentir más orgullo?
3. ¿Qué recompensas y reconocimientos te parecen más importantes?
4. ¿Cómo marca la diferencia tu puesto?
5. ¿Cómo te gustaría marcar una mayor diferencia?
6. ¿De qué modo estás aplicando tus capacidades, tus fortalezas, en tus tareas profesionales actuales?
7. ¿Cómo te gustaría hacerlo en el futuro?
8. ¿Qué conocimientos y habilidades necesitas adquirir para la siguiente etapa de tu carrera?

Un trabajador crece en lo profesional gracias a los *descubrimientos que hace mientras desempeña su labor* y también *mediante la formación y acompañamiento que recibe*. Así que, en primer lugar, su líder debería preguntarse: ¿Cómo puedo animarle a que descubra más cosas sobre sí mismo?

Conviene recordar que cada empleado ve la cuestión del desarrollo profesional de manera diferente. Así, es posible que considere clave la obtención de reconocimientos internos, o que le resulte más valioso obtener un título académico superior; también realizar viajes o dar presentaciones ante grandes clientes se pueden considerar avances, mientras que hay gente que valora más fungir como mentor.

Por desgracia, muchas empresas siguen ofreciendo una única vía de ascenso: «Conviértete en líder, aunque tus cualidades no sean las adecuadas para ello». Es cierto que algunas personas que no están hechas para los cargos gerenciales pueden desempeñar esa labor de forma correcta, pero probablemente nunca se sentirán del todo bien en esas funciones. Y esto afectará a su bienestar y, por lo tanto, al del personal que a su vez gestiona.

La recomendación de Gallup va en el sentido de ofrecer a los trabajadores ambiciosos y productivos algunas vías nuevas de crecimiento profesional, alternativas a los puestos directivos:

- **Aportaciones individuales.** Las personas con grandes talentos deberían ser capaces de crecer en una empresa, ya sea como ejecutivos o como empleados de alto desempeño que realizan contribuciones individuales. Se recomienda establecer líneas separadas de cargos y sueldos para uno y otro perfil.

- **Desarrollo personalizado.** Los líderes deberían conocer las aspiraciones de los miembros de su equipo. Las conversaciones de crecimiento profesional deben ser periódicas e informales, y no meramente un punto más en el orden del día de la reunión en la que se evalúa el desempeño del empleado. Por supuesto, los itinerarios profesionales deberían coincidir con las fortalezas de cada persona y estar basados en sus experiencias y éxitos previos.

- **Itinerarios profesionales flexibles.** Los mejores empleados deberían formar parte del esfuerzo común de diseño de la carrera más adecuada para ellos. Esto se traduce en ofrecer distintas opciones para las diferentes etapas de la vida, según sean las circunstancias fuera del trabajo, los intereses y la personalidad de cada cual. Por ejemplo, habría que preguntarse si en la empresa las carreras profesionales van todas a la misma velocidad o se permite a los trabajadores ralentizar o acelerar la marcha a medida que su vida cambia. Tener hijos, cuidar a personas dependientes, acabar los estudios y otras circunstancias vitales pueden alterar la cantidad de tiempo y energía que alguien es capaz de dedicar a su carrera profesional. Por eso una trayectoria ideal debería cumplir con los objetivos de la empresa y, al mismo tiempo, ser lo bastante flexible como para adaptarse tanto a las fortalezas individuales como a las circunstancias cambiantes de la vida.

CAPÍTULO 26

MONEYBALL PARA LOS CENTROS DE TRABAJO

Los 12 elementos para el éxito de un equipo se pueden condensar en las siguientes afirmaciones:

Q01. Sé lo que se espera de mí en el trabajo.

Q02. Tengo el equipo y los materiales que necesito para hacer mi trabajo correctamente.

Q03. En el trabajo tengo cada día la oportunidad de hacer lo que mejor sé hacer.

Q04. En la última semana, he recibido reconocimiento o elogios por un trabajo bien hecho.

Q05. Mi jefe, o alguna persona en el trabajo, demuestra tener un genuino interés en mí como persona.

Q06. Hay alguien en mi trabajo que estimula mi desarrollo personal y profesional.

Q07. En el trabajo mis opiniones parecen contar.

Q08. La misión o propósito de la empresa, hace que sienta que mi trabajo es importante.

Q09. Mis compañeros de trabajo están dedicados y comprometidos a hacer un trabajo de calidad.

Q10. Tengo un(a) mejor amigo(a) en el trabajo.

Q11. Durante los últimos seis meses, alguien en el trabajo me ha hablado sobre mi progreso.

Q12. Este último año, he tenido oportunidades de aprender y crecer personal y profesionalmente en el trabajo.

Ya sea en el béisbol o en los negocios, las decisiones sobre los jugadores son difíciles de tomar.

Por eso los analistas sabermétricos se pasan la vida recopilando estadísticas; su objetivo es tomar decisiones del tipo «Moneyball» acerca de los jugadores que triunfarán en este deporte. Con ese fin, tales expertos recopilan datos muy detallados de todos sus logros pasados, desde promedios de bateo y localizaciones de golpeo a porcentajes de recepción; luego los combinan para pronosticar el éxito del equipo o de cada jugador.

Algunos equipos muestran una gran eficacia enseñando a sus entrenadores y jugadores cómo usar los datos Moneyball para tomar mejores decisiones. Equipos como los campeones de la Serie Mundial de 2017 (Houston Astros) y 2016 (Chicago Cubs) u otros como los Boston Red Sox y los modestos Oakland Athletics han tenido mucho éxito empleando este riguroso método estadístico, Moneyball, en la preparación de los jugadores, las contrataciones, la compraventa y la estrategia de juego.

Las empresas se enfrentan a desafíos similares cuando tratan de pronosticar el desempeño o los beneficios futuros de sus distintos equipos y unidades de negocio. Muchas han desarrollado sistemas que reducen la variabilidad en las características de un equipo para maximizar los beneficios; y lo tienen todo en cuenta, desde el tamaño de cada unidad de negocio a su ubicación, la inversión en marketing y la disponibilidad del producto, al tiempo que dedican un importante esfuerzo a la formación de su personal para garantizar unos resultados de calidad.

Pero, en realidad, ¿puede el método Moneyball ser tan útil para una empresa como lo fue para los equipos de béisbol de Houston, Chicago, Boston y Oakland?

En opinión de Gallup, sí. Durante 50 años nos hemos encargado de recabar datos sobre equipos de trabajo en empresas de todo el mundo, incluyendo la medida de las percepciones de los empleados acerca de ciertos elementos cruciales de la cultura corporativa, algo que Gallup denomina «compromiso del empleado» y que viene determinado por factores como la claridad de las funciones y roles, las oportunidades para hacer lo que mejor se sabe hacer, las posibilidades de crecimiento profesional, el establecimiento de relaciones sólidas con los compañeros y la existencia de una misión o propósito común. Resulta significativo que todos estos sean factores en los que los líderes pueden influir de forma directa.

Así mismo, Gallup ha recopilado patrones de desempeño hacia el interior de los equipos, abarcando aspectos como el absentismo, la tasa de rotación de personal, las evaluaciones de los clientes, la productividad y las cifras de rentabilidad. El problema es que cada empresa tiene un número limitado de equipos o de unidades de negocio que se puedan analizar en un momento dado. Así, pues, en cualquier estudio hay que considerar tanto los posibles sesgos de medición como el tamaño limitado de la muestra, todo lo cual incrementa las posibilidades de error a la hora de generalizar los resultados.

La combinación simultánea de la evaluación del compromiso de los empleados y los datos de desempeño de varias compañías da lugar a un metaanálisis, esto es, un estudio de muchos estudios. Este método proporciona una estimación mucho más precisa del impacto del compromiso de los equipos en el desempeño de lo que cualquier estudio individual puede lograr.

Gallup ha llevado a cabo nueve metaanálisis sobre estas cuestiones en las últimas dos décadas. El más reciente incluye datos de más de 82.000 equipos de 230 empresas distintas, en total alrededor de 1,8 millones de empleados de 49 sectores en 73 países diferentes. (Véase apéndice 3).

La evaluación del compromiso de los equipos se ha hecho mediante preguntas (o los 12 elementos) que se presentaron al comienzo de este capítulo, las cuales miden los aspectos relacionados con el empleo que se ha demostrado que están vinculados con el desempeño. Los equipos suelen variar ampliamente su grado de compromiso, incluso dentro de una misma empresa, en la misma medida que varía su desempeño.

Uno de los principales hallazgos de este metaanálisis es que la correlación entre ambos aspectos es coherente con el paso del tiempo y en las distintas empresas, y eso a pesar de las enormes diferencias existentes entre compañías, países y periodos económicos, a lo que hay que sumar los vertiginosos cambios tecnológicos que se han producido a lo largo de las décadas en que se realizaron los distintos estudios.

De manera más concreta, cuando los investigadores de Gallup compararon a los equipos clasificados en el cuartil superior de su empresa en cuanto al nivel de compromiso con los del cuartil inferior, hallaron diferencias en el desempeño. (Véase el gráfico de la siguiente página).

Efectos del compromiso sobre los resultados clave del negocio

Al analizar las diferencias en el desempeño entre unidades de negocio comprometidas y no comprometidas, las clasificadas en el cuartil superior superaban claramente a las del cuartil inferior en los siguientes aspectos:

41%
Menor grado de absentismo

58%
Menos incidentes de seguridad del paciente

24%
Menor rotación de personal (en empresas con alto índice de rotación)

40%
Menos defectos de calidad

59%
Menor rotación de personal (en empresas con bajo índice de rotación)

10%
Valoraciones más altas de los clientes

28%
Menos pérdidas

17%
Mayor productividad

70%
Menos incidentes de seguridad

20%
Mayores ventas

21%
Mayor rentabilidad

Combinando estos indicadores de desempeño en un sistema de medida general del rendimiento, hallamos que los equipos clasificados en el percentil 99 de su empresa tenían cuatro veces más probabilidades de éxito (o desempeñarse por encima de la media) que los situados en el primer percentil.

Obviamente, el desempeño de un equipo de trabajo nunca será del todo predecible, pero estos resultados aportan una sólida evidencia de que es posible considerar los rasgos que caracterizan la cultura de un equipo para predecir cómo será su desempeño.

Así, igual que los equipos de béisbol aplican el método Moneyball para tomar mejores decisiones, las empresas que evalúan y gestionan adecuadamente los 12 elementos de compromiso serán capaces de aumentar el desempeño de sus trabajadores y, por tanto, incrementar sus posibilidades de éxito.

CAPÍTULO 27

EL HALLAZGO DE LOS LÍDERES DE EQUIPO

Uno de los mayores descubrimientos de Gallup ha sido el siguiente: el jefe o líder de un equipo es responsable nada menos que del 70% de la variabilidad en el compromiso de sus miembros.

El factor más importante a la hora de conformar un equipo exitoso es la capacidad y excelencia de su líder. Los jefes de equipo —gracias a sus fortalezas, su propio compromiso y la forma que tienen de trabajar con su gente en el día a día— son responsables del 70% de la variabilidad en el compromiso de los miembros del equipo.

Los buenos líderes saben perfectamente cuáles son las fortalezas de cada componente de su equipo, contribuyen a su crecimiento profesional y toman decisiones sobre la mejor manera de hacer las cosas a medida que este evoluciona. Por tanto, gracias a su reputación es más probable que atraigan a nuevos talentos y los retengan más. Este tipo de personas crea conexiones con el resto de la empresa a través de sus propias redes y las de otros miembros clave de su equipo.

Los buenos líderes moldean el rendimiento de sus equipos usando los 12 elementos del compromiso mencionados. (Véase capítulo 26). Asimismo, el desempeño de un equipo se ve influenciado por la conexión de sus miembros con el resto de la compañía, por su combinación de fortalezas, por la experiencia conjunta y por el tamaño del equipo.

CONEXIÓN CON EL RESTO DE LA EMPRESA

Sabemos que las relaciones sociales son un aspecto importante dentro de un equipo. Los grupos de trabajo cuyos miembros se respetan entre sí e incluso forjan lazos de amistad están más comprometidos con su labor profesional y se desempeñan mejor; también sirven a los clientes de forma más eficiente, porque las «entregas» entre los miembros del equipo son fluidas.

De igual modo y a través de múltiples estudios, Gallup ha determinado que los equipos que están bien conectados socialmente con el resto de la organización también están más comprometidos y tienen un mejor desempeño. Las personas influyentes de un equipo no solo tienen más vínculos personales dentro de él, sino que también están conectadas con otras personas influyentes dentro de la empresa. Gracias a tales conexiones, el equipo puede confiar en otros trabajadores para que les ayuden en su labor. Este es un recurso relacionado con la *reputación* que resulta beneficioso para todo el equipo.

Pero conviene señalar que no es necesario que todos los miembros de un equipo tengan muchos contactos fuera de él. En una de las investigaciones de Gallup se vio que era necesario como mínimo que un miembro del equipo de atención al cliente tuviera buenas relaciones con el resto de la empresa para que el departamento alcanzara el éxito en su labor.

COMBINACIÓN DE FORTALEZAS DE UN EQUIPO

Gallup ha encontrado en sus trabajos que los 34 temas de CliftonStrengths (véanse capítulo 15 y apéndice 1) encajan en cuatro amplias categorías de la conducta humana: ejecución o desempeño, influencia, establecimiento de relaciones y pensamiento estratégico. Recientemente, Gallup analizó a 11.441 equipos de seis sectores en un esfuerzo por entender si una combinación particular de fortalezas de un equipo —con un equilibrio o desequilibrio en las cuatro categorías citadas— permitía predecir el éxito.

A pesar de que es raro encontrar equipos con un desequilibrio extremo en sus fortalezas colectivas, Gallup halló que la *consciencia* acerca de los talentos de los miembros de un equipo era mucho más predictivo de su compromiso y desempeño que la *composición* particular de las fortalezas. En otras palabras, aquellos equipos cuyos miembros conocen sus propias fortalezas y las de sus compañeros pueden usar sus habilidades de forma más rápida y eficiente, porque comprenden y aprecian la idiosincrasia de sus colegas.

EXPERIENCIA TRABAJANDO JUNTOS

La literatura empresarial sugiere que la inteligencia colectiva de un equipo es mucho más que la suma de las habilidades individuales de sus miembros.

Está demostrado que los trabajadores que gozan de mayor antigüedad en su puesto tienen una mayor probabilidad de sacar partido a sus cualidades. Así mismo, los individuos que llevan trabajando juntos más tiempo poseen un mayor conocimiento sobre sus propias funciones, son más capaces de anticipar lo que otro compañero hará como respuesta a algo que ellos han hecho y rinden más.

En este sentido, la cantidad de experiencia colaborativa que necesitan los miembros de un equipo dependerá de la complejidad del trabajo y de la interdependencia de las tareas que realicen. En general, Gallup ha descubierto un repunte significativo, en el plazo de tres años, en el número de empleados que afirman que saben lo que se espera de ellos y que hacen lo que mejor saben hacer. Y para aquellos que permanecen en la empresa durante 10 años o más, se produce un aumento todavía mayor respecto a la percepción de la claridad de sus funciones.

¿Significa esto que los equipos necesitan entre tres y diez años de antigüedad en su composición para que el personal vea las cosas claras y perfeccione sus funciones? No, no es imprescindible, ya que los buenos líderes son capaces de acelerar la llamada *curva de aprendizaje de la colaboración* mediante una estrategia de atención individualizada. Y no cabe duda de que *necesitan* acelerarla en un entorno como el actual, con tanta movilidad laboral.

No obstante, si bien la estabilidad de un equipo es importante, resulta también crucial evitar caer en el pensamiento grupal, y para ello es conveniente renovarlo continuamente con nuevos miembros. En el curso de un estudio realizado por Gallup con más de 100 departamentos de atención al cliente, se halló que los equipos con el 100% de retención en su composición rendían menos que aquellos con entre el 75 y el 99% de miembros fijos. Y esto es porque *los equipos sacan partido de las fricciones positivas que generan sus miembros nuevos.*

TAMAÑO DEL EQUIPO

Gallup ha analizado el nivel de compromiso de 3 millones de equipos en los que el número de miembros variaba de forma considerable. En general, los que contaban con menos de diez miembros presentaban tanto los niveles más altos de compromiso como los más bajos. En esencia, es más fácil que los equipos pequeños se vean influidos por sus líderes en un sentido u otro.

Por otro lado, a pesar de que la mayoría de los elementos relacionados con el compromiso se debilitan a medida que aumenta el tamaño de un equipo, existen tres excepciones: por una parte, *saber lo que se espera de uno* y *tener la oportunidad de hacer lo que mejor se sabe hacer* son aspectos con mayor solidez en equipos más grandes; mientras, el tercer elemento, *tener un(a) mejor amigo(a) en el equipo*, presenta resultados similares sea cual sea el tamaño del grupo, si bien conviene indicar que estas tendencias varían según el sector. Por otra parte, los equipos de mayor tamaño generan más oportunidades de clarificar roles y funciones, de especializarse y de conocer a un mayor abanico de personas como compañeros de trabajo.

En resumen, si bien el tamaño de un equipo de trabajo —y otras dinámicas internas del mismo— pueden influir en el compromiso de sus miembros, el factor más importante sigue siendo la capacidad de su líder.

CAPÍTULO 28

POR QUÉ LOS PROGRAMAS DE COMPROMISO NO FUNCIONAN

En general, el 85 % de los empleados no están comprometidos o se sienten activamente no comprometidos con su trabajo.

Empresas y líderes de todo el mundo reconocen las ventajas de tener trabajadores comprometidos, y la mayoría invierten en herramientas para medir tal compromiso. No obstante, este aspecto apenas ha variado en las dos últimas décadas.

Gallup ha hecho un seguimiento del nivel de compromiso de los trabajadores en los Estados Unidos desde el año 2000 y, a pesar de que ha habido alguna ligera variación en los datos, de forma constante dos tercios de esos trabajadores no están comprometidos con su actividad laboral y/o su empresa, o bien se muestran activamente desinteresados al respecto.

Así, los resultados de 2018 indicaron que el 34 % de los trabajadores en Estados Unidos se sentían comprometidos con su empleo, es decir, mostraban entusiasmo por lo que hacen y estaban implicados con su equipo y su empresa. Si extrapolamos la pregunta al resto del mundo, veremos que solo el 15 % de los empleados se sienten comprometidos con su empresa.

En el lado positivo, ambos porcentajes han aumentado, puesto que eran, respectivamente, del 28 y el 11 % a principios de la década (2010). Ahora mismo, si estos números se duplicaran, el mundo cambiaría.

Evolución histórica del compromiso de los empleados

Porcentaje de empleados comprometidos

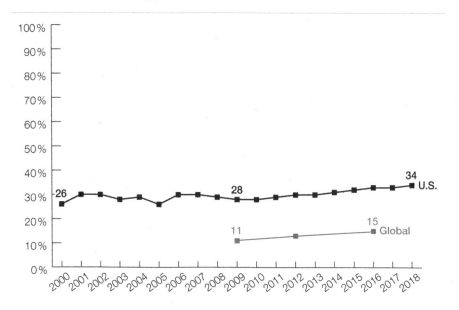

¿POR QUÉ NO CRECEN MÁS RÁPIDO ESTAS CIFRAS?

Con tantas compañías focalizando sus esfuerzos en crear empleados comprometidos, *¿por qué no están aumentando los niveles de compromiso más rápidamente en todo el mundo?*

A decir verdad, son muchos los factores que contribuyen al estancamiento de los niveles de compromiso. Uno de ellos es la forma en que las empresas lo miden y presentan esos resultados.

No es infrecuente ver informes empresariales en los que se afirma que entre el 60 y el 80 % del personal está comprometido y que no se ha producido ningún cambio en este sentido en un periodo de varios años. Al ahondar en tales resultados se descubre que ese «porcentaje de personas comprometidas» que usan las empresas no es en absoluto consecuencia de una medida fiable; para llegar a ese resultado simplemente suman los 4 y los 5 (en una escala de 5 puntos) en las preguntas que piden la valoración del apoyo a la empresa, las intenciones de quedarse en ella o el compromiso autodeclarado.

Sin embargo, la investigación de Gallup revela que las personas que responden con un 4 son muy diferentes en cuanto a su conducta de aquellas que responden con un 5, equivalente a «estoy totalmente de acuerdo». Así pues, ¿es fiable celebrar el hecho de que un alto porcentaje de trabajadores *parece que tienen intención de quedarse en la empresa* o *parece que están comprometidos con su trabajo?*

Aunque así fuera, las empresas que presentan de este modo los resultados está pregonando que sus empleados están «comprometidos», cuando en realidad muy poca gente se siente así. Muchos pueden manifestar estar más o menos satisfechos con lo que hacen, pero no dudarán un segundo en aprovechar la oportunidad de trabajar en otra empresa si se les presenta una oferta mejor. De hecho, mucha gente busca activamente otros empleos mientras tienen ya uno.

Gallup observa una clara división en lo que respecta al compromiso: en un extremo tenemos los métodos validados científicamente, que miden la correlación con los cambios en el desempeño; estos se basan en una estrategia y en intervenciones que transforman la cultura empresarial y, a pesar de que requieren una mayor inversión, las empresas que los aplican tienen más probabilidades de incrementar el compromiso y el desempeño de sus trabajadores.

En el otro extremo se hallan las encuestas y los sistemas de medida anuales sin un objetivo claro. Al igual que los tradicionales cuestionarios de satisfacción y clima laboral, suelen medir una serie de dimensiones que a menudo no tienen mucho que ver con los objetivos del negocio y sobre las que resulta difícil intervenir. Se supone que estas escalas deben identificar los «impulsores principales» del compromiso; pero, de hecho, ignoran el hecho comprobado de que la mayoría de sus elementos básicos —incluyendo tener unas expectativas claras, hacer lo que mejor se sabe hacer, sentirse reconocido y experimentar un crecimiento profesional— son siempre importantes en cualquier organización y puesto de trabajo. (Véase capítulo 26).

Las posibilidades actuales de la tecnología han hecho sumamente sencillo generar una encuesta para empleados y llamarla «programa de compromiso». Por desgracia, cualquiera puede emplear esta técnica para satisfacer su necesidad de marcar una casilla.

Las empresas también pueden sondear de forma continua a sus empleados usando las denominadas «encuestas de pulso» (porque «toman el pulso» a la opinión de los trabajadores), pero sin una clara estrategia y sin acciones resultantes basadas en los datos que recopilan, este tipo de sondeos pueden generar más problemas que beneficios. De hecho, el grado de compromiso de un trabajador es casi tres veces mayor cuando afirma estar totalmente de acuerdo con la siguiente frase: «Mi empresa toma medidas en función de las encuestas en que participo».

En definitiva, una empresa que busque de estar a un nivel alto necesita mucho más que lanzar encuestas, porque estas, en sí mismas, no generan cambios ni incrementan el desempeño. Muchas organizaciones se esfuerzan sobremanera en medir las percepciones de sus trabajadores y en generar unas métricas sin que, de hecho, se mejoren después los entornos de trabajo ni los resultados empresariales.

Las principales razones por las que este tipo de métodos fallan tienen que ver con que las empresas:

- Se enfocan más en los resultados de las encuestas que en *desarrollar* a sus líderes y empleados.
- Consideran el compromiso como un proceso de administración de encuestas, frente a los que es: un sistema riguroso y continuo orientado a conseguir un alto desempeño.
- Identifican el nivel de compromiso con el porcentaje de trabajadores que se declaran *simplemente contentos* con su empresa, frente a aquellos que están altamente implicados en lo que hacen.
- Evalúan el grado de satisfacción de los trabajadores y tratan de responder a sus deseos —instalando salas de juegos o sofisticadas máquinas de café, dándoles permiso para llevarse su mascota al trabajo, organizando partidas de bolos, etc.—, en lugar de tratarles como si fueran valiosos accionistas que pueden influir en el futuro de la empresa.

Estos métodos fallidos ponen obstáculos en el camino hacia la mejora del desarrollo profesional de los trabajadores y de la consecución de un cambio en la cultura corporativa. El resultado de todo esto es que las empresas hacen falsas promesas a sus empleados, pregonando un cambio a través de intensas campañas de comunicación, pero en realidad llevando a cabo un escaso seguimiento de lo que realmente necesita el personal.

CAPÍTULO 29

CREANDO UNA CULTURA DE ALTO DESARROLLO

Las culturas de alto desarrollo:

- Son iniciadas por los directores generales y consejos directivos.
- Enseñan a los líderes nuevas formas de gestión.
- Practican la comunicación global dentro de la empresa.
- Hacen responsables a los líderes.

Gallup ha estudiado los factores que distinguen los buenos centros de trabajo de los malos.

Una cultura de alto desarrollo es el entorno más productivo tanto para el negocio en sí como para los trabajadores de la empresa.

Pero ¿cómo se puede crear una cultura en la que el alto grado de desarrollo sea la norma y no la excepción? Por desgracia, la cultura corporativa no es algo que se pueda encender o apagar como un interruptor; se necesita empezar teniendo una estrategia clara y bien planificada.

En primer lugar, es algo que va más allá de administrar la encuesta anual de clima laboral y después dejar a los trabajadores a su criterio, esperando que aprendan algo de los resultados y cambien su manera de actuar. Se necesita observar más de cerca la manera en que los elementos clave se alinean con la gestión del desarrollo y las estrategias de desarrollo del capital humano.

La buena noticia es que muchas empresas ya han modificado con éxito su cultura. Gallup se ha asociado con 39 de las mayores compañías del planeta y estas casi han doblado su porcentaje de empleados comprometidos (por término medio tienen a 14 empleados comprometidos por cada colaborador activamente no comprometido). Estas cifras permiten que ese porcentaje del personal que es resiliente y flexible haya soportado aspectos externos como la competitividad extrema, las fluctuaciones del mercado, unas condiciones regulatorias desfavorables o sucesivas recesiones económicas, entre otras amenazas.

Las empresas con una cultura de alto desarrollo tienen un claro propósito que subyace a la estrategia de comprometer a sus empleados: conocen las conductas específicas que están intentando fomentar y la razón por la que son relevantes para el éxito.

A continuación, describiremos cuatro patrones dominantes que se pueden observar en las empresas que han construido una cultura de alto desarrollo con éxito:

I. LAS CULTURAS DE ALTO DESARROLLO SON INICIADAS POR LOS DIRECTORES GENERALES Y LOS CONSEJOS DIRECTIVOS

El concepto de «alineación estratégica» le suena bien a casi todo el mundo, pero la fuerza de este término se ha diluido, reduciéndose a jerga para consultores. ¿Qué significa realmente? *«Se denomina alineación estratégica a aquellas situaciones en las que líderes y empleados perciben un vínculo entre lo que se les pide que hagan y lo que la organización representa y pretende lograr».*

Cualquier cosa que se denomine «compromiso del empleado» no tiene valor a menos que cumpla los siguientes criterios:

- ∘ La empresa posee una misión y una marca bien definidas, esto es, sabe por qué y para qué existe y cómo desea ser conocida. Todas las personas que la conforman entienden que el compromiso del trabajador es un sistema orientado a la consecución de una unidad de propósito y de marca. Los líderes vinculan de forma explícita los elementos del compromiso con los del negocio; esto implica hacer que el compromiso sea algo relevante en el trabajo diario, en lugar de un concepto abstracto.

- ∘ Los altos ejecutivos son los primeros en hacer este esfuerzo. Saben que sus aptitudes, creencias y conductas pueden generar un potente efecto cascada en la cultura de la empresa. Los buenos líderes no se limitan a hablar sobre lo que desean que ocurra: lo viven, lo ponen en práctica.

- ∘ Los líderes trazan el rumbo de mejora, localizando tanto el punto en que se encuentra la empresa en la actualidad como aquel en el que debería estar en el futuro.

2. LAS CULTURAS DE ALTO DESARROLLO FORMAN A SUS LÍDERES EN NUEVAS MANERAS DE GESTIÓN

○ Las mejores compañías se caracterizan por tener líderes que animan a sus equipos a solucionar problemas en el ámbito local, en lugar de aplicar estructuras de mando verticales. Es decir, se centran en poner en marcha programas de formación y desarrollo para sus trabajadores y en fomentar la capacidad del equipo para solucionar los problemas por sí mismo.

○ El compromiso, el desempeño y la formación son conceptos asociados, ya que la formación se basa en las fortalezas y en los 12 elementos del compromiso. Así, los líderes aprenden cómo identificar las fortalezas de los miembros de su equipo y cómo emplearlas para obtener resultados.

○ La formación ha de adaptarse a las capacidades de cada líder. Quienes lideran equipos con un alto grado de desarrollo y de compromiso recibirán una formación más avanzada que los que cuentan con equipos con un desempeño y compromiso bajos.

3. LAS CULTURAS DE ALTO DESARROLLO PRACTICAN LA COMUNICACIÓN EN TODA LA EMPRESA

○ Las mejores empresas tienen excelentes directores de RR. HH. que implementan sistemas para enseñar a los jefes de equipo cómo hacer crecer a sus trabajadores conforme a sus cualidades naturales.

○ Este tipo de compañías disponen de una «red de promotores» que difunde y recopila las mejores prácticas y responde preguntas.

○ La recopilación continua de las mejores prácticas genera una imagen clara del aspecto que tienen los equipos comprometidos.

4. LAS CULTURAS DE ALTO DESARROLLO HACEN RESPONSABLES A LOS LÍDERES

- Las empresas que en nuestro estudio obtuvieron los niveles más altos de compromiso por parte de sus trabajadores consideran el reconocimiento de estos como un medio para desarrollar e impulsar al personal hacia nuevos niveles de éxito. Así que reconocer la labor de los líderes de equipo envía un poderoso mensaje sobre lo que valora la empresa.

- Tolerar la mediocridad es el mayor enemigo de una buena empresa. La definición de «alto desempeño» se basa en una combinación de medidas tales como la productividad, los índices de retención del talento, el servicio al cliente y el compromiso de los trabajadores. Por tanto, los líderes tienen claro que su trabajo consiste en generar compromiso en sus equipos. Una buena empresa no se queda de brazos cruzados ante muestras reiteradas de desinterés por parte de sus equipos, sino que toma medidas al respecto. La primera es cambiar de líderes.

- En las buenas empresas no se cree que todo el mundo deba aspirar a cargos gerenciales, sino que se crean itinerarios profesionales alternativos de igual valor. Nadie debería sentir que su desarrollo profesional depende de ascender a un puesto directivo.

- Por último, una buena empresa sabe que su misión nunca tendrá sentido si no hay expectativas claras, conversaciones y acompañamiento continuos y una adecuada asignación de responsabilidades.

CAPÍTULO 30

LOS CINCO RASGOS DE LOS GRANDES LÍDERES

1. **Motivación:** inspiran a los miembros de su equipo para que hagan un trabajo excepcional.

2. **Estilo de trabajo:** fijan metas y proporcionan los recursos adecuados para que el equipo alcance un alto rendimiento.

3. **Iniciativa:** mueven a la gente a actuar superando los obstáculos.

4. **Colaboración:** construyen equipos comprometidos, unidos por fuertes lazos.

5. **Proceso de pensamiento:** adoptan un enfoque analítico para la estrategia y la toma de decisiones.

Piensa en los distintos gerentes o líderes de equipo que hayas tenido.

Es muy probable que, de cada diez, solo desees trabajar de nuevo con dos o tres de ellos; y eso con suerte, porque hay gente que no querría volver a toparse con ninguno.

Sea cual sea el caso, la mayoría de los trabajadores cuenta con algún ejemplo de buen líder, por propia experiencia o por lo que otros les han contado.

Consideremos, pues, todo tu conocimiento sobre el tema de administración —lo que has leído, visto o experimentado—, incluyendo los rasgos del mejor jefe que hayas tenido. Es decir, pensemos por un momento qué es lo que convierte a alguien en un buen líder.

También nos podríamos preguntar cuál es el proceso para llegar a un cargo gerencial y cómo se adquieren los rasgos que caracterizan al buen líder. ¿Están estas personas dotadas de forma innata para dirigir equipos humanos, o bien aprenden a hacerlo y con el tiempo y la práctica se convierten en buenos gestores de personal?

Bien, la investigación sobre la conducta humana sugiere que las personas poseemos ciertos rasgos individuales innatos (como los descritos en el capítulo 11) que conforman patrones de pensamientos, sentimientos y conductas que, a su vez, definen quiénes somos, nuestra personalidad y nuestros procesos mentales. Es decir, gracias a la genética y a las experiencias tempranas, cada individuo tiene características que lo hacen único. Y eso es bueno, pues significa que todo el mundo aporta habilidades y cualidades distintas a las empresas y los equipos en los que trabajan.

Pensemos ahora en esos rasgos como tendencias que nos llevan a comportarnos de la misma manera en la mayoría de las situaciones. Por ejemplo, en una reunión con muchas personas, ¿tiendes a juntarte con quienes conoces mejor o prefieres más bien interactuar con extraños?

Y en el trabajo, ¿prefieres enfocarte en un proyecto hasta finalizarlo o compaginar muchos al mismo tiempo? ¿Disfrutas con la complejidad de las relaciones y las personas o te atrae más la complejidad de ideas?

A lo largo de cinco décadas, Gallup ha desarrollado una investigación sobre las características de los buenos líderes, y para ello ha examinado tanto las tendencias innatas como la forma en que se mejora con el tiempo, la formación y la práctica.

La conclusión más clara de esta investigación es que la mitad de las buenas prácticas de liderazgo se deben a las tendencias innatas y la otra mitad a la experiencia adquirida y el desarrollo continuo.

En este sentido, hay que decir que es posible evaluar y predecir las tendencias innatas antes de asignar a alguien un cargo gerencial o directivo, pero es algo que pocas empresas hacen. Para mejorar de forma significativa las probabilidades de éxito en un puesto de liderazgo, en dicha evaluación se deberán tener en cuenta los cinco rasgos ya mencionados: motivación, estilo de trabajo, iniciativa, colaboración y proceso de pensamiento.

Por desgracia, hoy en día se sigue ascendiendo a los trabajadores en función de razones equivocadas. Cuando Gallup preguntó a miles de líderes cómo llegaron a sus cargos, las dos razones más esgrimidas fueron: el éxito en un cargo anterior (no directivo) y la estabilidad en la empresa.

Es cierto que, a simple vista, tales motivos parecen sensatos. Los buenos trabajadores, o aquellos que llevan mucho tiempo en la empresa, son recompensados con un cargo superior que, además, va acompañado de un aumento de sueldo y estatus; todo ello intensifica el deseo de cualquiera de convertirse en líder.

No obstante, los análisis efectuados por Gallup revelan que la mayor parte de los líderes de equipo no poseen las tendencias naturales óptimas para un puesto gerencial. En casos así, esas personas hacen un sobreesfuerzo por cumplir bien con sus nuevas funciones y eso les genera infelicidad, lo cual es particularmente descorazonador para alguien que, en su anterior puesto, había sido inspirado para ser un «logrador».

La buena noticia es que la mayoría de las compañías tienen dentro a las personas ideales, a las que cuentan con *los talentos naturales para dirigir personas*, y si utilizan el sistema de evaluación adecuado las pueden hallar.

Llegados a este punto, ¿cómo se puede construir un sistema y una cultura que identifiquen de la manera más efectiva posible a las personas adecuadas para asumir los cargos gerenciales? De manera general, recomendamos tomar las siguientes medidas:

1. Usar un instrumento de medida riguroso y contrastado para evaluar las potencialidades de gestión y dirección según los cinco rasgos de los buenos líderes: motivación, estilo de trabajo, iniciativa, colaboración y proceso de pensamiento.

2. Ofrecer a las personas con los talentos la oportunidad de dirigir proyectos y equipos, para que puedan demostrar sus fortalezas en la práctica y así sea posible tomar nota de quiénes son potencialmente mejores para asumir esos cargos.

3. No basar este tipo de decisiones de forma exclusiva en la cantidad de tiempo que lleva alguien en la empresa o en los resultados obtenidos en puestos no directivos; convertirse en líder no debería ser un protocolo de paso automático.

4. Fomentar que los colaboradores independientes sigan cómodos en su puesto y adquieran un estatus acorde a sus contribuciones sin tener que cambiar de rol. Hay que observar de cerca el valor económico potencial de estos trabajadores, que en muchos casos son capaces de obtener más ingresos para la compañía que algunos líderes.

CAPÍTULO 31

CÓMO POTENCIAR EL DESARROLLO DE QUIENES YA SON LÍDERES

Las empresas se gastan miles de millones anuales en fomentar el desarrollo de sus líderes. Sin embargo, los resultados de Gallup señalan que solo uno de cada tres afirma haber tenido oportunidades de aprender y desarrollarse en el último año.

Las labores de gestionar equipos no son una experiencia muy positiva para la mayoría de la gente; de hecho, este trabajo es peor para ellos que para sus reportes directos. Los líderes suelen informar de mayores niveles de estrés y agotamiento, un peor equilibrio entre su vida laboral y personal y un menor bienestar físico que los contribuidores individuales que integran los equipos que dirigen.

Ser un mando medio es extremamente difícil, ya que estas personas están a medio camino entre la dirección y los equipos operativos. Los cambios del mercado que exigen cambios estructurales en las empresas suelen repercutir con mayor fuerza a este nivel y, además, estos cargos tienen menos posibilidades de saber lo que se espera de ellos que a los equipos que dirigen.

Si bien los puestos gerenciales permiten una mayor autonomía y gozan de más estatus que otros, también llevan aparejados ciertos problemas, como un cambio constante en las prioridades y la dificultad de tener que coordinar equipos humanos compuestos por personalidades muy dispares.

Por consiguiente, no es de extrañar que las empresas no estén sacando el máximo partido de sus trabajadores. Y es que menos del 30 % del personal gerencial siente que la empresa incentiva su desarrollo; para estas personas, los programas de formación que suelen recibir no funcionan.

Uno de los métodos tradicionales para la formación del personal gerencial es identificar las competencias deseables para tales tareas y luego enseñárselas a las personas que ocupan esos puestos. Suena razonable y, aun así, los resultados de Gallup indican que esta estrategia no es útil ni efectiva, porque ignora un principio básico de la naturaleza humana: cada persona se desarrolla de una forma diferente en función de sus cualidades particulares.

Si bien es cierto que algo fundamental para los líderes empresariales del futuro es conocer y desarrollar las fortalezas individuales de los miembros de su equipo, no es menos esencial que conozcan y desarrollen sus propias habilidades innatas, ya que no se le puede pedir a nadie que sea bueno en todo y en todas las situaciones.

Los líderes, como cualquier otro profesional, deben crecer dentro de su propio estilo, no se les puede obligar a encorsetarse en otra forma de hacer las cosas que no les resulte natural. Los resultados de Gallup confirman esta idea: los programas de formación que reconocen y potencian las fortalezas y habilidades de cada individuo superan en eficacia a los de cualquier otro tipo.

Además, por supuesto, los directivos y líderes de equipo necesitan mantener con sus respectivos superiores las mismas cinco conversaciones de *coaching* que el resto de los trabajadores de la empresa. (Véase capítulo 21).

En relación con el desarrollo profesional de los cargos gerenciales, conviene tener en cuenta las siguientes recomendaciones:

1. Auditar todos los programas de formación de la empresa para asegurar que son coherentes con una cultura corporativa basada en las fortalezas individuales. (Véase capítulo 16).

2. Poner en marcha el sistema formativo de Gallup, que muestra a las personas los fundamentos de un liderazgo basado en las fortalezas e incluye el aprendizaje de estas (véanse capítulos 14 y 15), el compromiso (véase capítulo 26) y el *coaching* para la mejora del desempeño (véase capítulo 20).

3. Elaborar planes formativos que ayuden al personal gerencial a pasar de ser jefes a algo más parecido a *coaches*.

4. Diseñar experiencias continuas de *e-learning* que potencien los conceptos ya vistos en la formación presencial.

5. Animar a los ejecutivos a que mantengan conversaciones basadas en las fortalezas una vez a la semana con cada mando intermedio o líder de equipo de la empresa. (Véase capítulo 21).

6. Asegurarse de que, tras recibir los programas formativos de Gallup, todos los líderes se muestren totalmente de acuerdo (con una puntuación de 5 en una escala de 5 puntos) con las siguientes frases:

   ◦ Este curso me resultó inspirador.

   ◦ Lo que he aprendido va a cambiar mi estilo de liderazgo.

   ◦ Estoy aplicando a diario algo que he aprendido en este curso.

   ◦ Mi desempeño ha mejorado de forma significativa después de participar en este curso.

EL FUTURO DEL TRABAJO

LOS RETOS A LOS QUE LOS LÍDERES Y DIRECTIVOS SE ENFRENTAN HOY EN DÍA SON, ENTRE OTROS, DIRIGIR A UNA FUERZA LABORAL DIVERSA QUE INCLUYE UN PORCENTAJE DE TRABAJADORES REMOTOS, EL ADVENIMIENTO DE LA INTELIGENCIA ARTIFICIAL, EL AUGE DEL TRABAJO POR PROYECTOS Y LA CONCILIACIÓN ENTRE EL TRABAJO Y LA VIDA PERSONAL.

CAPÍTULO 32

UN RÁPIDO REPASO DE LO QUE HA CAMBIADO EN LOS CENTROS DE TRABAJO

- Hoy en día los trabajadores presentan una mayor diversidad cultural, racial y de género que en las generaciones anteriores.
- El trabajo remoto (o trabajo a distancia) continúa incrementando su importancia.
- La mayoría de las empresas tienen una estructura matricial.
- La transformación digital está cambiando radicalmente la naturaleza del trabajo.
- La tecnología móvil está difuminando las fronteras entre la vida personal y laboral.
- El trabajo eventual o contingente ha llegado para quedarse.
- El privilegio más deseado es la flexibilidad laboral.

Los centros de trabajo están cambiando a un ritmo vertiginoso, y a los gerentes de las empresas no les resulta nada fácil mantener el ritmo.

Pero la cuestión no es *si* estos cambios están llegando, sino cómo afrontarlos.

Algunos aspectos relacionados con el compromiso de los trabajadores se han vuelto, en este escenario, más sencillos de alcanzar, mientras que otros generan mayores desafíos. Por ejemplo, los datos obtenidos por Gallup en sus investigaciones indican que en contextos empresariales altamente matriciales la colaboración entre los trabajadores es mayor que en los que siguen siendo jerárquicos, si bien las expectativas sobre cada cual no están tan claras; en estos casos, los jefes de equipo necesitan reunirse de forma regular para aclarar sus prioridades a medida que cambian las necesidades del cliente.

En cambio, en contextos que contemplan el trabajo remoto sucede justo lo contrario: las empresas están ahora mucho mejor preparadas para dotar a sus trabajadores remotos con el equipo y las expectativas correctos, y les conceden incluso la autonomía necesaria para hacer lo que se les da mejor. No obstante, el trabajo a distancia puede llevar a perder oportunidades de colaboración o de recibir el reconocimiento debido. Hay que tener en cuenta que cuando un trabajador remoto queda aislado de sus colegas y de su responsable, es fácil que busque cambiar de organización.

En la actualidad, la gestión empresarial se produce en un entorno en el que las fronteras entre el trabajo y la vida personal no están claramente definidas. A modo de ejemplo, más de un tercio de los trabajadores de tiempo completo de Estados Unidos dicen revisar su cuenta de correo electrónico del trabajo fuera del horario laboral. Además, la mayoría de la gente tiene ya un *smartphone* que supone la tentación de consultar, aunque sea ocasionalmente, los posibles mensajes de trabajo. Y más de tres cuartas partes de estos trabajadores consideran la posibilidad de hacerlo como algo positivo o muy positivo.

Lo curioso del caso es que casi la mitad (48 %) de los trabajadores que suelen revisar su correo electrónico fuera del horario laboral afirmaron haber sufrido mucho estrés durante la jornada anterior, pero el hecho de consultar el correo del trabajo antes o después de su horario laboral no incrementaba de forma significativa los niveles de estrés, siempre que la persona tuviera un líder que comprendía su situación, establecía expectativas claras, ejercía de *coach* y le asignaba responsabilidades.

Conviene reflexionar sobre cómo se siente alguien que está muy comprometido con su trabajo y necesita acabar una tarea fuera de la oficina, en los casos en los que la política de su empresa no permita trabajar fuera de horario. Es lo que ocurre en Francia, donde la ley prohíbe incluso consultar el correo electrónico del trabajo en las horas libres. Este tipo de políticas presuponen que el trabajo fuera de las 40 horas semanales es perjudicial para la salud.

No obstante, la mayoría de trabajadores consideran que usar el móvil de empresa fuera del trabajo es una ventaja y no un inconveniente, probablemente por la flexibilidad que permite. Así, con la ayuda de unos buenos líderes, los empleados comprometidos pueden sacar partido de esta flexibilidad sin que les genere un estrés adicional. Ciertas empresas establecen este tipo de normas restrictivas porque asumen que sus trabajadores están poco motivados, pero tal vez sería mejor que se esforzasen por generar en ellos esa motivación y ese compromiso. Las normas son importantes, pero no deberían ser el punto de partida de ninguna estrategia de gestión de personal.

CAPÍTULO 33

TRES REQUISITOS PARA LA DIVERSIDAD Y LA INCLUSIÓN

- ○ «Trátame con respeto».
- ○ «Valórame por mis fortalezas».
- ○ «Los líderes harán lo correcto».

La categorías de diversidad están incrementándose con rapidez; como muestra de ello, se puede hablar de diversidad en cuanto a etnia, edad, género, religión, orientación sexual, estatus socioeconómico, discapacidad, estilo de vida, características de personalidad, altura, peso, otros rasgos físicos, composición familiar, formación educativa, permanencia en la empresa, ideología política, visión del mundo, etc.; en esencia, el espectro completo de las diferencias humanas.

Pero ¿cómo puede asumir y tratar un líder toda esta heterogeneidad? La solución radica en la forma en que los trabajadores se sienten respecto a los tres requisitos presentados en el encabezado.

La diversidad y la inclusión se han situado en el primer puesto de la lista de prioridades de los directivos empresariales por una razón: cualquiera puede ver el malestar social al respecto que impera en las universidades y en la sociedad en general, así como en el ámbito de los negocios.

En 2017, el 42% de los estadounidenses expresaba en las encuestas una gran preocupación en torno a las relaciones raciales, una cifra récord en este país, teniendo en cuenta que solo tres años antes apenas se sentía así el 17%. El *Black Lives Matter* se ha convertido en los Estados Unidos en un movimiento afroamericano a escala nacional. Por otro lado, existe un rechazo cada vez mayor a la corrección política.

De repente explotó el escándalo al presentarse cargos de acoso sexual contra reconocidas figuras del mundo del espectáculo, y en concreto de Hollywood, así como de varias personalidades del Gobierno, la educación, el deporte o los negocios. Casi siete de cada diez estadounidenses afirman hoy en día que el acoso sexual es un problema grave, en comparación con la mitad que lo creían hace dos décadas. El movimiento #MeToo (Yo también) ha irrumpido en escena.

Aun con todo ese malestar general, hoy en día no se observan diferencias entre la ciudadanía con respecto, por ejemplo, a tener como jefe a un hombre o a una mujer; y, de hecho, esta circunstancia importa menos a los hombres. Por otra parte, la mayoría de norteamericanos creen que ser gay o lesbiana es moralmente aceptable y que la atracción hacia personas del mismo sexo es algo con lo que se nace. Estas cuestiones suponen cambios radicales en las creencias de la gente, en comparación con las décadas pasadas.

El perfil demográfico de la población también está cambiando. Por ejemplo, el 42 % de los *millennials* no son blancos, el doble respecto a la generación del *baby boom*.

De cara a construir en la empresa una cultura de la diversidad y la inclusión, conviene plantearse qué grado de acuerdo mostrarán los trabajadores respecto a las siguientes afirmaciones:

- «En el trabajo, me tratan con respeto».
- «Mi lugar de trabajo está comprometido a incentivar el desarrollo de las fortalezas de cada empleado».
- «Si planteo una preocupación sobre ética e integridad, estoy seguro(a) de que mi empleador(a) hará lo correcto para resolverla».

Gallup halló que enfocarse en estos tres requisitos ayuda a avanzar a la organización en la dirección correcta. En los siguientes tres capítulos abordaremos cada una de estas áreas. Pero antes de continuar...

Una nota sobre la capacitación en diversidad: se han llevado a cabo cientos de estudios sobre la efectividad del entrenamiento o capacitación en diversidad, incluyendo las campañas de sensibilización y la lucha contra los prejuicios inconscientes. No obstante, cualquier tipo de formación sobre diversidad suele fracasar cuando quien la recibe intuye que es algo impuesto y forzado, que no se basa en una cultura construida sobre el respeto, las fortalezas individuales y el compromiso de los líderes. Y es que, por supuesto, gestionar la diversidad de manera efectiva no puede hacerse en un día.

CAPÍTULO 34

DIVERSIDAD E INCLUSIÓN: «TRÁTAME CON RESPETO»

La falta de respeto es tóxica.

Es posible que la falta de respeto sea uno de los sentimientos más intensos que experimentan las personas. Todos podemos recordar momentos de nuestras vidas en que no nos hemos sentidos respetados, pues es difícil olvidarlos.

Partiendo de un nivel muy básico, el respeto empieza sabiendo el nombre por el que cada persona desea ser llamada y después aprendiendo algo sobre ella, sus intereses y sus valores.

Si alguien indica en una encuesta de clima laboral que siente que se le trata con poco o ningún respeto en el trabajo, se debería tomar como una señal de alarma, reveladora de problemas más graves; el 90 % de esos mismos trabajadores reconocen haber experimentado algún tipo de discriminación o acoso en su centro de trabajo.

Los estudios de Gallup han revelado que los indicadores de compromiso que tienen mayores vínculos con la percepción de inclusión son los dos siguientes: «Mi jefe/supervisor, o alguna otra persona en el trabajo, demuestra tener un genuino interés en mí como persona» y «En el trabajo mis opiniones parecen contar». Estas dos afirmaciones también nos dicen algo sobre el respeto.

No cabe duda de que cualquiera desea importar a las personas con las que trabaja y también que sus ideas se valoren. Si a un trabajador se le aparta o no se tienen en cuenta sus aportaciones, esa persona se sentirá despreciada, ignorada y rechazada; y buscará las razones por las que alberga tales sentimientos.

En algunos casos, la falta de respeto percibida puede deberse a una discriminación en toda regla, mientras que en otros casos no es así. Pero lo más normal es buscar un motivo tangible con el que conectar ese malestar. Por ejemplo, *alguien se puede preguntar si la razón es su pertenencia a un grupo étnico, su género, su edad o algún otro factor grupal.* Es cierto que ninguna empresa puede prevenir cualquier tipo de falta de respeto, porque además las hay involuntarias, pero cuando las personas se conocen lo suficiente y se preocupan las unas de las otras, al menos pueden concederse el beneficio de la duda.

Un buen ejemplo de esto se refleja en los resultados de un estudio que Gallup publicó en el *Journal of Leadership & Organizational Studies*. El trabajo analizaba los efectos de las diferencias étnicas entre jefes y subordinados en cuanto a las intenciones de estos últimos de quedarse o moverse a otra empresa y, por tanto, cambiar de jefe. Los deseos de marcharse eran mayores cuando ambas personas eran de grupos étnicos distintos; y el hecho de sentir desinterés o desafección por la empresa incrementaba tales deseos.

Sin embargo, cuando una y otra persona eran de grupos étnicos diferentes pero trabajaban en una empresa con una cultura corporativa orientada al compromiso, el deseo de quedarse de esos trabajadores era mayor que en parejas jefe-trabajador del mismo origen étnico o cultural y pertenecientes a ese mismo tipo de entorno laboral. Por tanto, se demuestra que el indicador con mayor impacto en caso de diferencias étnicas entre empleados y líderes de equipo es la siguiente afirmación: «Mi jefe/ supervisor, o alguna otra persona en el trabajo, demuestra tener un genuino interés en mí como persona.».

CAPÍTULO 35

DIVERSIDAD E INCLUSIÓN: «VALÓRAME POR MIS FORTALEZAS»

Solo el 21 % de los trabajadores dicen estar convencidos de que su empresa está comprometida en desarrollar las fortalezas de todos sus empleados.

La mejor estrategia para potenciar la inclusión en una compañía es adoptar una estrategia de desarrollo de los trabajadores basada en las fortalezas individuales y construir una cultura fundamentada en las habilidades de cada miembro del personal.

En una de sus investigaciones, Gallup analizó las repercusiones de aplicar una estrategia de este tipo sobre la percepción de inclusión por parte de los miembros de distintos equipos de una empresa. Los resultados mostraron que los equipos con una mayor proporción de miembros conscientes de sus capacidades obtenían puntuaciones significativamente más altas en inclusión percibida. Estas personas explicaban que el hecho de ser conscientes de sus cualidades les había ayudado a sentirse más valoradas y a experimentar un sentimiento de pertenencia que no habían tenido antes.

Existe una línea paralela de investigación, desarrollada en el ámbito académico, que estudia la «congruencia interpersonal», una forma de que la gente se conozca rápidamente entre sí compartiendo cada cual algo de sí mismo. Se ha demostrado que esta táctica mejora el rendimiento de equipos que de otro modo son menos productivos.

Una estrategia basada en las fortalezas individuales no solo facilita que las personas se conozcan y creen un diálogo positivo y continuo, sino que también hace que las organizaciones que basan su cultura en ella sean más competitivas y mejores que la competencia. (Véase capítulo 16.)

La evaluación de CliftonStrengths, que define el perfil de talentos de cada persona, ha sido diseñada para generar conversaciones productivas sobre los talentos y fortalezas individuales. En estas conversaciones en las que el líder puede centrarse en el perfil concreto de cada miembro de su equipo, o bien en su cultura o formación, dependiendo de cómo cada individuo quiera representarse a sí mismo.

Los empleados de una empresa, como todo el mundo, desean experimentar un sentimiento de pertenencia y también de valía, sin importar quiénes son ni de dónde vienen. Y una estrategia centrada en las fortalezas de cada trabajador ayuda a que la empresa pueda conocer mejor los matices de su forma de pensar, sentir y responder ante las diversas situaciones, más allá de su apariencia.

CAPÍTULO 36

DIVERSIDAD E INCLUSIÓN: «LOS LÍDERES HARÁN LO CORRECTO»

El 21 % de los trabajadores opinan que su jefe no haría lo correcto si le plantearan un problema ético.

Es posible que el lector haya oído alguna vez esta expresión: «Si te preocupas de que haya inclusión, la diversidad se preocupará de sí misma». Si bien esta frase sirve para entender el hecho de que construir una buena cultura corporativa atraerá, obviamente, a una amplia variedad de personas, las cosas no son tan simples.

Las empresas necesitan estrategias para saber cómo seleccionar y desarrollar a un grupo heterogéneo de personas, así como normas respecto a qué conductas se tolerarán y cuáles no.

En primer lugar, los líderes han de saber que la diversidad y la inclusión no son lo mismo. La diversidad es la pluralidad de personas que una empresa decide seleccionar, mientras que la inclusión es la forma de implicar y tratar a todas esas personas que trabajan en la empresa.

Conviene recordar que la cultura debe partir de un propósito claro (qué reputación desea tener) y una marca (lo que la empresa representa). En línea con esto, sus líderes deben estar muy comprometidos con la cero tolerancia ante conductas discriminatorias u ofensivas, y también han de comunicar esta política formal e informalmente y hacerla cumplir. La cero tolerancia empieza realmente por las altas esferas, ya que la conducta de los ejecutivos y líderes de equipo determina lo que es correcto para el resto de la organización.

Cualquier empresa también necesita un sistema para informar de los problemas éticos y un protocolo para gestionarlos. Nada hay más prioritario que este tipo de mecanismos.

Los principios éticos de una empresa se revelan, asimismo, en la forma de atraer y contratar a sus trabajadores. Por ejemplo, tener unos criterios claros de éxito para cada puesto es un factor clave en la estrategia de selección de personal. El objetivo es elegir a los candidatos más calificados aplicando criterios objetivos la experiencia, las evaluaciones objetivas y las entrevistas orientadas a los requisitos específicos del puesto, reduciendo al máximo los sesgos. (Véase capítulo 11).

Las investigaciones de Gallup muestran que en todos los grupos sociales existen personas aptas para cualquier tipo de empleo. La clave es contar con un grupo de candidatos amplio y diverso, y hacer la selección basándose en criterios que sean buenos predictores del desempeño. En cuanto a los procesos posteriores —la incorporación y los ascensos—, la estrategia a seguir es similar.

Pero la decisión más importante en cualquier empresa es a quién se designa para el cargo de gerente o líder y cómo se puede fomentar el desarrollo de esta figura de liderazgo.

Los grandes líderes encarnan la integridad de una cultura construyendo relaciones de forma natural, estableciendo vínculos entre los miembros de sus equipos, siendo conscientes de lo que sucede dentro de cada departamento y resolviendo los conflictos antes de que vayan a más.

Una nota sobre diversidad e inclusión: somos conscientes de que la gestión de la diversidad y la inclusión son asuntos complicados dentro de una empresa. El principal consejo de Gallup en este sentido es que todo se basa en establecer una cultura en la que cada persona sea tratada con respeto, valorada por sus fortalezas y sepa que los líderes de su compañía harán lo correcto.

CAPÍTULO 37

LA BRECHA DE GÉNERO

En general, las empresas necesitan contar con una proporción mucho más alta de mujeres en sus centros de trabajo, no solo porque las beneficia a ellas, sino porque es bueno para la empresa.

La igualdad de género sigue siendo una enorme oportunidad perdida para las empresas de todo el mundo. A pesar de que las mujeres son la mitad de la población mundial, la Organización Internacional del Trabajo (OIT) ha informado recientemente de que solo la mitad de las que están en edad de trabajar se encuentran integradas en el mercado laboral, en comparación con el 76 % de los hombres.

Si bien es cierto que no todas las mujeres quieren tener un trabajo de tiempo completo, Gallup ha descubierto un dato importante: las unidades de negocio equilibradas en cuanto al género —aquellas que están cerca de la proporción 50-50— gozan de una rentabilidad significativamente mayor que las demás. Y cuando ese equilibrio se combina con una cultura de alto compromiso, los resultados son aún mejores.

A continuación, exponemos tres razones por las que el equilibrio de género incrementa la rentabilidad de una empresa:

- Los equipos paritarios tienen una mayor capacidad para cumplir con su trabajo y satisfacer las necesidades del cliente.
- En promedio, las mujeres están más comprometidas que los hombres.
- Las mujeres en puestos de liderazgo suelen tener empleados más comprometidos que sus contrapartes.

Gallup ha efectuado un seguimiento durante varias décadas acerca de las preferencias de los trabajadores estadounidenses sobre el género de los líderes. En 1953, cuando se hizo el primer levantamiento, se prefería tener hombres líderes con una diferencia de 61 puntos porcentuales respecto a la preferencia por mujeres. En cambio, en la actualidad la mayoría de las personas consultadas informan de que *prácticamente no tienen preferencias* en cuanto al género de sus gerentes.

No obstante, es significativo el dato de que solo hay 32 directoras generales en las empresas de la lista Fortune 500, a pesar de que el 45 % de las mujeres afirman que les gustaría serlo o tener un cargo en el equipo directivo de su compañía.

La mayoría de estadounidenses no muestran preferencias de género en cuanto a sus jefes

Si fuera a empezar en un nuevo trabajo y tuviera la opción de elegir a su jefe, ¿para quién preferiría trabajar, para un hombre o para una mujer?

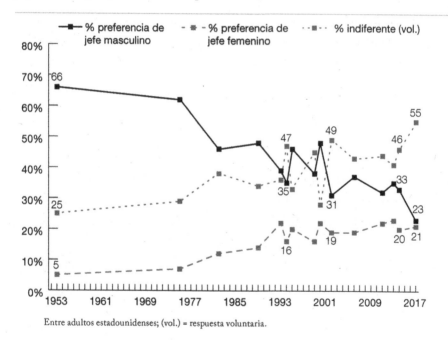

Entre adultos estadounidenses; (vol.) = respuesta voluntaria.

ENTONCES, ¿CUÁL ES LA *MEJOR* FORMA DE CONSEGUIR LA IGUALDAD DE GÉNERO EN UNA EMPRESA?

Una posibilidad es tener a más mujeres en los puestos de liderazgo.

La escasa proporción de mujeres en puestos ejecutivos y la brecha salarial, temas que abordaremos en el capítulo 39, seguirán siendo problemas acuciantes en el mundo empresarial hasta que los responsables de las compañías sean transparentes en cuanto a cómo se vinculan los ascensos y los salarios con el desempeño y las cualidades individuales. Por ejemplo, si el objetivo fijado es trabajar 40 horas a la semana, pero corre el rumor de que para conseguir un ascenso se ha de trabajar 60 horas, lo único que se consigue es crear confusión y potenciales percepciones de desigualdad.

La cuestión clave es determinar qué constituye un alto desempeño en un puesto concreto. En posteriores capítulos analizaremos ciertos métodos que sirven para desarrollar sistemas de evaluación del rendimiento que reducen los sesgos y dan cuenta de *los logros individuales, la colaboración con los miembros del equipo y el valor del cliente.* También es recomendable medir el conocimiento, institucional y del sector, de los empleados.

Lo cierto es que resulta complicado llegar al fondo de la cuestión en lo que se refiere a la desproporción entre hombres y mujeres en los cargos de liderazgo y en los trabajos de tiempo completo. Nadie tiene todas las respuestas, pero sí podemos extraer ciertos indicios gracias a los análisis estadísticos.

Como parte de un proyecto global con OIT (Organización Mundial del Trabajo), Gallup pidió a hombres y mujeres que citaran —con sus propias palabras— el mayor desafío al que se enfrentaban las mujeres en su puesto de trabajo. La mayoría de las respuestas obtenidas se pueden clasificar en una de estas tres categorías:

- Trato injusto.
- Desigualdad salarial.
- Conciliación entre trabajo y vida personal.

Abordaremos cada uno de estos desafíos en los tres capítulos siguientes.

CAPÍTULO 38

LAS MUJERES EN EL TRABAJO: LA ERA DEL #YOTAMBIÉN

El 27 % de los trabajadores estadounidenses afirman haber sido víctimas de acoso sexual.

El trato injusto en el trabajo es la preocupación más relevante en muchas economías desarrolladas. Recientemente, este problema ha saltado al primer plano de la actualidad en Estados Unidos a causa de numerosas denuncias por acoso sexual interpuestas contra figuras del mundo del espectáculo, la política, los negocios y el mundo académico. Estos hechos han propiciado la eclosión del movimiento global #MeToo (#YoTambién).

Actualmente, el 63 % de las mujeres y el 54 % de los hombres sostienen que la gente no está suficientemente sensibilizada ante el problema del acoso sexual en el trabajo. Ambas cifras han subido más de 20 puntos porcentuales respecto a las registradas en 1998. Además, el 69 % de los encuestados afirman que el acoso sexual es un *problema acuciante*. Yéndonos a las experiencias de primera mano, en Estados Unidos el 42 % de las mujeres y el 11 % de los hombres afirman haber sido víctimas de acoso sexual.

Tal como mencionamos en el capítulo 36, sobre diversidad e inclusión, uno de los criterios básicos para los trabajadores cuando se trata de ética e integridad en una empresa es pensar que los líderes harán lo correcto.

En este sentido, los responsables de una empresa deben tener cero tolerancia ante cualquier tipo de acoso. Jamás se debe permitir que se justifique el acoso o se use la excusa de que «los hombres son así». Tal compromiso implica tanto comunicación formal e informal con los trabajadores como vigilancia y control suficientes. Si un líder (hombre), al hablar con otros hombres en la organización llegase a escuchar un comentario sexista, ¿reaccionaría diciendo «ya basta»? ¿o se lo tomaría a risa? Una u otra respuesta marca la diferencia, ya que una adecuada cultura corporativa se construye actuando de la manera correcta en esos momentos.

Todas las empresas necesitan tener un sistema de comunicación estrictamente confidencial que permita alertar a los responsables de los equipos de aquellos casos de acoso que ocurran en el centro de trabajo, así como un protocolo de gestión de los mismos. Algunas infracciones producto de faltas de respeto no intencionadas pueden llevar tan solo a una amonestación, mientras que otras serán motivo de despido inmediato.

La devastación resultante de esconder bajo la alfombra el acoso sexual e intentar proteger a los altos cargos de las consecuencias de su mala conducta está bien documentada. Todo el mundo conoce algún escándalo surgido en las altas esferas. No hay nada peor en una cultura de alto riesgo que una situación de acoso que todo el mundo conoce y consiente.

CAPÍTULO 39

LAS MUJERES EN EL TRABAJO: ¿POR QUÉ EXISTE LA BRECHA SALARIAL?

Las mujeres ganan, en promedio, un 83 %
de lo que ganan los hombres.

La desigualdad salarial es el principal motivo de preocupación de los adultos estadounidenses y de los ciudadanos de otras muchas economías desarrolladas. Este es uno de los principales hallazgos del informe Gallup/OIT sobre las mujeres y el trabajo. Si se comparan los sueldos de mujeres y hombres en puestos similares se puede observar una brecha salarial inexplicable, que algunos han atribuido a la discriminación.

En este sentido, Claudia Goldin, profesora de Economía de Harvard, es una destacada experta en este asunto que ha analizado a fondo los datos recopilados en Estados Unidos. Goldin comparó 469 puestos de trabajo, controlando otros factores como las diferentes circunstancias vitales, el tiempo en el cargo, las horas trabajadas y las características del puesto. Sus resultados sugieren que no existe una sólida evidencia de que, en general, la brecha salarial de género se deba a la discriminación.

Goldin descubrió que las mayores disparidades salariales se daban en empleos en los que suponía un mayor «costo de carrera» gozar de cierta «flexibilidad temporal»; es decir, puestos ejecutivos, del sector financiero, el derecho y algunas profesiones relacionadas con la salud con un alto nivel de autoempleo. En otras palabras, los empleos en los que existe una mayor brecha salarial entre hombres y mujeres son aquellos en los que es más difícil lograr altos niveles de éxito si se necesita flexibilidad de horario y lugar de trabajo, pues se trata de actividades que exigen un alto número de horas de trabajo en la oficina.

En cambio, los empleos con menos diferencias salariales por género son los del ámbito científico y tecnológico, así como algunas profesiones sanitarias, y es así porque son trabajos que se prestan a una mayor flexibilidad horaria y, en muchos casos, de ubicación.

Cuando hombres y mujeres consiguen su primer trabajo, recién salidos de la universidad, su salario es similar. La brecha salarial (y las diferencias en la jerarquía de la empresa) se vuelven más notables unos 10 o 15 años después, habitualmente transcurrido un año o dos desde que la mujer da a luz a su primer hijo.

A pesar de que los roles masculinos y femeninos han confluido con el paso del tiempo, en general las mujeres siguen asumiendo la función de cuidadoras principales de los hijos Por el contrario, los hombres han tenido más libertad para dedicar un mayor tiempo y esfuerzo a progresar en sus carreras, en particular en aquellos puestos que requieren horarios de trabajo prolongados. Por tanto, esto explica, en gran medida, la brecha salarial; y lo confirma el hecho de que las mujeres sin hijos tienen ingresos similares a los hombres.

Los datos de Gallup también revelan que los niños son el factor que más pesa en la salida de las mujeres del mercado laboral. De hecho, el 54 % de las trabajadoras con hijos menores de 18 años dicen preferir quedarse en casa, mientras que el 40 % querrían tener un trabajo fuera del hogar. En cuanto a las mujeres sin hijos, o si estos son mayores de 18 años, el 70 % manifiesta que preferiría trabajar fuera de casa.

Por consiguiente, la clave para atraer a las mujeres a una empresa es convertir el centro de trabajo en un lugar flexible para conciliar las tareas laborales con las obligaciones familiares y la vida personal, al tiempo que se les ofrece un salario equitativo para poder obtener el desempeño y los logros profesionales acordes al mismo.

CAPÍTULO 40

LAS MUJERES EN EL TRABAJO: CONCILIACIÓN ENTRE TRABAJO Y VIDA PERSONAL

Una de cada tres trabajadoras sostiene que su jefe hace «muy bien» al permitirles trabajar desde casa cuando lo necesitan. La misma proporción manifiesta que hace «muy mal».

Casi de manera universal, hombres y mujeres mencionan la conciliación entre trabajo y vida personal como uno de los mayores retos al que se enfrentan las mujeres trabajadoras en sus respectivos países.

Algunas empresas se esfuerzan por satisfacer las necesidades de la nueva fuerza laboral, incluyendo a las madres trabajadoras. Pero, si desean ser compañías realmente competitivas, en muchos casos y, sobre todo, en ciertos sectores van a tener que hacer un mayor esfuerzo para adaptarse. También es cierto que muchas organizaciones cambiarán de forma natural, con el tiempo, y explorarán nuevas posibilidades orientadas al bienestar de sus empleados que atraerán a las mujeres; una de ellas es la flexibilidad de horarios.

No obstante, que una compañía ofrezca flexibilidad y que, en la práctica, la respete son dos cosas muy distintas. Algunas tienen una política muy explícita al respecto, pero a su vez presionan a los trabajadores o les hacen sentirse culpables por irse de la oficina cuando tienen que ocuparse de sus asuntos familiares durante la jornada laboral.

A pesar de que, cada vez más, los avances tecnológicos permiten desarrollar muchas tareas desde cualquier lugar, no todos los puestos son susceptibles de la flexibilidad para trabajar donde y cuando se quiera. En cualquier caso, las empresas deberían examinar sus políticas, sus prestaciones y su sistema de gestión del rendimiento y estar dispuestas a ajustar todo ello para potenciar una mayor flexibilidad mientras se mantiene una alta productividad.

Por ejemplo, es conveniente valorar seriamente si pasar más tiempo en la oficina implica siempre un mayor desempeño. La pregunta puede ser: ¿se obtienen mejores resultados —o se podrían obtener— usando otros enfoques no tradicionales y más individualizados?

A la hora de plantearse cómo afrontar el reto de conciliar vida laboral y familiar y atraer (y retener) en las empresas a un mayor número de mujeres, existen buenas prácticas que pueden servir de referencia en varias situaciones:

- **Por ejemplo, hay mujeres que desean entrar en el equipo directivo, pero necesitan apoyo para escalar hasta esos puestos mientras se ocupan de sus familias.** Las buenas empresas ayudan a las mujeres a crecer profesionalmente, pero también les conceden la flexibilidad necesaria para enfocarse en sus familias en ciertas etapas de su vida (y hacen lo mismo en el caso de los hombres).

- **Algunas mujeres quieren ocupar puestos de alto nivel y responsabilidad, y tener que trabajar muchas horas no las disuade.** En las compañías con una buena cultura corporativa se escucha a quien quiere tener oportunidades de progresar y se le alienta a dar los pasos correctos para acelerar su desarrollo.

- **Ciertas mujeres aspiran a compatibilizar su desarrollo profesional con la gestión de otros aspectos de su vida.** Las mejores organizaciones ofrecen a sus empleados la posibilidad de elegir cuándo y dónde trabajar.

- **Por supuesto, también hay mujeres que no pretenden ocupar puestos de liderazgo.** Una buena empresa ayudará a sus trabajadoras a averiguar lo que se les da mejor. Un adecuado sistema de gestión de desempeño debe dar la oportunidad a cada persona para que realice una labor que sea de su agrado y en la que pueda crecer profesionalmente sin tener necesariamente que ascender en la jerarquía empresarial.

Tal vez lo fundamental en este sentido es que cada trabajador —hombre o mujer— debe definir qué significa para él o ella una buena vida y una buena carrera profesional. En consonancia con esto, los buenos líderes conocen las aspiraciones de cada persona que tienen a su cargo y les ofrecen oportunidades para desarrollarse en esa dirección.

CAPÍTULO 41

¿SON UNA CARGA LOS TRABAJADORES DE LA GENERACIÓN DEL *BABY BOOM*?

El 74 % de los estadounidenses planean trabajar pasados los 65 años.

La generación *millennial* está ansiosa por progresar en su carrera y, por tanto, es bastante probable que dejen una empresa para buscar nuevas oportunidades en otro lugar. Por otro lado, la generación del *baby boom* y la anterior ya están alcanzando (o superando) la edad de jubilación. Y, considerando su experiencia y antigüedad en el puesto, en muchos casos pueden suponer una importante carga salarial para la empresa.

Muchos trabajadores veteranos no desean —o no se pueden permitir— jubilarse. En cambio, otros suponen un riesgo para la organización: si se jubilan, esta pierde su bagaje de conocimientos respecto a su puesto y a la empresa en general.

Entre las cinco generaciones actualmente presentes en el mercado laboral de los Estados Unidos, los llamados tradicionalistas o generación silenciosa (la anterior a la del *baby boom*) son los más comprometidos en el trabajo. Es probable que estos trabajadores, que ahora tienen 70 años o más, sigan activos por voluntad propia, porque han encontrado una ocupación, ya sea de tiempo parcial o completo, que da sentido a su vida y les permite seguir siendo independientes.

A pesar de que el 40 % de los trabajadores que ahora tienen entre 50 y 64 años planea jubilarse más tarde de los 65, no todos lo harán así por el mismo motivo: este porcentaje incluye a quienes desean continuar trabajando y también a quienes no sienten ningún interés por su trabajo, pero no tienen más remedio que seguir en su puesto por razones económicas.

Esta situación plantea a los directores de RR. HH. Algunas cuestiones de difícil solución: *en primer lugar, cómo lograr que los trabajadores más veteranos se jubilen o reduzcan su jornada; y también cómo gestionar el cambio generacional en la empresa.*

La cuestión es que muchos trabajadores veteranos ocupan altos cargos en la jerarquía de su empresa, lo cual suele facilitar la transición hacia la jubilación. Lo ideal sería planificar estos cambios con años de antelación. (Véase capítulo 18).

A continuación, presentamos tres estrategias relacionadas con este tema y que los empresarios deberían tomar en consideración:

1. PREPARAR A LOS TRABAJADORES VETERANOS PARA EL ÉXITO

Para ello primero hay que preguntarles sobre sus planes a largo plazo. Se les debe garantizar la autonomía en cuanto a su futuro y que nadie les obligará a marcharse, así como ayudarles a ver las oportunidades de aplicar sus cualidades en esta o en otra empresa. Tener un plan de futuro en este sentido les dará tranquilidad.

Por otra parte, en el caso de los trabajadores de más edad que lleven mucho tiempo en la empresa es recomendable reconocer sus años de servicio con una serie de beneficios (económicos y de otro tipo) de cara a la jubilación, pero también con la disposición para ayudarles a efectuar esa transición hacia una nueva etapa de su vida con suficiente antelación.

El objetivo último es preparar a los trabajadores veteranos para que tomen buenas decisiones de cara a su futuro bienestar, así como concederles una salida digna y con el merecido reconocimiento.

2. SER CONSCIENTES DE LAS CUALIDADES Y EL POTENCIAL DE LOS TRABAJADORES CON MAYOR ANTIGÜEDAD EN LA EMPRESA

Una de las características de la generación del *baby boom* en el ámbito laboral es la mayor predisposición de sus miembros para contribuir a la formación de sus colegas, así como, muchas veces, su capacidad —superior a la de otros trabajadores más jóvenes— para hacer crecer un negocio. Algunas de estas personas son destacados mentores, un papel que en buena medida podrían continuar desempeñando en la empresa, aunque fuera de tiempo parcial o como eméritos. Otra posibilidad es convertirse en asesores en el proceso de lanzamiento de una nueva división o unidad de negocio de la empresa.

Por desgracia, en algunos casos estos empleados han acabado perdiendo su energía y entusiasmo, sea por la edad, porque no encajan en su puesto actual o porque se han ido desconectando progresivamente de su carrera profesional. Uno de los principales motivos de queja en esa franja de edad es la menor atención que reciben por parte de la empresa en cuanto a su formación y desarrollo, en comparación con los trabajadores más jóvenes, en una clara muestra de mala gestión del desempeño.

En definitiva, para valorar y aprovechar el potencial que estos profesionales más veteranos atesoran, es preciso reconocer sus fortalezas, sus conocimientos de la empresa y las posibilidades de desarrollo que aún conservan, y buscarles oportunidades dentro y fuera de la compañía. Porque es importante tener en cuenta que todas las personas —con independencia de su edad— desean seguir aprendiendo y creciendo.

3. USAR LOS ANÁLISIS ESTADÍSTICOS PARA REABASTECER DE TALENTO A LA EMPRESA

Para mantener a un buen nivel las reservas de talento de la empresa a medida que los trabajadores más veteranos se jubilan, conviene estudiar a los trabajadores de mayor desempeño. Las evaluaciones deben permitir saber quién ha tenido éxito en el pasado —y por qué— y prever quién lo tendrá en el futuro a medida que cambie la naturaleza de la empresa y del trabajo que se hace en ella. Es muy aconsejable elaborar y tener siempre actualizados los perfiles de los mejores trabajadores, de forma que cuando quede una vacante sea fácil localizar a varios candidatos con las cualidades adecuadas para el puesto.

La experiencia es también, por supuesto, un ingrediente importante del éxito. Nuestra recomendación es llevar a cabo análisis de las experiencias de los trabajadores veteranos de alto desempeño —especialmente aquellos que ostentan cargos de liderazgo— para determinar en qué tipo de experiencias deberían invertir los más jóvenes. Muchas compañías no consultan ni documentan la experiencia de sus trabajadores más allá de lo que pueden consultar en sus currículos, pero es importante llevar un registro de este bagaje profesional.

CAPÍTULO 42

PRESTACIONES Y FLEXIBILIDAD DE HORARIO: ¿QUÉ LES IMPORTA REALMENTE A LOS TRABAJADORES?

La probabilidad de cambiar de empleo en busca de mejores prestaciones es más alta cuando el trabajador no está comprometido con su empresa.

Como ya se señaló anteriormente, la nueva fuerza laboral no está buscando en el trabajo fruslerías como una sala de juegos, comida gratis o sofisticadas máquinas de café, sino beneficios o prestaciones que mejoren su bienestar y les ofrezcan una mayor flexibilidad y autonomía; en definitiva, que les permitan tener una mejor calidad de vida.

Recientemente, Gallup ha llevado a cabo un estudio sobre las diversas prestaciones existentes con el fin de entender mejor cuáles marcan la diferencia en los trabajadores.

Los trabajadores estadounidenses son los que tienen más probabilidades de cambiar de trabajo por un seguro de salud, ya que los gastos médicos en este país se llevan una parte importante de los ingresos. Adicionalmente, más de la mitad de las personas encuestadas reconocen que cambiarían de trabajo a cambio de obtener bonificaciones, un plan de jubilación, vacaciones pagadas u horarios flexibles.

La mayoría de los participantes afirman que su empresa les paga un seguro de salud (91 %), vacaciones (92 %) y planes de ahorro para la jubilación (68 %). En cambio, en menos de la mitad de los casos se reciben bonificaciones y horarios flexibles.

En algunos casos, las prestaciones son más bien una cuestión de sensibilización que de realidad. Así, por ejemplo, hay diferencias entre lo que los responsables de RR.HH. dicen ofrecer a los trabajadores y lo que estos reconocen recibir en realidad, como un plan de ahorro para la jubilación, un plan de asesoramiento o cierta flexibilidad de horarios.

Tras analizar la frecuencia con que se ofrecen los distintos tipos de prestaciones y la relación de cada una con las intenciones de cambiar de trabajo, el nivel de compromiso y el bienestar de los trabajadores, Gallup agrupó aquellas en cuatro categorías:

- **Básicas:** incluyen los planes de jubilación con aportaciones de la empresa, los seguros de salud, las bajas remuneradas, las vacaciones pagadas y otras coberturas de seguros.

- **Importantes para algunos:** cuestiones como el reparto de utilidades, la ubicación flexible, horas extras para trabajar en otros proyectos a elección del empleado y bonos económicos.

- **Que marcan la diferencia:** horario flexible.

- **Que suponen un valor añadido:** asistencia a congresos profesionales y programas de desarrollo, patrocinio de organizaciones o eventos comunitarios, oferta de voluntariado, reembolso de hardware o software y planificación o asesoramiento financiero.

Es cierto que las prestaciones son solo uno de los muchos factores que influyen en la decisión de quedarse en una empresa o marcharse. Pero es importante hacer notar que *la probabilidad de cambiar de trabajo para obtener un mejor plan de jubilación, flexibilidad en la ubicación y reparto de beneficios es mucho mayor cuando los trabajadores no se sienten comprometidos con su empresa.*

Gallup recomienda a las empresas analizar con detalle las prestaciones que ofrecen en la actualidad y después responder a dos preguntas:

1. **¿Hemos calculado el retorno de la inversión (ROI) para cada prestación?** La estimación del retorno de la inversión debería incluir un análisis del uso de las distintas prestaciones y de sus repercusiones sobre la mejora del bienestar en toda la organización.

2. **¿Entienden los trabajadores el objetivo de las prestaciones que ofrece la empresa?** Es imprescindible que el personal sea consciente del modo en que las prestaciones de las que se beneficia en su trabajo pueden contribuir a la mejora de su bienestar físico, social y económico.

CAPÍTULO 43

CÓMO HACER QUE LA FLEXIBILIDAD DE HORARIOS SE CORRESPONDA CON UN ALTO DESEMPEÑO

Menos de la mitad de los trabajadores encuestados por Gallup admiten que su organización les ofrece un horario flexible.

Cuando se trata del compromiso y el bienestar de los trabajadores, el horario flexible es la prestación que más se valora. Aun así, solo el 44 % de los trabajadores encuestados por Gallup manifiesta que su empresa le ofrece algún tipo de flexibilidad de horarios.

Consideremos ahora los siguientes hallazgos de Gallup:

- El 53 % de los trabajadores afirman que un mayor grado de conciliación entre la vida laboral y personal, así como un buen nivel de bienestar son factores muy importantes a la hora de aceptar una oferta de trabajo.

- El 63 % de los *millennials* y un poco más de la mitad de los trabajadores en general cambiarían de empleo para disfrutar de un horario flexible.

- La mayoría de los trabajadores estarían dispuestos a sacrificar parte de su sueldo a cambio de un horario flexible; por ejemplo, más gente aceptaría un trabajo con horario flexible pero un 2 % menos de sueldo, que quienes preferirían ganar más pero sin flexibilidad de horario.

Vistos estos resultados, ¿cuál es el motivo de que muchas empresas se resistan a adoptar el horario flexible para sus trabajadores? ¿Qué las frena?

Empecemos analizando por qué la flexibilidad de horario es algo tan popular y tiene tanta influencia en el nivel de compromiso y en el bienestar de los trabajadores: el motivo es que la gente ansía tener libertad. *Las personas aspiran a tener el control de sus vidas.* Los trabajadores deben asumir múltiples responsabilidades en su horario laboral (habitualmente, de 9 a 5). Por otro lado, cada persona tiende a hacer su trabajo de forma diferente dependiendo de su estilo de vida y sus circunstancias personales.

A menudo las empresas se ven obligadas a pedir a sus empleados que resuelvan situaciones y problemas que surgen fuera de la jornada laboral, de manera que sería justo que estos tuvieran también la posibilidad de atender sus asuntos personales —como asistir a un partido de su hijos o cuidarlos cuando están enfermos, hacer ejercicio o acudir a citas médicas, administrativas o de otro tipo— durante la jornada laboral.

Pero ¿cómo es posible implementar el horario flexible con éxito? ¿Realmente se puede sacar adelante todo el trabajo cuando la gente está entrando y saliendo de la oficina siempre que quiere? ¿Resulta posible aplicar un horario flexible a todo el mundo teniendo en cuenta que muchos puestos requieren presencia física en el lugar de trabajo?

En este último caso la flexibilidad de horario no es factible sobre todo en determinados puestos del sector industrial, sanitario o de atención al cliente. Incluso en otros casos en los que las características del puesto permitan un horario flexible, esta prestación no tiene por qué estar disponible para todos los trabajadores.

A continuación, presentamos algunos ejemplos de flexibilidad laboral que van más allá del lugar y el horario de trabajo:

- **En cuanto al tipo de trabajo:** consiste en animar a los trabajadores a implicarse en diferentes proyectos, equipos y funciones en los que quieran participar.

- **En cuanto a la estructura organizacional:** se basa en reducir la jerarquía y potenciar un entorno de trabajo horizontal y colaborativo.

- **En cuanto a la cultura corporativa y el entorno de trabajo:** tiene que ver con los espacios —abiertos y con áreas de trabajo flexibles— y también con las normas y costumbres —como establecer días de vestimenta informal o permitir que cada trabajador decida cuándo hacer descansos o la pausa para la comida—.

- **En cuanto a las funciones:** si se trata de puestos de atención al cliente, que requieren presencia en un horario específico, se puede fomentar que los trabajadores intercambien turnos. Algunas empresas usan la tecnología para facilitar estos procesos y ofrecen recompensas a quienes lo ponen en práctica.

Conviene tener en cuenta, no obstante, cuál es el fin último del trabajo flexible: *autonomía con responsabilidad*. A continuación, desglosaremos la estrategia que se debe adoptar en una empresa para que la flexibilidad sirva realmente para favorecer el desempeño en lugar de mermarlo:

- Es fundamental que los líderes conozcan bien a cada persona a su cargo —sus fortalezas y debilidades, así como sus circunstancias vitales— y que las formen y asesoren de forma continua.

- Asimismo, se debe hacer rendir cuentas a cada trabajador respecto a los resultados que son su responsabilidad; es, decir, sus logros individuales, la colaboración con otros miembros del equipo y el valor hacia el cliente.

Por otra parte, gozar de un entorno laboral con un horario *realmente* flexible es algo que debe partir de los líderes, de cómo responden a los trabajadores que hacen uso de las opciones de flexibilidad que la empresa proporciona y de la forma en que aplican esa flexibilidad a su propia labor al tiempo que cumplen con sus obligaciones.

En última instancia, la clave para que un horario flexible genere autonomía y a la vez un alto grado de responsabilidad es *el líder*.

CAPÍTULO 44

LA NUEVA OFICINA

El 43 % de los empleados dicen trabajar en lugares distintos que sus compañeros al menos en algún momento de la jornada laboral.

Los trabajadores de hoy en día demandan autonomía y flexibilidad incluso en el centro de trabajo y respecto a la forma en que está diseñado y estructurado su espacio laboral.

Más de la mitad de los trabajadores estadounidenses cambiarían de empleo si en otra empresa les ofrecieran más flexibilidad; y más de un tercio se irían donde les permitieran trabajar en el lugar que quisieran al menos parte de su jornada.

Según una encuesta de la Sociedad de Gestión de Recursos Humanos (SHRM), llevada a cabo en 2016, el 60 % de las empresas ofrecen a su personal opciones de trabajo remoto o a distancia, lo que es tres veces el porcentaje registrado en 1996. Gallup también ha constatado un aumento del porcentaje de empleados que dicen desarrollar su actividad en diferentes ubicaciones respecto a sus compañeros al menos durante una parte de la jornada laboral; y el porcentaje que trabaja en diferentes ubicaciones toda la jornada ha aumentado del 9 % en 2012 al 13 % en 2016.

Al mismo tiempo, muchas empresas están cambiando el diseño de sus oficinas para convertirlas en espacios más abiertos y flexibles. Una encuesta de la Asociación Internacional de Gestión de Instalaciones reveló que alrededor del 70 % de las empresas de Estados Unidos tienen en marcha algún tipo de plan de oficina abierta.

El exalcalde de Nueva York, Michael Bloomberg, se hizo célebre por remodelar parte de las instalaciones del Ayuntamiento con el fin de convertirlo en un espacio de trabajo abierto, y entre otras cosas situó su despacho justo en el centro. Hace poco, en 2018, tuiteó: «Siempre he creído que los espacios de trabajo abiertos y colaborativos marcan la diferencia tanto en el mundo de la empresa como en los ayuntamientos».

¿SON ESTAS TENDENCIAS BUENAS O MALAS PARA LAS EMPRESAS?

Gallup ha encontrado que tanto quienes trabajan a distancia tiempo completo como quienes no lo hacen en absoluto tienen menos probabilidades de sentirse comprometidos con su empresa. El grado óptimo de compromiso lo alcanza la gente que trabaja en remoto entre tres y cuatro días a la semana (de un total de cinco días que dura la semana laboral); este resultado es significativamente distinto al de 2012, cuando el punto óptimo se alcanzaba con un día a la semana de trabajo remoto.

Sin embargo, algunas empresas han optado por reducir sus opciones de trabajo remoto, argumentando la necesidad de mejorar las labores de equipo y la comunicación. Y, desde luego, tienen razón. Los resultados de Gallup han mostrado que, si bien los que trabajan remotamente suelen tener más claras sus funciones (entre otras ventajas), la otra cara de la moneda es que las relaciones con sus colegas se debilitan y reciben un menor empuje para desarrollarse.

Por otro lado, la eficacia del trabajo remoto depende de las funciones o tareas concretas que se lleven a cabo en el puesto. Así, por ejemplo, funciona mejor en puestos que requieren de conocimientos o formación específicos para determinadas tareas y proyectos, así como en los que no tienen que dar una respuesta inmediata a las necesidades de otros. No obstante, el compromiso decrece cuando el personal de servicios o de soporte pasa más del 40% de *su* jornada laboral de trabajo remoto.

Para maximizar la rentabilidad del trabajo remoto, las empresas necesitan contar con líderes de equipo fuertes que apliquen las *cinco conversaciones de coaching* que vimos en el capítulo 21. Estos líderes, a su vez, han de tener una estrategia para abordar los tres resultados clave del desarrollo de desempeño: *expectativas claras, acompañamiento* y *una adecuada asignación de responsabilidades*. Sin esas premisas, el trabajo a distancia es una apuesta arriesgada; algunas personas lo harán bien, pero otros muchos no cumplirán con sus funciones de forma correcta.

Ahora bien, con independencia de si trabajan en casa o en la oficina, ¿cómo quieren los trabajadores que sea su centro de trabajo?

Aun hoy en día, la mayoría de la gente trabaja en el mismo espacio que sus compañeros el 100% del tiempo, por lo que este es un aspecto sumamente importante para ellos. En general, las tres características que se desean en la oficina ideal son:

- ○ Disfrutar de privacidad cuando se necesite.
- ○ Disponer de un espacio de trabajo personal.
- ○ Tener oficina propia.

Muchas empresas intentan mejorar el entorno de la oficina ofreciendo servicios como comida gratis, máquinas de café o incluso muros de escalar. Si bien es cierto que estos elementos suponen interesantes ventajas en opinión de algunas personas, no pueden sustituir a un buen líder-*coach*, ni tampoco compensar a uno malo.

Cuando Gallup preguntó a los *millennials* qué factores eran más importantes para ellos a la hora de solicitar un empleo, este tipo de prestaciones se situaron en los últimos puestos de la lista de prioridades. Solo el 18 % de los miembros de esa generación dijeron que disponer de un lugar de trabajo «divertido» fuera clave para ellos al optar a un nuevo puesto de trabajo. En cambio, las características más relevantes eran las oportunidades de aprender y crecer y las cualidades de quien fuera a convertirse en su superior.

A continuación, enumeramos siete aspectos que deberían ser considerados en las empresas respecto a *todos* y cada uno de sus trabajadores, en relación con el espacio de trabajo y la cultura corporativa:

- ○ ¿Sabe cada persona lo que se espera de ella?
- ○ ¿Puede todo el mundo hacer su trabajo sin distracciones?
- ○ ¿Es posible dar al personal diferentes opciones respecto a su lugar y horario de trabajo?
- ○ ¿Le resulta fácil al personal interactuar con sus compañeros?
- ○ ¿Se puede formar y desarrollar de manera efectiva a cada trabajador usando las cinco conversaciones de *coaching*?
- ○ ¿Se le pueden pedir responsabilidades a cada empleado?

Con independencia de qué trabajo se desempeñe, del lugar donde se ubique la oficina y de cómo esté diseñada, resulta imprescindible contar con buenos líderes que sean capaces de inspirar a su equipo y generar en sus miembros compromiso y productividad, al tiempo que les transmiten unas expectativas claras, les transmitan unas expectativas claras, den acompañamiento continuo y asignen las responsabilidades adecuadas a cada uno.

CAPÍTULO 45

LA INNOVACIÓN EMPRESARIAL: CÓMO GESTIONAR Y FOMENTAR LA CREATIVIDAD

El 30 % de los trabajadores afirman que se espera de ellos que sean creativos o que se les ocurran nuevas formas de hacer su trabajo.

La creatividad es un aspecto esencial en la empresa, sobre todo para aquellas que se deben adaptar a un mercado en permanente cambio —¿cuál no lo es, en realidad?— y que tratan de sentar las bases para un crecimiento orgánico.

Pero la innovación no puede ser únicamente responsabilidad de los departamentos de I+D. Vivimos en un mundo en el que la competitividad está reescribiendo continuamente las reglas del juego y donde, por lo tanto, es necesario moverse con una excepcional habilidad.

Muchas organizaciones pretenden que sus trabajadores sean sumamente creativos, pero la mayoría de estos no creen que sea eso lo que se espera de ellos. Y esto plantea un problema, porque todas las empresas se enfrentan, potencialmente, a serias perturbaciones en su sector.

Se puede presentar, como argumento en contra, que muchos puestos de trabajo no están pensados para ser creativos. Es verdad que, en apariencia, labores como conducir un autobús, dar la bienvenida a un cliente, reponer estanterías, recoger basura, cumplimentar una hoja de cálculo o escribir códigos no precisan de mucha creatividad, pero todos los trabajos tienen un cierto potencial para la creatividad, ya se trate de la forma de satisfacer las necesidades de un cliente o de mejorar un proceso para hacerlo más eficiente. Y nadie está más familiarizado con un trabajo que quien lo desempeña a diario.

Aun así, al parecer pocas empresas integran de verdad la creatividad en sus sistemas de gestión del desempeño. Incluso cuando los trabajadores están de acuerdo en que se espera de ellos que sean creativos, solo a la mitad se les concede tiempo a diario para ponerlo en práctica o creen que pueden asumir los riesgos que implica ser creativo.

En teoría parece como si la creatividad y la gestión del desempeño fuesen incompatibles, pero no tiene por qué ser así. Simplemente, para desarrollar un trabajo creativo las personas necesitan tener *expectativas, tiempo* y *libertad para asumir riesgos*.

- **Expectativas:** aunque la creatividad figure en la lista de valores de una empresa, solo llega a ser una prioridad real cuando se convierte en una expectativa. Tal como mucha gente trabajadora sabe, existe una gran diferencia entre las expectativas formales y la realidad cotidiana del trabajo. En otras palabras, si la creatividad es de verdad importante para una empresa, es imprescindible que esta sepa cómo medirla, que forme parte de las conversaciones entre líderes y colaboradores y que dé lugar a resultados claros de los que cada trabajador se pueda responsabilizar. Cuando el personal tiene unas expectativas bien definidas respecto a la creatividad, existe el triple de probabilidades de que crean que pueden asumir riesgos que se traduzcan en nuevos productos, servicios o soluciones.

- **Tiempo:** los factores más importantes para el éxito a largo plazo de una empresa suelen ser entrar en conflicto con sus objetivos más urgentes y cortoplacistas. La creatividad requiere tiempo para experimentar, compartir ideas y adquirir nuevos conocimientos, así como margen para aprender de los errores. Conviene asegurarse, pues, de que los trabajadores disponen del tiempo que necesitan para ser creativos.

- **Libertad para asumir riesgos:** cualquier persona frenará su creatividad y no propondrá ideas nuevas si piensa que su responsable no la va a escuchar o que sus propuestas no se van a llegar a implementar. Es obvio que los líderes deben asumir cierto margen de riesgo calculado, y también que deben apoyar a los miembros de su equipo para que estos asuman sus propios riesgos.

A continuación, presentamos una serie de pautas sobre cómo potenciar la creatividad en cualquier empresa:

- **En primer lugar, hay que asegurarse de que la creatividad figura en la descripción de las funciones de cada puesto y que la innovación es**

un valor reconocido y una prioridad para la empresa. Si esto es así, como consecuencia las acciones y decisiones cotidianas de los líderes respaldarán la labor creativa. Es fundamental conceder un tiempo diario a los trabajadores para que piensen de forma creativa y compartan ideas, y transmitirles unas expectativas claras al respecto. Por otra parte, cuando se reconoce públicamente la innovación que supone una mejora para el equipo o la empresa en general se está enviando a todo el mundo el mensaje de que parte del trabajo de cada quien es mejorar de forma continua la manera de hacer las cosas.

o   **Lo siguiente que es importante es definir los resultados, no los pasos que hay que dar para llegar a ellos.** Cuando los líderes de equipo marcan excesivas normas en cuanto a los pasos que hay que dar para alcanzar una meta, están constriñendo la creatividad. Por ejemplo, si el resultado deseado es generar compromiso en el cliente, pero los pasos establecidos entorpecen la tarea de servir al cliente, los trabajadores no podrán dar un servicio verdaderamente individualizado. Los buenos líderes de equipo establecen metas y expectativas claras y dan flexibilidad a los trabajadores para conseguir esos objetivos; esto les da la oportunidad de probar nuevas maneras de hacer las cosas y de emplear sus habilidades personales. No obstante, tener libertad para ser creativo no significa hacer las cosas a medias; conviene asegurarse de que todos los trabajadores saben que su innovación tiene límites de acuerdo con las metas y estándares de la empresa.

o   **Otro aspecto fundamental es aumentar el compromiso para generar más ideas.** Cuando la gente hace su trabajo queriendo ir un paso más allá, generan muchas más ideas para la empresa. En otras palabras, los empleados comprometidos tienen el 20 % más de probabilidades que el resto de afirmar que ellos (o su equipo) han tenido una idea. Asimismo, cuentan con 2,4 veces más probabilidades que los demás de tener una idea que haya sido implementada con éxito.

o   **Por último, es básico reforzar aspectos como la flexibilidad y la autonomía en la estructura organizacional.** La gente que trabaja en equipos con una estructura horizontal y/o en remoto reconoce que dispone de más tiempo para ser creativa. Como sucede en general con las nuevas generaciones de trabajadores, el incremento de la flexibilidad y la autonomía mejora el compromiso y el rendimiento. Nuestra investigación ha revelado, por ejemplo, que un horario laboral con entre el 20 y el 60% de trabajo a distancia es el más propicio para la creatividad.

CAPÍTULO 46

NO SE PUEDE SER «ÁGIL» SIN BUENOS LÍDERES

Las compañías que no tienen la agilidad suficiente para adaptarse a los cambios con rapidez serán superadas por la competencia o expulsadas del mercado.

Ese viejo refrán de que dice que hay que «renovarse o morir» nunca ha sido más relevante que en la actualidad. Consideremos tres o cuatro problemas graves que suponen una amenaza para cualquier empresa:

- La tecnología radicalmente disruptiva.
- El crecimiento basado en adquisiciones.
- El mantenimiento de una cultura obsoleta que no consigue atraer talento.

Las compañías que no tengan la agilidad suficiente para adaptarse a los cambios serán superadas por la competencia o acabarán fuera del mercado.

Pero ¿cómo pueden las empresas responder de forma efectiva a los vertiginosos cambios que se producen actualmente en el mercado y en la nueva fuerza laboral?

A nuestro juicio, la clave reside en convertirse en organizaciones mucho más *ágiles*; y la agilidad, cuando existe en una empresa, es consecuencia de su cultura. ¿Está la cultura enfocada en el cliente y es rápida y eficiente? ¿O bien se centra en la propia estructura empresarial y se encuentra lastrada por la burocracia?

Revisar el organigrama y generar una estructura matricial, horizontal, no es suficiente; según los resultados de Gallup, la clave vuelve a ser la capacidad y la excelencia de los líderes.

Esto es así tanto si se mantiene una estructura jerárquica tradicional como si se establece una de carácter matricial, distribuyendo la gestión del personal entre múltiples roles. El problema es que los malos líderes generan barreras para la agilidad, ya que no gestionan el cambio de manera efectiva, sino que culpan a la empresa cuando se encuentran con dificultades, y no cooperan ni comparten información con otros departamentos.

En cambio, los buenos líderes generan a su alrededor una mentalidad ágil, puesto que fomentan el compromiso entre los miembros de su equipo, gestionan de forma adecuada el desempeño, forman y asesoran de manera eficaz y colaboran con todos los departamentos de la empresa. De hecho, incorporan esta agilidad en cada fase del ciclo profesional del trabajador (selección, contratación, incorporación) y potencian el desempeño y el desarrollo de cada individuo. Es decir, crean oportunidades en lugar de perderlas.

Pero los líderes de equipo no pueden hacer todo esto solos. Al igual que el resto de los trabajadores, necesitan el impulso y el apoyo de su organización. Por ejemplo, es imprescindible que los sistemas de gestión del capital humano sean sencillos de aprender y usar, ya que los líderes de equipos de alto desempeño deberían invertir su tiempo en aprovechar las fortalezas de su personal en lugar de andar peleándose con la tecnología.

En resumen, una empresa no podrá gozar de una cultura ágil hasta que sea capaz de desarrollar a sus directivos y líderes de la forma adecuada: marcándoles unas expectativas claras, facilitándoles un *coaching* o acompañamiento y asignándoles una serie de responsabilidades.

CAPÍTULO 47

EL TRABAJO POR PROYECTOS: LA NUEVA RELACIÓN EMPRESA-COLABORADOR

Aproximadamente uno de cada cuatro trabajadores de tiempo completo y uno de cada dos de medio tiempo tienen un trabajo independiente.

Desde la Gran Recesión de 2008, muchos observadores se han quedado fascinados por el auge de los trabajadores eventuales o «gig workers», un término que designa a los profesionales independientes que no mantienen la tradicional relación empresa-colaborador.

Pero ¿por qué hay tantos trabajadores eventuales?

Según los hallazgos de Gallup, *el 36 % de los trabajadores estadounidenses participan de este tipo de economía de proyectos, es decir, hacen trabajos puntuales para diferentes empresas como actividad principal o secundaria, mediante contratos de corta duración o como autónomos.* La economía de proyectos abarca casi cualquier tipo de servicio, desde diseño gráfico a enfermería y cuidado de mayores, pasando por el trabajo de profesores o conductores de Uber.

Obviamente, la posibilidad de trabajar remotamente vía internet ha cambiado radicalmente las relaciones laborales. En la actualidad, el 6,8 % de los trabajadores a tiempo completo (y el 7,3 % del total) prestan sus servicios de forma independiente y a través de plataformas online (como Uber).

Algunos llaman a este nuevo sistema de libre mercado la «economía Uber».

Se denomine como se denomine, supone, desde luego, una ruptura radical de las tradicionales relaciones empresa-colaborador. Hasta no hace mucho tiempo, las empresas tenían la responsabilidad de cuidar de sus empleados y estos eran, a su vez, leales a la empresa. Los trabajadores permanecían en una misma empresa durante muchos años y la organización los recompensaba con una generosa pensión. Había una especie de *contrato social* no escrito entre empleados y empresas.

Ese concepto sería impensable para muchos profesionales actuales, que mantienen una relación no tradicional con sus jefes. Hoy en día es habitual tener un empleo tradicional y además una o varias «ocupaciones secundarias». Es posible trabajar para múltiples plataformas online y también tener un puesto con contrato a través de una agencia de trabajo temporal. De este modo, lo que las empresas y colaboradores esperan unos de otros ha cambiado de manera radical.

Muchas empresas ya emplean de forma habitual a gran cantidad de personal eventual o contingente para, de ese modo, maximizar su capital humano. Aun así, todavía no está claro si el trabajo por proyectos es beneficioso a largo plazo para los trabajadores y las organizaciones.

CAPÍTULO 48

TRABAJADORES EVENTUALES: ¿DESESPERADOS O SATISFECHOS?

Casi dos tercios de los trabajadores eventuales dicen estar ejerciendo su actividad preferida.

La controversia en torno a la economía de proyectos y el trabajo eventual se ha centrado sobre todo en las implicaciones de esta tendencia para el mercado laboral actual. ¿Aceptan los trabajadores proyectos esporádicos por desesperación, haciendo lo necesario para subsistir? ¿O bien optan voluntariamente por escapar del estricto horario de 9 a 5 y así gozar de mayor flexibilidad y autonomía?

Investigaciones recientes sugieren que la segunda opción es la más frecuente. El Instituto McKinsey Global halló que el 30% de los trabajadores independientes adoptan esta modalidad por pura necesidad, mientras que el 70% restante la eligen de forma voluntaria. Por otro lado, un estudio de la Unión de Trabajadores Autónomos y de la Plataforma Upwork reveló que el 63% de los profesionales autónomos llevan a cabo trabajos puntuales por preferencias personales y no por necesidad.

El estudio de Gallup reveló, por su parte, que es un 64% de los trabajadores por proyectos el que prefiere la actividad independiente, frente al 71% de los trabajadores por cuenta ajena que afirman lo mismo respecto a su propia situación. Dentro de este grupo de trabajadores por proyectos, quienes en mayor medida lo prefieren son los contratistas independientes, en comparación con los empleados temporales y con contrato.

Por otra parte, es más probable que los trabajadores independientes más veteranos prefieran este tipo de actividad que sus homólogos más jóvenes. También hay gente que solo quiere hacer este tipo de trabajo a tiempo parcial: en concreto, seis de cada diez trabajadores eventuales que trabajan menos de 30 horas semanales afirman que no quieren hacer horas extras.

LA EXPERIENCIA DEL TRABAJADOR DEPENDE DEL TIPO DE TRABAJO POR PROYECTOS

En general, los profesionales independientes se sienten igual de comprometidos con su trabajo y satisfechos con sus jefes que los colaboradores tradicionales. Pero eso también depende de la modalidad en la que se encuadren. Así, por ejemplo, los autónomos y quienes ofrecen sus servicios a través de plataformas online se sienten más comprometidos que quienes trabajan con contrato, bajo demanda o de forma temporal.

Lógicamente, es menos frecuente que este tipo de profesionales independientes se sometan a evaluaciones y a programas de formación por parte de una empresa. En cambio, y en contra de lo que se podría esperar, sí suelen darse relaciones sociales con otros compañeros de trabajo, sobre todo en el caso de contratistas independientes y profesionales que ofertan sus servicios a través de plataformas online. La tecnología ha sido clave para salvar esta brecha social.

El tema de las prestaciones es uno de los mayores dilemas a los que se enfrentan los trabajadores eventuales. Por las características de este tipo de empleo, es menos probable que el trabajo se pague a tiempo y de forma justa, aunque, por otro lado, estas personas disponen de un horario flexible que les compensa en parte y se adecúa mejor a su estilo de vida.

No cabe duda de que en el futuro los trabajadores independientes van a equilibrar la balanza. Las empresas deberían también atraer, contratar y retener a este tipo de trabajadores al diseñar sus estrategias. Algunas empresas compiten *por* los trabajadores temporales para satisfacer una necesidad, mientras que otras están compitiendo *contra* el empleo temporal para contratar a los mejores y más brillantes.

Los más optimistas proclaman que la economía de proyectos constituye una tendencia hacia un mayor grado de autonomía y empoderamiento del trabajador. Quizá, también, ofrezca oportunidades a personas que de otro modo no trabajarían, como la gente que se queda en casa para cuidar de sus hijos o de familiares dependientes. Desde luego, es una vía potencialmente beneficiosa para la economía a largo plazo, que se irá abriendo más y más a medida que las nuevas tecnologías permitan explorar nuevas posibilidades de producción.

Por el contrario, esta tendencia puede también conducir al deterioro del contrato social entre empleados y empresas, a medida que las compañías contraten cada vez más los servicios de trabajadores independientes para reducir costos laborales y operativos.

CAPÍTULO 49

LA INTELIGENCIA ARTIFICIAL YA HA LLEGADO: ¿Y AHORA QUÉ?

El 73% de los estadounidenses afirma que la implantación de la IA propiciará una pérdida neta de empleos.

La automatización generada por la IA se está convirtiendo en realidad a pasos agigantados y acabará por influir en todos los sectores laborales, desde el transporte hasta al servicio doméstico, de la cirugía hasta la producción industrial. De hecho, ya está afectando al trabajo en centrales telefónicas y entidades bancarias.

Lo que la ciencia-ficción ha planteado durante décadas está sucediendo en el mundo laboral del presente. Casi la mitad (47%) de los puestos de trabajo de los Estados Unidos se ven hoy en día amenazados por la automatización.

Tres cuartas partes de la población (76%) está convencida de que la IA cambiará la forma de trabajar y de vivir en la próxima década, si bien el 77% espera que esos cambios sean en su mayoría positivos.

Pese a ello, los estadounidenses también temen al futuro en este sentido: el 63% cree que la implantación definitiva de la IA aumentará la brecha entre ricos y pobres.

A los trabajadores de Estados Unidos les preocupa más perder su trabajo a causa de la IA que por los inmigrantes. Casi seis de cada diez estadounidenses piensan que la automatización de procesos es la mayor amenaza para los trabajadores de este país, mientras que cuatro de cada diez creen que lo es la inmigración.

No obstante, solo el 13% espera que su empleo actual desaparezca por culpa de la automatización en los próximos cinco años; el doble (26%) piensa que esto ocurrirá, muy probablemente, en los próximos 20 años.

Así, a pesar de que aún es poca la gente que se muestra preocupada por perder el trabajo en las dos próximas décadas, es general la visión (y el temor) de los grandes cambios que están por venir.

¿EN QUÉ SECTORES SE PERDERÁN MÁS EMPLEOS?

El trabajo más común en Estados Unidos —el de comerciante minorista— es también el que tiene más posibilidades de verse drásticamente reducido, según un informe publicado por Carl Frey y Michael Osborne, de la Universidad de Oxford. Los puestos en restaurantes de comida rápida, de cajeros, secretarias o auxiliares administrativos seguramente también se reducirán; y tanto enfermeros como profesores podrían añadirse a esta lista.

Una amplia mayoría de estadounidenses que trabajan en los sectores de la reparación y la industria, administración, servicios y transportes, así como financiero, de seguros e inmobiliario, creen que la IA eliminará más empleos de los que creará en su sector.

Entonces, ¿qué puestos de trabajo están exentos de ese riesgo? La población estadounidense piensa que el derecho y la Administración Pública son los sectores menos vulnerables a la sustitución de personal por inteligencias artificiales, y solo el 9% manifiesta que se producirá un descenso del empleo relacionado con la IA en estos sectores en primer lugar. Además, los ciudadanos de Estados Unidos tienen el convencimiento de que los trabajos relacionados con las artes, el entretenimiento y los deportes, así como los vinculados a servicios sociales y comunitarios están a salvo de la IA; solo el 15 y 16% de los encuestados, respectivamente, afirma que estos serán los primeros puestos de trabajo en desaparecer.

En este caso, la opinión pública y los pronósticos de los expertos coinciden: las actividades que requieren de habilidades sociales, creatividad o un alto nivel académico tienen menos probabilidad de ser automatizadas. Así, profesiones como las de asesor, terapeuta o policía probablemente seguirán siendo ejercidas por seres humanos en el futuro próximo.

Otra cuestión es la transición cultural, que llevará sin duda algún tiempo. Por ejemplo, la mayoría de inversionistas siguen prefiriendo mantener una relación personal con su asesor a la hora de tomar decisiones, aunque los «roboadvisors» o asesores automáticos continúen generando titulares de prensa. También muchos servicios se convertirán en «mixtos», con lo cual los clientes podrán obtener lo mejor de ambos mundos: herramientas tecnológicas y relación personal. Gallup ha encontrado que la mayoría de los clientes fieles a un servicio usan tanto canales automatizados como humanos para acceder a dicho servicio.

¿QUÉ SECTORES GANARÁN PUESTOS DE TRABAJO?

La automatización, a pesar de resultar muy preocupante para algunos, ha sido a lo largo de la historia una importante generadora de empleo. Por ejemplo, los avances tecnológicos en el transporte y las comunicaciones han creado millones de puestos de trabajo. Pese a ello, Erik Brynjolfsson y Andrew McAfee, del MIT, advierten sobre la progresiva disociación entre la productividad y los ingresos, hasta tal punto que los avances tecnológicos tenderán a destruir empleos de baja cualificación en lugar de crearlos.

Por otro lado, a medida que la demanda del comercio electrónico crezca, habrá seguramente más necesidad de que las personas trabajen junto a las máquinas. Por ejemplo, los robots de almacén realizan tareas que las personas no desean hacer —como las que implican un gran esfuerzo físico—, pero no tienen aún la capacidad para asumir actividades no planificadas, por lo que siguen necesitando supervisión. Según la revista *Inc.*, desde 2014 Amazon ha usado 100.000 robots en 25 almacenes de todo el mundo, y al mismo tiempo ha triplicado su fuerza de trabajo humana, al pasar de 45.000 a casi 125.000 empleados.

Asimismo, un estudio mundial de Accenture sobre mil grandes empresas identificó tres categorías de puestos de trabajo que se crearán gracias a la IA:

- **Entrenadores** para enseñar a los sistemas de IA cómo interpretar las interacciones y las perspectivas.
- **Explicadores** para interpretar a la IA y hacerla útil para la toma de decisiones.
- **Personal de mantenimiento** para evaluar el rendimiento y la ética de la IA.

La formación continua es otra nueva expectativa sobre la IA. *La mayoría de los estadounidenses (61 %) creen que las empresas deberían responsabilizarse de la actualización y reconversión profesional necesaria para sus trabajadores como consecuencia de la irrupción tecnológica.*

En diciembre de 2017, Google incrementó su número de trabajadores hasta alcanzar la cifra de más de 10.000 gestores de contenido y demás personal de control para detectar contenido censurable en YouTube. Según Google, se usarán los datos proporcionados por esos gestores humanos para generar un aprendizaje automático más potente que sea capaz de localizar y marcar tales contenidos. Este es solo un ejemplo de la interacción entre máquinas y mano de obra humana.

A pesar de que las personas sienten cierta inquietud ante la posibilidad de que los robots ocupen sus puestos de trabajo, al comienzo de cada nueva era tecnológica sigue siendo objeto de debate si los avances destruirán empleos con mayor rapidez de lo que los crearán. Las opiniones de los expertos están divididas sobre esta cuestión.

Una cosa sí es cierta: la IA va a seguir modificando de forma significativa la manera de hacer las cosas en el trabajo.

CAPÍTULO 50

INTELIGENCIA ARTIFICIAL: LA ADAPTACIÓN DE LOS CENTROS DE TRABAJO

La automatización más desarrollo humano triunfará, sin duda, sobre la mera automatización.

¿En qué lugar dejan a las organizaciones todos estos mensajes ambivalentes sobre la IA, por no hablar de la ansiedad y la incertidumbre que genera?

Si de algo estamos seguros es de que la automatización tendrá un mayor impacto en los centros de trabajo que en otros aspectos de la sociedad. Si bien se desconoce aún gran parte del *cómo* y del *cuándo*, ya hay dos cosas que los líderes empresariales pueden hacer con el fin de prepararse para los próximos diez años:

1. **Invertir en la gente.** Aunque pueda parecer contraintuitivo, en un mundo cada vez más automatizado las personas van a ser más importantes que nunca. Los trabajos más relevantes del futuro requerirán de habilidades sociales, y las interacciones humanas seguirán siendo la mejor manera de construir relaciones con los clientes. Cuando todo esté automatizado, los clientes tendrán unas expectativas más altas en las interacciones cara a cara; un ejemplo actual de esto es la Genius Bar de las tiendas Apple.

   Los empleos del futuro también precisarán creatividad y habilidad para aprender con rapidez. En resumen, las empresas habrán de ser mucho mejores y más rápidas en el desarrollo de su personal.

   Las investigaciones de Gallup han descubierto que solo tres de cada diez trabajadores en Estados Unidos piensan que alguien de su trabajo estimula su desarrollo; y cuatro de cada diez afirman que en el último año han tenido oportunidades para aprender y crecer en el trabajo. Estos índices se reducen gradualmente a medida que la gente se hace mayor. Por tanto, y para mejorar esta situación, los líderes tienen que esforzarse mucho más (y mejor) para ayudar a sus equipos a desarrollarse, si pretenden satisfacer las futuras necesidades del mercado. Sin duda, automatización más desarrollo del personal será la fórmula ganadora, frente a la mera automatización.

2. **Comunicar las oportunidades futuras.** Si se cumplen las predicciones más extremas, en los próximos años habrá muchos cambios de roles y también despidos masivos; y enfrentarse a este tipo de problemas organizacionales requiere una comunicación clara y comprensible. Los líderes deberán ser transparentes al comunicar hacia dónde se dirige su empresa y qué necesita para triunfar en el futuro. Y es que, cuando se produzcan los cambios, los trabajadores tendrán que saber qué rol deben desempeñar, ver un futuro de oportunidades, y los líderes deberán estar preparados para mostrárselas.

CAPÍTULO 51

ACTUALIZACIONES TECNOLÓGICAS: SISTEMAS GCH Y OTRAS SOLUCIONES

El objetivo es combinar la tecnología con la naturaleza humana, pero empleando esta última como base, y no al revés.

Los sistemas de Gestión del Capital Humano (GCH, originalmente HCM, *Human Capital Management*) están diseñados para maximizar los conocimientos a partir de los datos existentes y para todo tipo de actividades en una empresa: selección de personal, análisis de candidaturas, procesos de incorporación, gestión del tiempo, absentismo, rotación de personal, desempeño, prestaciones, planificación de sustituciones y sucesiones, desarrollo profesional, aprendizaje y compromiso del colaborador.

Ahora bien, aunque los seres humanos construyen sistemas y máquinas cada vez más capaces y autónomos, su finalidad sigue siendo usarlos para mejorar el desempeño y el bienestar humano. *La tecnología cambia en cuestión de meses. Los cambios en la naturaleza humana requieren milenios.*

El objetivo, por tanto, es combinar la tecnología con la naturaleza humana, pero empleando esta última como base, y no al revés.

En este sentido, es importante entender cómo pensaban quienes concibieron las primeras máquinas. El cerebro humano necesita cumplir ciertos requisitos para usar sus inventos de manera efectiva. Aquí exponemos algunos de ellos:

- **Orientado al progreso:** ser capaz de progresar y alcanzar una meta es crucial, pero si el método de medición que proporciona la tecnología es demasiado limitado, vago o confuso puede jugar en contra de los objetivos generales de una organización y frustrar a los usuarios.

- **Fiable, predecible y seguro:** el cerebro humano necesita confiar en la máquina con la que trabaja, igual que las personas entre sí. La *previsibilidad* y la *confiabilidad* determinan, pues, la confianza en un sistema. La tecnología ha de generar la idea fiable de que va a producir un beneficio (previsibilidad). Así mismo, la calidad de los datos introducidos en el sistema y su funcionalidad determinarán si las personas vuelven a usarlo o no (confiabilidad).

○ **De uso sencillo:** Daniel Kahneman describe los dos sistemas existentes en el cerebro: el sistema 1 funciona con rapidez y tiende a los prejuicios; el sistema 2 es más lento y reflexivo. El cerebro puede ser vago y quedarse por defecto en el sistema 1 cuando se le demandan demasiadas cosas. Por tanto, la gente necesita confiar en que la tecnología resolverá sus problemas más complejos, como la selección de personal.

○ **Agradable e incluso divertido:** casi todo lo positivo que experimentamos —como obtener algo importante o placentero, oír una voz familiar o recibir *feedback* inspirador— provoca un incremento automático en los niveles de dopamina que nos hace sentirnos bien. Del mismo modo, la tecnología debería lograr siempre que la gente quisiera volver a usar un determinado sistema o dispositivo porque es agradable y divertido hacerlo.

○ **Personalizado:** los sistemas electrónicos más efectivos tienen en cuenta las fortalezas, debilidades, circunstancias y experiencias de cada usuario y, en función de todo ello, automatizan, aprenden y suministran información personalizada para cada individuo.

No obstante, los sistemas GCH pueden fallar por diversas razones: errores legales o relacionados con la seguridad de la información; baja calidad de los datos; planificación ineficiente; fallos en la gestión de cambios; o introducción de información equivocada, lo cual genera desconfianza o falta de compromiso entre líderes, directivos y empleados.

Veamos el siguiente ejemplo: conscientes de que está demostrado que el reconocimiento es un factor importante para generar compromiso en los trabajadores, los responsables de una empresa empezaron a usar una herramienta digital de suministro de reconocimiento para sus empleados; cualquiera podía usarla para otorgar reconocimiento a otro en cualquier momento. Hasta aquí, todo bien.

Pero la cuestión es el que sistema no discriminaba respecto a quién recibía el reconocimiento. Así, los trabajadores menos productivos tenían las mismas probabilidades de obtenerlo que los más eficientes. Dado que el paso previo no había sido entrenar al personal sobre cómo otorgar reconocimiento de manera efectiva, las buenas intenciones de la empresa finalmente fracasaron.

Las empresas también pueden usar la tecnología para saber cómo gestionan su tiempo los colaboradores: cuánto pasan en reuniones con clientes o compañeros, o usando el correo electrónico. Antes de eso, una serie de analistas determinarán la cantidad adecuada de tiempo para cada actividad. No obstante, controlar el tiempo que la gente puede dedicar a cada aspecto de sus trabajos limita su conducta y autonomía y les aparta del propósito más amplio de generar ideas creativas que puedan tener un impacto positivo en los clientes y en su propio desempeño.

Uno de los grandes beneficios de la tecnología emergente es el aprendizaje automático integrado en los sistemas GCH y que funciona realizando análisis *ad hoc* y generando informes. Esto permite que el propio sistema genere ideas que puedan ser enormemente útiles para ejecutivos, supervisores de equipos que dan atención directa al cliente y otros mandos intermedios.

No obstante, el aprendizaje automático avanzado puede facilitar tanto el hecho de apretar un botón y obtener un resultado —en ocasiones *forzando a no frenar la inercia y pensar las cosas detenidamente*— que aumenta la probabilidad de una aplicación incorrecta del sistema.

A continuación, exponemos algunas cuestiones a considerar en la evaluación de la tecnología y los sistemas de GCH de una empresa:

- ¿Qué se pretende conseguir, cuál es el objetivo?
- ¿Saben los usuarios lo que se espera de ellos?
- ¿Se sabe cuál es el retorno de la inversión?
- ¿Se ha seleccionado un determinado sistema de GCH porque es de la misma marca que el resto de software que usa la empresa o exclusivamente porque es el mejor?
- ¿Se está usando el software más popular o llamativo, o el más adecuado y basado en fundamentos científicos?
- ¿Se está usando un software que satisfaga las necesidades futuras del personal o simplemente el que está disponible ahora mismo?
- ¿Puede personalizarse el sistema o funciona igual para todo el mundo?

○ Y, lo más importante, ¿mejora el sistema utilizado la gestión de la empresa? ¿Proporciona la información y la formación suficientes para incrementar la eficiencia de los líderes?

El poder de la tecnología, combinado con el de las personas, ejercerá un tremendo impacto en la transformación de los centros de trabajo del futuro, siempre que se aplique de forma adecuada; en este sentido, tener buenos líderes en una empresa es una garantía de que cualquier sistema tecnológico de gestión empresarial dará buen resultado.

CAPÍTULO 52

LA TOMA DE DECISIONES BASADA EN LA ESTADÍSTICA PREDICTIVA: *MONEYBALL* PARA LÍDERES

Existen millones de cosas que se pueden medir en una empresa, pero lo que sus líderes desean saber realmente es qué aspectos *cuentan realmente* cuando se trata de inclinar la balanza y de generar cambios drásticos.

Gallup viene trabajando en el sector de *Big Data* y estadística predictiva desde hace más de 80 años, lo que nos ha permitido generar importantes hallazgos respecto al mundo laboral global. Así, disponemos en la actualidad de más información sobre los *objetivos* de los siete mil millones de habitantes del planeta que muchas otras empresas e instituciones mundiales.

Asimismo, nuestros datos cubren todas las cuestiones relacionadas con el mundo empresarial: desde el compromiso global del empleado hasta las competencias de gestión, además de nuestra taxonomía de las 34 fortalezas.

La International Data Corporation estima que la *Big Data* duplica su tamaño cada dos años y que en 2020 supondrá ya más de 44 trillones de gigabytes (diez veces más que en 2013). Y es que una economía digital en constante crecimiento y los vertiginosos avances de la estadística incrementan de forma drástica el valor analítico de esta información.

Pero ¿cuál es el propósito de la *Big Data* y de la estadística predictiva? ¿Y qué pueden obtener realmente las organizaciones y sus líderes de tales datos?

La respuesta de Gallup es clara: una mejora en el proceso de toma de decisiones, sobre todo de cara a conformar equipos de alto desempeño y a conseguir nuevos clientes.

El problema es que pasar de los gigabytes a la comprensión es algo más fácil de decir que de hacer. La mayoría de líderes no necesitan más datos, sino ayuda para maximizar la utilidad de los que ya tienen. Según un estudio de KPMG, más de la mitad de los ejecutivos (el 54%) afirma que la principal barrera para el éxito es no saber identificar qué datos se deben recoger. *En cambio, el 85% afirma que no sabe cómo analizar los datos que han recopilado.*

LA CULTURA DE TOMA DE DECISIONES BASADAS EN LA ESTADÍSTICA

Según una estimación de Gartner, *el 60% de los proyectos que trabajan con Big Data fracasarán al ir más allá de poner a prueba una idea y experimentar, a causa de cuestiones culturales.* Esto es así porque la asunción de una adecuada cultura empieza por el nivel ejecutivo: los buenos líderes apoyan una cultura basada en los datos siguiendo una estrategia claramente definida que permite construirla y sostenerla.

Una adecuada cultura basada en los datos también requiere de un elevado grado de confianza en la forma en que los líderes usan tales datos. Y es que con algunas fuentes de *Big Data* existe el riesgo de violar la privacidad de los trabajadores —con prácticas como el rastreo de correos electrónicos o el acceso al calendario, por ejemplo— y también es habitual cierta inquietud respecto al anonimato de las encuestas al personal de una empresa.

Por otra parte, Gallup ha descubierto que un factor fundamental para que la estadística predictiva sea un éxito es simplificar los análisis complejos y convertir el resultado en información útil que genere beneficios instantáneos.

EMPEZAR CON UNA AUDITORÍA ESTADÍSTICA

Una empresa global de servicios invirtió en un sistema de tecnología estadística y generó una nueva división de negocio dedicada al *análisis de datos*. Después de dar estos pasos, Gallup llevó a cabo una auditoría de experiencia con datos y halló que tres de cada cinco ejecutivos de la empresa reconocía no disponer aún de la información necesaria sobre el nuevo sistema para tomar buenas decisiones.

Estas personas pensaban que su empresa estaba todavía rezagada respecto a los estándares de la industria en lo que se refiere a cuestiones estadísticas, pero la auditoría mostró que los problemas más importantes o prioritarios eran la comunicación y la gestión de procesos: la empresa carecía de capacidad para gestionar el ciclo de vida completo que requiere la estadística y que va desde la solicitud inicial de datos a la toma de decisiones final; esto llevaba a que su labor de análisis no fuera adecuada para alcanzar el éxito.

Con el fin de solucionar estos problemas, la empresa ajustó el foco y lanzó una iniciativa de gestión de cambios para hacer concordar mejor el análisis de los datos con las expectativas de los distintos equipos, así como con las capacidades, protocolos de toma de decisiones y sistemas de asignación de responsabilidades de cada miembro del personal directivo. El resultado fueron unas decisiones más adecuadas y efectivas.

A continuación, expondremos algunos de los retos empresariales que la estadística predictiva de Gallup puede abordar:

o Desarrollo de líderes: se puede emplear para evaluar las características, el desempeño y las experiencias de cada líder potencial, con el fin de maximizar los resultados y conformar equipos exitosos.

o Atracción y selección de talento: para mejorar la estrategia de selección de personal de la empresa.

o Planificación de relevos: de modo que se identifique a los mejores líderes potenciales para cada puesto con la antelación suficiente.

o Identificación de causas de la rotación de personal: sirve para examinar las causas y los costos de la rotación de empleados, en especial de los de mayor talento, de cara a lograr retenerlos.

o Mejora de la evaluación del desempeño: el fin es diseñar unas medidas de desempeño acordes con la cultura y la marca de la empresa.

o Pronóstico de automatización de funciones o puestos: también es útil para identificar aquellas funciones en las que la labor humana será sustituida por las máquinas y, de este modo, planificar mejor la formación polivalente e interdisciplinaria que necesitará el personal afectado en el futuro.

o Detección de fallos y riesgos de seguridad: permite combinar múltiples fuentes de datos para identificar situaciones de riesgo.

- ○ Diseño de sistemas de compensación y prestaciones: para otorgar recompensas equitativas y acordes con la situación del mercado; y que, por supuesto, den lugar a un mayor compromiso, bienestar, desempeño y retención del talento.

- ○ Evaluación de programas internos: para estimar el retorno de la inversión de las distintas iniciativas y políticas de la empresa.

- ○ Gestión de la diversidad e inclusión: también sirve para analizar los procesos de selección y contratación de personal y, en general, la cultura corporativa.

PARA CONCLUIR
El papel de la naturaleza humana en los resultados empresariales

Gallup ha establecido cuáles son los pasos definitivos para rastrear el papel que juega la naturaleza humana en una empresa.

Y lo ha hecho identificando y validándolos a partir de una base de datos propia de trabajadores y clientes que incluye 300.000 unidades de negocio de todo el mundo. Se trata, pues, del metaanálisis más avanzado jamás realizado sobre la economía conductual.

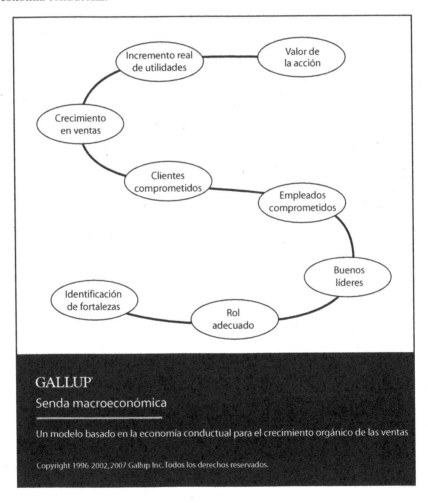

GALLUP'
Senda macroeconómica

Un modelo basado en la economía conductual para el crecimiento orgánico de las ventas

Copyright 1996-2002, 2007 Gallup Inc. Todos los derechos reservados.

Avancemos por esta senda, empezando en este caso por la parte superior.

Las empresas que cotizan en bolsa tienen como objetivo aumentar su utilidad o rentabilidad, dado que ese es el mejor sistema para aumentar el valor de sus acciones. Cuando las empresas obtienen utilidad y aumentan las acciones, todo es maravilloso: los puestos de trabajo están asegurados, los directivos se convierten en héroes para los accionistas y la prensa y, como resultado, obtienen gratificaciones. Entonces la empresa puede invertir en su desarrollo: potenciar el I+D, crear nuevos productos y departamentos, abrir oficinas en todo el mundo, adquirir otras empresas, contribuir más aún a los fondos de pensiones y de jubilación de sus trabajadores, dedicar tiempo y dinero a las necesidades de la comunidad y nutrir de manera continua a la siguiente generación de líderes, ya que lo que la empresa hace realmente funciona y conduce al triunfo.

Entonces, ¿qué papel juega la economía conductual en todo esto? El aumento de la utilidad predice un incremento de capital en un 80 % de los casos, en la misma medida que el crecimiento de las ventas predice un aumento de la rentabilidad o utilidad.

Pero conviene tener en cuenta que una organización dispone de muchas opciones para lograr ese objetivo: puede implementar un ambicioso plan de reducción de costos Six Sigma (programa de gestión optimizada), reestructurar el balance financiero a través de una amortización, redefinir los ingresos o simplemente vender una división de la empresa.

Todas estas prácticas aumentarán la utilidad y, por lo tanto, la cotización bursátil, pero para lograr tales fines de forma sostenible lo mejor es conseguir un crecimiento orgánico de las ventas.

Si eres de los que le gusta la estadística predictiva, seguramente te preguntarás: «¿Qué actividad de liderazgo o variable de la economía conductual predice mejor el incremento de las ventas?». La respuesta es clara: el compromiso de clientes. Los investigadores de Gallup lo denominan *compromiso de clientes* en lugar de *satisfacción de los clientes* porque el hecho de sentirse satisfecho con un producto o servicio no predice con seguridad que se vayan a producir más ventas y con mayor frecuencia, cosa que sí se consigue si el cliente o usuario se siente comprometido con esa marca y decide serle fiel.

El gran hallazgo relacionado con esto es que cuando el compromiso de los clientes aumenta también lo hacen las ventas. Los clientes que afirman ser fieles a una determinada empresa o marca, puntuando con un 5 en una escala del 1 al 5, frente a quienes escogen 4 o menos (en este sentido, la mayoría de los ejecutivos creen que el 4 es una buena puntuación, pero no es así), harán tres cosas que no haría el resto:

1. Comprar o contratar servicios con esa empresa con mayor frecuencia.
2. Gastar más dinero por transacción.
3. Pagar un margen mayor.

Por lo tanto, la siguiente pregunta sería: ¿qué hace que un cliente esté comprometido? La respuesta breve sería que tiene una mayor confianza en esa empresa, que siente que se le trata de manera justa y con respeto, que cuando surge un problema se resuelve de forma rápida y satisfactoria, y que experimenta cierto vínculo emocional con la marca. En resumidas cuentas, este tipo de clientes no pueden imaginarse un mundo sin los productos y servicios que les proporciona esa empresa.

En el caso de las empresas B2B, es decir, que suministran productos y servicios a otras empresas en vez de a particulares, un cliente fiel diría que la empresa que le suministra el servicio es un asesor de confianza, que entiende las características de su negocio y que ejerce un poderoso impacto en su funcionamiento.

Continuando por este sendero de Gallup vemos que igual que el compromiso de los clientes impulsa el crecimiento de las ventas y la cotización bursátil, el compromiso de los empleados incentiva dicha fidelización de clientes. Y es que la energía más poderosa para una empresa se sitúa en el punto de encuentro entre trabajadores y clientes: no solo en una de las partes, sino justo en la intersección entre ambas.

Las unidades de negocio que puntúan por encima de la media en compromiso de los trabajadores y de los clientes son, por término medio, 3,4 veces más eficientes desde el punto de vista financiero que las que puntúan en la mitad inferior en ambos parámetros.

Por más que se disponga de grandes productos, de una excelente estrategia de marketing y publicidad y, en general, de un funcionamiento económico tradicional de alto nivel, el botón conductual más importante que conviene pulsar sigue siendo el que produce un incremento en el número de empleados comprometidos; esto genera un efecto dominó: los empleados comprometidos son el germen para los clientes comprometidos, y estos a su vez hacen crecer las ventas, lo cual produce un aumento de los beneficios y, finalmente, la subida en bolsa. Y así todo el mundo sale ganando.

Para completar este sendero de forma adecuada, las empresas deben comenzar por centrarse en las fortalezas de cada trabajador (en decir, la capacidad para mantener un desempeño consistente, casi perfecto, en una actividad determinada).

Pero aún nos falta exponer un elemento de la economía conductual, y es el más importante, porque si no se hace bien todo lo demás se viene abajo. Una vez que se han analizado las fortalezas individuales y a los trabajadores se les ha asignado un trabajo casi totalmente adecuado a sus capacidades (es decir, aquel para el que tienen una habilidad natural) es preciso asegurarse de que cuenten con la supervisión de un buen líder.

El resto de pasos del sendero Gallup no tendrán ningún efecto positivo si existe un solo trabajador que tenga un mal jefe.

Si se asigna a cada miembro de un equipo un buen responsable —o, lo que es lo mismo, un gran *coach*, como ya hemos visto—, alguien que se preocupe por su desarrollo y crecimiento personal y profesional, se le habrá inyectado a la empresa un potencial ilimitado.

La clave, pues, es el líder.

APÉNDICES

APÉNDICE I

Liderar gracias a tus fortalezas: una guía de los 34 temas CliftonStrengths

En nuestra condición de seres humanos, todos somos diferentes, y los líderes no son una excepción. Los mejores poseen una aguda consciencia de sus talentos naturales y también de sus limitaciones; saben en qué invertir el tiempo para obtener el mayor provecho posible de sus cualidades; y, por supuesto, conocen las áreas en las que carecen de talento natural y necesitan la ayuda de otras personas.

Con la intención de ayudar a los lectores de este libro (y a las personas de su entorno) a detectar sus talentos, hemos incluido en este apéndice la descripción de la herramienta de evaluación CliftonStrengths. Es posible que algunas personas ya estén familiarizadas con el método CliftonStrengths gracias a los éxitos de ventas *StrenghtsFinder 2.0* y *Strenghts-Based Leadership*, o bien por la lectura de otras obras en las que se describe el método. El hecho es que esta evaluación ya ha ayudado a más de 20 millones de personas, de más de 100 países, a descubrir y describir sus fortalezas.

En la contraportada del presente libro figura la información de acceso a la herramienta de evaluación CliftonStrengths.

Ahora, en la presente sección, describiremos cada uno de los 34 temas de talentos CliftonStrengths mediante una breve definición de cada uno y algunas recomendaciones para liderar equipos si se posee los talentos de ese tema o para trabajar con otras personas que los posean. Aconsejamos usar este apéndice como referencia para construir equipos y gestionar al personal de una empresa.

ACTIVADOR / ACTIVATOR

Las personas excepcionalmente talentosas en el tema Activador pueden hacer que las cosas sucedan, ya que transforman sus pensamientos en acción. Desean poner manos a la obra inmediatamente, en lugar de solo hablar sobre lo que puede hacerse.

CÓMO LIDERAR SI TIENES EL TEMA DE TALENTO ACTIVADOR

- Lo tuyo es la acción. Demuestra a los demás que tus ideales y principios no se quedan solo en palabras; lleva a cabo actividades que promuevan los valores que te importan; marca la diferencia; haz gala de tu integridad; convierte tus acciones en un reflejo de las intenciones que has expresado.

- Actuar por actuar no es suficiente; honrar los deseos de los demás es una manera de demostrarles respeto. ¿Es esta la dirección que tu equipo desea tomar? ¿Están dispuestos a llevar a cabo lo que tú les has propuesto? Si les aseguras que estás verdaderamente a su lado y no solo pretendes alcanzar tus propios objetivos, construirás una relación de confianza y respeto que te ayudará a liderar al equipo.

- El tema de talento Activador puede ser un catalizador para crear relaciones personalizadas, cara a cara, y a continuación llevarlas al siguiente nivel. ¿Alguien necesita ayuda? Ofrécete a esa persona. Debes dar siempre el primer paso con el fin de incrementar el número de individuos que forman parte de tu red y también para profundizar en aquellas relaciones que puedan desembocar incluso en una amistad.

- Actuar con rapidez en nombre de otra persona es algo que envía un poderoso mensaje. Mostrando que te preocupas, crearás vínculos de forma mucho más rápida que limitándote a usar palabras huecas.

- Puede que la estabilidad no sea lo primero que venga a la cabeza al pensar en los Activadores. No obstante, la consistencia es parte de la estabilidad, y tú, como líder, estás ahí para ayudar a los demás a superar obstáculos y aguantar los malos momentos. Repite esto como un mantra:

«Haré saber a los demás que disfruto avanzando hacia un objetivo y resolviendo atascos». Saber que estás ahí y se puede recurrir a ti es un consuelo para los trabajadores que carecen de ese talento para la acción.

o Tal vez el coraje sea la parte de la estabilidad que mejor se te da. Cuando los miembros de tu equipo son reacios a actuar, pero saben que pueden contar contigo para que les ayudes a sacar adelante sus ideas, se sentirán confiados en que no van a tener que afrontar la tarea solos, sino que tú les permitirás salir más rápido del atolladero.

o Una manera adecuada de liderar a otros es reduciendo su temor al fracaso. «Nunca sabrás de qué eres capaz hasta que lo intentes» es una frase que resume muy bien la actitud de los Activadores. La habilidad para aumentar el optimismo y reducir el temor a un resultado negativo puede ser muy productiva. «¿Cuál sería el peor escenario posible?», les podrías preguntar. Mostrar a los demás que incluso el lado negativo de las cosas no es tan terrorífico les ayuda a avanzar más rápido hacia la consecución de sus metas.

o En ocasiones, los demás solo necesitan tu impulso para pasar del temor a la acción. Ponerse en marcha puede resultar intimidante, en especial cuando hay incertidumbre. Enseñarles la táctica de poner un pie después del otro (ir paso a paso) puede ayudarles a disminuir esa sensación. Trata de incrementar la confianza de tu equipo en que también pueden tomar la iniciativa y sigue animándoles, compartiendo su entusiasmo y ayudándoles a trabajar con ímpetu.

CÓMO LIDERAR A PERSONAS QUE TIENEN EL TEMA DE TALENTO ACTIVADOR

o Es conveniente darles la responsabilidad de iniciar y organizar proyectos que encajen bien en sus áreas de conocimiento.

o El líder deberá decirles que es consciente de su capacidad para hacer bien el trabajo y que les pedirá ayuda en ciertos momentos clave. Estas altas expectativas les darán más energía.

o Asimismo, es preciso asignar a estas personas a un equipo que se encuentre desbordado o bloqueado y en el que se habla más de lo que se actúa. Este tipo de trabajadores espolearán a los demás para ponerse en marcha.

○ Cuando estas personas se quejan, hay que escucharlas con atención para aprender de ellas. Su responsable deberá llevarlas a su terreno proponiéndoles nuevas iniciativas o mejoras de las que se pueden encargar. Conviene hacerlo de forma inmediata, porque si se deja pasar el tiempo pueden instalarse en la negatividad.

○ Es conveniente analizar cuáles son los otros temas de talento dominantes de estos miembros del equipo. Si tienen un fuerte talento en el tema Mando, es posible que sean buenos vendedores; si también son dominantes en los temas de talento de Afinidad y Sociable, serán excelentes en la selección de personal, puesto que atraerán a potenciales trabajadores con talento y les motivarán para comprometerse con la empresa.

○ Para evitar que estas personas se topen con muchos obstáculos aconsejamos emparejarlas con otras que tengan los temas de talento Estratégico y Analítico, de manera que los ayuden a ver lo que deparará el futuro próximo. En cualquier caso, es posible que el responsable del equipo tenga que interceder en dichas asociaciones para que las ganas de acción de estas personas no se vean limitadas por los deseos de sus compañeros de discutir o analizarlo todo.

ADAPTABILIDAD / ADAPTABILITY

Las personas excepcionalmente talentosas en el tema Adaptabilidad prefieren dejarse llevar por la corriente. Tienden a ser personas del «ahora» que toman las cosas como vienen y descubren el futuro cada día.

CÓMO LIDERAR SI TIENES EL TEMA DE TALENTO ADAPTABILIDAD

○ A veces, todo lo que podrás hacer será ayudar a los demás a que confíen en sí mismos y encuentren la manera de seguir adelante. Cuando los miembros de tu equipo sientan que han perdido el control de una situación, puedes hacerles ver que aún pueden obtener un resultado si reaccionan de la forma adecuada. Al confiar en su estabilidad y ayudarles a creer en lo que hacen, les estarás insuflando confianza en sí mismos.

○ No tomes siempre las riendas e intentes asumir el control de cada situación; es mejor que te perciban como alguien que les acompaña en su camino. El hecho de no tener una agenda personal, al margen de los objetivos del equipo, ayudará a que confíen en ti y en que estarás ahí de verdad para trabajar con ellos en lugar de utilizarlos para tus propios fines. Pregúntales adónde desean llegar y ayúdales a lograr esa meta; así sabrán que estás de su lado.

○ Tu equipo apreciará en especial cómo eres en el día a día junto a ellos. Por tanto, prioriza enfocarte en tus subordinados, en sus sentimientos y necesidades. Las cosas pueden cambiar en el futuro, pero lo importante es cómo se sienten ahora mismo. Respétalos y haz que se sientan especiales, enfocándote en lo que es relevante para ellos cuando trabajes en equipo.

○ Tu habilidad para seguir la corriente genera una cierta liberación de la ansiedad y las frustraciones. Y esta es una buena medicina para muchos otros perfiles de talento. Cuando los demás se estresen, relativiza y ayúdalos a encontrar el consuelo librándose de la necesidad de controlar cada aspecto de la vida; así serán más felices sean cuales sean las circunstancias.

○ Reaccionar ante la tarea que tienes entre manos es una de tus mayores cualidades. Eres consciente de cada situación y prestas atención a los demás; esto les hace sentirse cuidados y atendidos. En ocasiones, ejerces de líder reaccionando a los estados emocionales de otras personas y ayudándolas a elegir correctamente lo que necesitan. Así logras que te perciban como su aliado cuando tienen una determinada necesidad.

○ ¿La estabilidad y la adaptabilidad son compatibles? Claro que sí. Piensa, por ejemplo, en una palmera con el tronco bifurcado: así es lo bastante fuerte como para resistir los vientos huracanados. De forma similar, tu falta de rigidez ayuda a los demás a sentirse seguros. A veces la gente se desvía de sus planes iniciales por un obstáculo o una alternativa que surge en el proceso. Tú puedes ayudarles a considerar esas «carreteras secundarias» como opciones necesarias, incluso preferibles, para alcanzar el éxito final. Haz que persistan cuando los obstáculos amenacen sus planes y convénceles de que pueden seguir adelante.

○ Se sabe que la paciencia es una virtud, pero es posible que tengas que recordárselo a tu equipo de vez en cuando. La gente que necesita acción constante y resultados rápidos tiende a darse por vencida con facilidad y a no ser perseverante. Tú puedes darles consuelo y refugio, incitándoles a relajarse y dejar que la naturaleza siga su curso. El resultado superará sus expectativas.

○ Es tu responsabilidad dar permiso a los miembros de tu equipo para dejar de preocuparse tanto por controlarlo todo y empezar a vivir. Inspírales compartiendo con ellos tu perspectiva, experiencia y sabiduría.

○ Una de las mejores cosas que puedes transmitir a otras personas es la capacidad de aceptación. Una vez que algo, positivo o negativo, ya ha pasado, ¿cómo puedes ayudar a los demás a hacer frente a los resultados y seguir adelante? Piensa en las situaciones en las que has asumido lo que no podías controlar. ¿Qué sentiste? ¿Qué hiciste al respecto? ¿Cómo puedes ayudar a otras personas a comportarse igual?

CÓMO LIDERAR A PERSONAS QUE TIENEN EL TEMA DE TALENTO ADAPTABILIDAD

- ○ Este tipo de personas reaccionan y responden a las situaciones, así que es conveniente colocarlas en puestos en los que el éxito dependa de su habilidad para adaptarse a los imprevistos y asumir cualquier resultado.

- ○ Conviene dejar que conozcan los planes de su responsable, pero, a menos que también tengan una buena capacidad en el tema Enfoque, no se debe esperar que participen en la planificación, ya que es probable que la consideren una tarea aburrida.

- ○ Es necesario analizar otros temas dominantes de estas personas. Si también tienen dominante el tema de talento Empatía, podrían ocupar puestos en los que atiendan y satisfagan las necesidades de los clientes o invitados. Si son fuertes en el tema Desarrollador, es recomendable asignarles un papel de mentor.

- ○ Es recomendable liberar a estos trabajadores de la obligación de asistir a reuniones enfocadas en el futuro (como aquellas programadas para fijar objetivos o planificar la carrera profesional). Como son individuos centrados en el «aquí» y el «ahora», es probable que perciban estas reuniones como irrelevantes.

AFINIDAD / RELATOR

Las personas excepcionalmente talentosas en el tema Afinidad disfrutan de tener relaciones estrechas con los demás. Obtienen una profunda satisfacción al trabajar intensamente con amigos para conseguir juntos un objetivo.

CÓMO LIDERAR SI TIENES EL TEMA DE TALENTO AFINIDAD

○ Las relaciones importantes dan lugar a compartir confidencias; construye, pues, y mantén la confianza de los demás guardando el secreto de lo que cada cual te cuente. Vulnerar este principio puede suponer la pérdida total de esa confianza.

○ Sabes muy bien que profundizar en una amistad conlleva un riesgo, pero te sientes más cómodo que la mayoría aceptando ese hecho e incluso reconociéndolo en voz alta. Diles a esas personas que precisamente es esa profundidad de la relación lo que ha generado la confianza entre ustedes.

○ Asegúrate de dedicar suficiente tiempo a tener conversaciones cara a cara con las personas importantes para ti. Consolida tus relaciones y genera energía emocional para compartir con los demás, pues eso es lo que perdura. No pierdas la oportunidad de mostrar que te preocupas por quienes tienes alrededor.

○ Como persona con habilidades sociales, es posible que obtengas y des más amor y amistad que el resto. Diles a los demás que tu relación con ellos te hace feliz y pregúntales, a tu vez, qué influencia tiene en su propia felicidad. Demuéstrales, además, que te preocupas por su bienestar.

○ Las relaciones cercanas y duraderas son muy satisfactorias para ti. Ya sea en el seno de tu familia, de tu círculo de amigos o en el trabajo, diles a las personas importantes que esperas que su relación dure para toda la vida, estableciendo así una expectativa de apoyo mutuo continuo, comprensión y estabilidad.

○ Te sientes mejor en situaciones informales, pero probablemente si tu empresa es muy grande requerirá estructuras más bien formales. Incluso ante esa realidad, puedes ayudar a los demás a entender la importancia de las relaciones fluidas, creando así una isla informal en medio del mar de formalidades de la empresa.

○ Una de tus características es la generosidad, pero para que esta se mantenga tienes que asegurar que el flujo de entrada compensa el de salida; en otras palabras, identifica a las personas y las cosas que te satisfacen y dedícales tiempo, pues esto te insuflará más energía para compartirla con los demás.

○ Por tu forma de ser tienes facilidad para construir relaciones que perduran y para dar a los demás una perspectiva diferente sobre sus vidas. Sigue así, ayuda a quienes aprecias a tener una mayor amplitud de miras y a saber que marcan la diferencia.

CÓMO LIDERAR A PERSONAS QUE TIENEN EL TEMA DE TALENTO AFINIDAD

○ Recomendamos ayudar a estas personas a identificar las metas de sus colegas, puesto que es más probable que establezcan lazos con los demás cuando entiendan sus objetivos y aspiraciones.

○ Pueden ejercer un papel clave para la empresa estableciendo relaciones con las personas a las que se desea retener en la compañía.

○ Presta atención a otros temas dominantes de estas personas. Si muestran una fuerte evidencia de talentos como Enfoque, Coordinador o Autoconfianza, pueden tener el potencial para dirigir a otros. Los empleados tienden a trabajar más duro si saben que su líder estará ahí si lo necesitan y desea el éxito de todos. Aquellos que tienen un talento fuerte en el tema Afinidad pueden establecer fácilmente este tipo de relaciones.

○ Es muy probable que sean, además, personas generosas. Es preciso llamar su atención sobre este hecho y mostrarles cómo su generosidad les puede ayudar a conectar con e influir a quienes tienen alrededor. Apreciarán el interés y además la relación con su líder se verá reforzada.

ANALÍTICO / ANALYTICAL

Las personas excepcionalmente talentosas en el tema Analítico buscan razones y causas. Tienen la capacidad de considerar todos los factores que podrían afectar a una situación.

CÓMO LIDERAR SI TIENES EL TEMA DE TALENTO ANALÍTICO

- Piensa en aquellas cosas que sueles apoyar y respaldar. Como los demás confían en tu capacidad de análisis, es bastante probable que sigan tus indicaciones sin investigar por su cuenta. Esto a veces está bien, pero también pueden necesitar tu ayuda para darse cuenta de que lo que es positivo para ti tal vez no lo sea para ellos. Tu propósito debe ser contribuir a que valoren cada situación en función de sus propias necesidades y deseos, en lugar de dejarles asumir siempre tus decisiones. Si saben que quieres lo mejor para ellos, confiarán más aún en ti.

- Sueles descubrir con facilidad y rapidez lo que es real, veraz y honesto, por lo que tu equipo te tomará como referencia ante cualquier información o situación conflictiva o confusa. Plantéatelo como una forma de apoyar a los demás sin esperar a que te lo pidan. Ve siempre más allá; tus subordinados te respetarán y confiarán en tu capacidad proactiva.

- Mucha gente se sentirá atraída por tu forma de analizar la realidad en busca de la verdad, pues es algo que estimula el debate y la puesta en común de ideas, y supone un constante desafío para los demás. Juega con estas cosas, explora nuevas ideas y separa los hechos de las meras conjeturas. Genera un ambiente distendido para que el debate y la discusión sean como un juego y se forje así una relación disfrutable para todos.

- Sé compasivo y afectuoso con los miembros de tu equipo que estén en crisis porque se sienten abrumados por los datos y la toma de decisiones; intervén para ayudarles a determinar qué es real y qué puede mejorar sus posibilidades de acertar ante una situación difícil.

○ Los datos son una fuente de seguridad para muchas personas; si la estadística y la ciencia los respalda, estarán dispuestas a aceptar un plan y sus consecuencias. Como tú sueles examinar todas las posibilidades de una situación o tarea, les transmitirás esa sensación de seguridad que muchos necesitan. Por tanto, lleva a cabo tus tareas siempre con mucho cuidado y rigor, y sé consciente de que los demás están observándote para seguir tu ejemplo.

○ Tu respaldo puede proporcionar al equipo una sensación de confianza para basarse en su propio juicio y, de este modo, avanzar y actuar por sí mismos. Si crees que alguien está tomando buenas decisiones, házselo saber; tu apoyo a sus opiniones le dará la fuerza necesaria para seguir adelante.

○ Es tu obligación dar importancia a las actitudes correctas de tu equipo ante situaciones difíciles. Es posible que ellos traten de adivinar cómo te sientes o qué harías tú en su lugar, por lo que es mejor facilitarles las cosas alabando su buen juicio y animándoles a afrontar lo que viene. Si crees que por ese camino irán bien las cosas, lo mejor es decírselo.

○ Si tus subordinados te piden consejo para tomar una decisión, propón que analicen ellos mismos la información y enséñales a hacerlo. Hay que ser consciente de que muchas personas no serán capaces de seguir tu ejemplo, pero otras sí, y querrán estudiar tus métodos. A pesar de que para ti este sea un proceso tan habitual que te salga automáticamente, es necesario que hagas el esfuerzo de articular los pasos que usas para ese análisis. Si detectas en tu equipo la existencia de gente predispuesta a aprender, aprovecha y enséñales todo lo que puedas.

○ El beneficio puede ser mutuo. Colabora con personas orientadas a la acción y ayúdalas a tomar decisiones sabias y bien ponderadas. A ambas partes les vendrá bien y les servirá para crecer.

CÓMO LIDERAR A PERSONAS QUE TIENEN EL TEMA DE TALENTO ANALÍTICO

○ Para explicar a este tipo de personas una decisión ya tomada, lo mejor es exponer la lógica de dicha decisión de forma muy clara. A un líder esto le puede parecer redundante e innecesario, pero para estas personas tal nivel de detalle es esencial si se pretende que se comprometan con una decisión.

○ Cada vez que tenga la oportunidad, el líder debe reconocer y alabar la habilidad de estas personas para el razonamiento, pues así se sentirán orgullosas de sí mismas.

○ Es preciso recordar que este perfil necesita cifras exactas y bien cotejadas. No hay que darles datos de mala calidad y hacerlos pasar por evidencias.

○ A esta clase de trabajadores se le da bien descubrir patrones en los datos. Por tanto, hay que darles la oportunidad de explicarse al respecto, puesto que eso les motivará y les ayudará a consolidar su relación con el equipo.

○ No en todas las ocasiones se va a estar de acuerdo con estas personas, pero siempre hay que tomarse en serio su punto de vista, ya que es seguro que habrán reflexionado sobre cada punto a considerar.

APRENDEDOR / LEARNER

Las personas excepcionalmente talentosas en el tema Aprendedor tienen un gran deseo de aprender y desean mejorar constantemente. Les estimula más el proceso de aprendizaje que el resultado.

CÓMO LIDERAR SI TIENES EL TEMA DE TALENTO APRENDEDOR

- Ten siempre la honestidad de admitir que todavía estás aprendiendo. Mostrarte vulnerable y abierto a aprender te situará al mismo nivel que los demás y será una muestra de que existen expectativas compartidas, no distantes de las de tu equipo.

- Respeta siempre a quienes sepan más que tú sobre algo. Algunos líderes sienten la necesidad de estar «por encima» de sus subordinados en todas las áreas, pero esa actitud no es realista, resulta improductiva e impide el progreso. Te aconsejamos, en cambio, que aprecies y te intereses por lo que saben los demás, escuchándolos y confiando en ellos como expertos en ciertos ámbitos.

- Aprender con otras personas genera una situación de descubrimiento mutuo. Cuenta siempre con tus compañeros para que aprendan contigo. Si te preocupas lo bastante por alguien como para pedirle que se una a tu proceso de aprendizaje, crearás un recuerdo compartido y generarás un vínculo.

- Aprecia y celebra siempre los éxitos de aprendizaje de los demás, ya sea un título, una certificación, una prueba o la mejora del resultado en un informe de rendimiento. Haz saber a tus subordinados que eres consciente del esfuerzo que conlleva el crecimiento personal y profesional. Está bien enfatizar el resultado, pero también reconocer el mérito del proceso. Es decir, el aprendizaje tiene un valor, igual que lo tiene el aprendiz.

- Cuando inviertes en el desarrollo de alguien, le estás diciendo sin palabras «que te importa, que seguirá en tu equipo mucho tiempo y que merece esa inversión». Esto suele dar tranquilidad a los trabajadores, pero si tienes oportunidad verbalízalo también.

- Aprender lleva tiempo, por lo que el hecho de mostrar paciencia transmite a tus subordinados la idea de que no son prescindibles, sino que crees en ellos, los valoras y los apoyas en su desarrollo.

o   Tu entusiasmo por aprender tal vez sea compartido por muchas otras personas de tu empresa, así que sería buena idea plantear un programa de formación continua al que pueda optar todo el personal de la empresa.

o   La investigación crea un soporte común para el aprendizaje y la producción. Si la gente tiene la oportunidad de aprender y desarrollarse mientras trabaja, se sentirá más comprometida con la compañía y será más productiva. Valora si los miembros de tu equipo sienten que sus necesidades formativas se están cubriendo; luego establece hitos personalizados y no te olvides de recompensar los logros obtenidos en la formación. Todo esto animará a tu gente a ponerse metas aún más altas.

CÓMO LIDERAR A PERSONAS QUE TIENEN EL TEMA DE TALENTO APRENDEDOR

o   Se recomienda colocar a estas personas en puestos que requieran actualización constante, pues disfrutarán del desafío de mantener a punto sus habilidades.

o   Sin importar cuál sea su función, estos trabajadores están siempre ávidos por adquirir nuevos conocimientos y habilidades, por lo que se aconseja explorar formas innovadoras de aprendizaje para que se mantengan motivados, ya que de lo contrario podrían buscar un entorno de aprendizaje más rico. Por ejemplo, si dentro de la empresa no existen oportunidades para que mejoren sus conocimientos, hay que incentivar a estas personas para que asistan a cursos externos, por ejemplo en alguna universidad local. Hay que tener en cuenta que lo que necesitan no es un ascenso, sino estar siempre formándose, porque es el proceso, y no necesariamente el resultado de ese aprendizaje, lo que les proporciona energía.

o   Lo ideal es animarles a que se conviertan en expertos en su área, recibiendo la formación necesaria para lograrlo. En este sentido, la empresa podría financiar parte de o toda esta formación y, por supuesto, otorgarles algún tipo de reconocimiento después.

- También es recomendable que trabajen junto a expertos que las impulsen continuamente a aprender más.
- Por último, una buena opción es pedirles que dirijan grupos de debate o que efectúen presentaciones en el seno de la empresa. No hay otra manera mejor de aprender que enseñando a los demás.

ARMONÍA / HARMONY

Las personas excepcionalmente talentosas en el tema Armonía buscan el consenso. No disfrutan de los conflictos y buscan zonas de acuerdo.

CÓMO LIDERAR SI TIENES EL TEMA DE TALENTO ARMONÍA

- Habitualmente muestras respeto por los demás, los escuchas y valoras sus aportaciones. A veces tendrás que recalcar que el punto de vista de cada persona es valioso y merece respeto, aunque no estés de acuerdo con él. Aprende a comunicar de forma concisa, pero eficaz, el valor de la escucha.

- No prestes atención solo a las voces más altas. A veces es necesario parar el debate y dar espacio a cada persona para que se exprese y participe. No obstante, en esos casos asegúrate de que en el entorno se respire confianza y respeto para que la gente más tímida se sienta también cómoda dando su opinión. Si dejas claro que se toman mejores decisiones cuando se tienen en cuenta todas las voces, los demás estarán más dispuestos a compartir el tiempo de debate.

- Tu tema de talento Armonía hace la vida más agradable a quienes están a tu alrededor. Al reducirse el conflicto, también disminuye el estrés. Es recomendable, pues, que cuando haya tensión dediques cierto tiempo a recordar a los demás cuál es la misión que los une a todos. Esto también contribuirá a que la gente se esfuerce más al sentir que hay un propósito compartido. En general, la gente se sentirá atraída por tu carácter, ya que eres considerado con las opiniones de todo el mundo.

- Buscar puntos comunes es algo natural para ti. Tu búsqueda incesante de armonía entre individuos y grupos les muestra a los demás que te preocupas por ellos y consigue realmente mejorar las relaciones tanto interpersonales como grupales. Piensa cuántas cosas en común existen entre los miembros de tu equipo e intenta que se incremente ese número. Y es que cuanto mayor sea el número de conexiones, más oportunidades habrá de forjar relaciones significativas y duraderas.

○ Tu enfoque pacífico y comprensivo permite que todo el mundo se sienta conectado con el grupo, incluso cuando las opiniones difieren. Es necesario que recuerdes a los demás que la fuerza de un grupo reside en su capacidad para poner sobre la mesa gran variedad de ideas de forma respetuosa. Tu destreza para apaciguar a quienes tienen puntos de vista opuestos hace que todo el mundo tenga la seguridad de que el grupo permanecerá unido sea cual sea el problema.

○ Tienes facilidad para calmar a los demás limando asperezas y ayudando a todos a mantener la cabeza fría y los ánimos templados. De todos modos, vigila que nadie se sienta herido a causa de las palabras irreflexivas que algunas personas usan en momentos de apasionamiento. Si creas una atmosfera de dignidad y respeto, todo el mundo se sentirá seguro cuando le llegue el turno de compartir sus opiniones.

○ Organiza y estimula las interacciones y los foros en los que la gente pueda sentir que sus opiniones son escuchadas. Esto fomenta el compromiso, incrementa las posibilidades de éxito individual y contribuye al rendimiento general del equipo; y, a su vez, crea esperanza en el futuro.

○ Pule tu talento natural para la resolución de conflictos; fórmate, si es necesario, e invita a otras personas a aprender contigo, porque se estimularán mutuamente y se convertirán en auténticos expertos del consenso.

CÓMO LIDERAR A PERSONAS QUE TIENEN EL TEMA DE TALENTO ARMONÍA

○ Encuentra áreas y asuntos en los que tú y estas personas estén de acuerdo, y revisa regularmente estos temas con ellos. Rodéalos de personas que sean fuertes en el tema Armonía. Estos trabajadores estarán más centrados y serán más productivos y más creativos si saben que están siendo apoyados.

○ No hay que sorprenderse si este tipo de personas están de acuerdo con su superior incluso cuando este esté equivocado. En ocasiones, en aras de la armonía, es posible que asientan a una mala idea. Por tanto, es conveniente contar con otras personas con una visión más crítica para que equilibren la balanza y el líder pueda tener una visión realista de la situación.

AUTOCONFIANZA / SELF-ASSURANCE

Las personas excepcionalmente talentosas en el tema Autoconfianza confían en su capacidad de asumir riesgos y gestionar sus propias vidas. Tienen una especie de brújula interior que les da seguridad al tomar sus decisiones.

CÓMO LIDERAR SI TIENES EL TEMA DE TALENTO AUTOCONFIANZA

- Sorprende a los demás admitiendo tus errores, las elecciones equivocadas que has hecho y las malas decisiones que tomaste en el pasado, pues la gente no suele esperar que alguien que parece tan confiado revele voluntariamente sus fallos. De hecho, asumir los errores es lo que te dará la seguridad de que puedes superar todos los retos a los que te enfrentes. Si eres este tipo de líder, muéstrate vulnerable y haz ver a los demás que tu fuerza proviene de esa vulnerabilidad, pues eso ayudará a que confíen en tu autenticidad.

- Comparte con tu equipo el hecho de que en ocasiones también tienes miedo a tomar decisiones. No es que no creas que decidir es algo abrumador, simplemente es que piensas que, si no lo haces tú, ¿quién lo hará? Pero una vez que cuentas con información suficiente, sabrás que es el momento de pasar a la acción y entenderás mejor cómo enfocar la toma de decisiones.

- Ciertas personas se sienten atraídas hacia ti porque tu confianza da alas a la suya. Es posible que no se concedan a sí mismas el crédito que merecen por su habilidad para tomar buenas decisiones, construir sólidas relaciones o lograr el éxito. Pero tú les harás saber que por supuesto que se puede. Eres capaz de recordar sus triunfos mucho más que sus fracasos, y además con detalle. Con un aliado así, que les da ánimos y les presta su apoyo incondicional, los miembros de tu equipo se verán capaces de arriesgarse e intentar cualquier cosa.

- Eres muy independiente y autosuficiente, y aun así necesitas dar y recibir amor; después de todo, eres un ser humano. Al forjar una relación con alguien, debes considerar en qué puedes contribuir a la vida de la otra persona y en qué puede ella contribuir a la tuya. Además es conveniente que le comuniques a esa persona qué aporta ella a tu felicidad y que la necesitas y la valoras.

○ Tienes autoconfianza a raudales y la mejor manera de emplearla en el beneficio general es compartir con los demás tus logros pasados para ayudarles a darse cuenta de que esa autoconfianza se basa en la experiencia. Eso les calmará cuando fijes una meta en apariencia inalcanzable y anuncies: «Lo podemos hacer».

○ «Si se debe, se puede». Usa este dicho popular para ayudar a tu equipo a entender que aun cuando no parece haber opciones, ellos tienen la fuerza y los recursos para alcanzar los objetivos marcados. La inacción nunca es una opción; la única elección posible es tomar la mejor decisión con los recursos disponibles y ponerse en marcha.

○ Al considerar una nueva tarea o proyecto, reflexionar cuidadosamente sobre los talentos, habilidades y conocimientos que se requieren para emprenderlo. Es imprescindible contar con un equipo sólido y estar preparado para pasarle el timón a otra persona si tus talentos no son los más adecuados para esa labor. Tu equipo apreciará esa capacidad para delegar y garantizar que las cosas se ponen en las mejores manos.

○ Fija siempre metas ambiciosas y no dudes en que se puede lograr lo que otros pueden ver como inviable, pero que para ti simplemente es algo desafiante, emocionante y, sobre todo, alcanzable con una pizca de espíritu y un poco de suerte. Esta autoconfianza que te caracteriza puede conduciros a ti, a tu familia, a tus colegas y a tu empresa a lograr triunfos de otro modo inimaginables.

○ Pregunta a los miembros de tu equipo si se han puesto metas lo bastante altas, pues quizá no se atrevan a soñar tan a lo grande como tú. Si ves que puedes motivarles en este sentido, no lo dudes y hazlo.

CÓMO LIDERAR A PERSONAS QUE TIENEN EL TEMA DE TALENTO AUTOCONFIANZA

○ Lo mejor es asignarles puestos en los que la persistencia sea esencial para el éxito, pues tendrán la autoconfianza suficiente para mantener el rumbo a pesar de la presión para que cambien de dirección.

- Por otro lado, las funciones más adecuadas para este perfil son las que exijan certeza y estabilidad. En momentos críticos, su autoridad interior calmará tanto a colegas como a clientes.

- Es recomendable reforzar su tendencia a la acción con comentarios del tipo: «Esto depende de ti, de que tú lo hagas», «¿Qué te dice tu intuición al respecto?» o «Haremos lo que te dicte tu instinto».

- Se debe ser comprensivo con el hecho de que a veces estas personas creen que tienen ciertos talentos que realmente no poseen.

- Si además de la autoconfianza estas personas tienen otros talentos destacables en temas como Futurista, Enfoque, Significación y Coordinador, serán potencialmente los mejores líderes de una empresa.

COLECCIONADOR / INPUT

Las personas excepcionalmente talentosas en el tema Coleccionador tienen la necesidad de coleccionar y archivar. Pueden acumular información, ideas o incluso relaciones.

CÓMO LIDERAR SI TIENES EL TEMA DE TALENTO COLECCIONADOR

○ Conviértete en una autoridad digna de confianza asegurándote de que la información que das es exacta y está actualizada. Consulta múltiples fuentes y ayuda a los demás a distinguir entre hechos y opiniones.

○ Si eres este tipo de líder, te ganarás el respeto de tu equipo cumpliendo con tu cometido y facilitando a los demás la información que necesitan para hacer bien su trabajo. Cuando tus subordinados vean que has dedicado el tiempo y el esfuerzo necesarios para investigar a fondo sobre el tema del que se trate, lo apreciarán y te lo agradecerán depositando en ti su confianza.

○ La gente se siente atraída por líderes como tú por tus amplios recursos y tus conocimientos siempre al día. Recuérdales que estás disponible para responder a sus preguntas y para documentarte sobre lo que sea necesario. Usa este talento para conectar con otras personas y servirles de referencia y apoyo.

○ Si conoces a otros con quienes compartas intereses, mira más allá de las oportunidades que esto supone en el aspecto laboral y considera las posibilidades de forjar una relación de amistad. Es interesante que compartan actividades fuera del horario laboral, como la visita a una exposición o la asistencia a una conferencia.

○ Tus conocimientos, adquiridos siempre de forma profunda y meticulosa, son la base de la estabilidad de tu equipo. Sus miembros tendrán confianza en tus decisiones, siempre y cuando compartas con ellos el proceso y los resultados de tu búsqueda de información.

○ No sueles recopilar información sin más, sino que la reservas a buen recaudo hasta el momento en que pueda resultar útil.

○ Tu mente es como una esponja que absorbe de forma natural la información. Pero, de la misma manera que la misión de la esponja no es mantener de forma permanente todo lo que absorbe, tampoco tu cerebro guarda la información porque sí. Si todo el tiempo almacenas datos sin darles salida o aplicación práctica, puede llegar a una situación de estancamiento; por tanto, a medida que recabes nuevos conocimientos, compártelos con aquellos que puedan beneficiarse de ellos.

○ Consulta y lee las opiniones de otras personas de tu entorno y, si es posible, discútelas después con sus autores. Gracias a ello serás al mismo tiempo estudiante y docente.

CÓMO LIDERAR A PERSONAS QUE TIENEN EL TEMA DE TALENTO COLECCIONADOR

○ Es fundamental centrarse en la curiosidad innata de estas personas; se les puede pedir que investiguen sobre un tema importante para la empresa, o bien asignarles directamente funciones de investigación.

○ Es conveniente también prestar atención a las demás cualidades que destaquen en estos trabajadores. Si también son fuertes en el tema Desarrollador, serán buenos formadores, ya que salpicarán sus exposiciones de interesantes anécdotas.

○ Resulta básico darles apoyo para desarrollar un sistema de gestión y almacenamiento de la información que recopilan, para garantizar que se va a localizar con facilidad cuando la necesiten tanto ellos como cualquier otra persona de la empresa.

COMPETITIVO / COMPETITION

Las personas excepcionalmente talentosas en el tema Competitivo miden su avance con el desempeño de los demás. Se esfuerzan por lograr el primer lugar y les gustan las competencias.

CÓMO LIDERAR SI TIENES EL TEMA DE TALENTO COMPETITIVO

- La gente que engaña nunca llega a nada. Recuerda que ganar a cualquier precio no es ganar, sino derrotarse a uno mismo. El precio de ganar de ese modo puede ser mayor que el dolor de perder, así que asegúrate de que tu integridad permanece intacta siempre que luches por obtener una victoria.

- Siempre debes mantener la confianza que has generado en los demás. Por eso a veces será necesario que salgas del ring para evitar que un exceso de competitividad socave el respeto que te tiene tu equipo. No lo dudes. Puedes concederte el derecho a reaccionar de forma desmesurada, pero siempre en privado.

- La gente que es competitiva se reconoce entre sí casi al instante. Cuando te topes con alguien que comparte tus deseos de triunfo, puedes elegir entre competir también con esa persona o unir fuerzas para formar un equipo invencible. Piénsalo: es una buena oportunidad para establecer un vínculo basado en una visión compartida.

- ¿Se te ocurre alguna actividad competitiva en la que pueda participar tu equipo, digamos una vez a la semana, y que les resulte divertida? Esta es una buena forma de generar una conexión duradera basada en los intereses compartidos. Compromete en especial a las personas más competitivas en este tipo de actividades y empieza a construir relaciones a partir de esa oportunidad.

- La competitividad, a pesar del esfuerzo que requiere, puede transmitir una impresión negativa a muchas personas, por lo que si eres este tipo de líder es fundamental que saques a relucir la parte más divertida y lúdica de la competición y la uses para generar vínculos emocionales entre la gente en lugar de barreras. Pero recuerda que no todo el mundo vive las cosas con la misma intensidad emocional; hay que aceptar y respetar los diferentes motivos de cada cual para involucrarse en «el juego».

○ Un equipo ganador fomenta la confianza. Teniendo en cuenta esto, ¿cómo puedes, como líder de tu equipo, ayudar a las personas que están a su cargo a ser mejores? Para ello es fundamental situar a cada jugador en un puesto que le permita construir a partir de sus fortalezas y talentos naturales; esto aumentará sus probabilidades de éxito y hará que se sienta seguro.

○ Si te encuentras en una situación en la que la batalla está perdida, recuerda cuál es tu meta. Las batallas se libran para obtener éxitos a largo plazo; es importante que transmitas esto a tu equipo para que ellos también se den cuenta de que no se trata de un fracaso, sino de un paso más en el proceso.

○ Aboga siempre por tu equipo, verbaliza tu creencia de que pueden ser los mejores. Tú eres capaz de ver en ellos un potencial que no ven en sí mismos, así que recalca los talentos que detectes y ayúdales a convertirlas en fortalezas.

○ ¿Cuáles son las medidas clave en tu empresa? Comunícaselas a tu equipo para que todo el mundo tenga un objetivo claro.

○ Sabemos que la primera posición es la única que te importa, así que seguramente te limitarás a actuar en áreas que controlas y en las que sabes que puedes ganar. No obstante, como líder es importante que identifiques los nichos de mercado en los que tu equipo puede llegar a destacar gracias a las cualidades de sus miembros. De esta manera prepararás al equipo y a la empresa para obtener mejores resultados, lo que a su vez incrementará su optimismo.

○ Cuentas con un don natural para evaluar los resultados propios y ajenos; úsalo para identificar el alto rendimiento dentro y fuera de tu empresa y para detectar los referentes de interés en tu sector; luego compara los logros de tu propia compañía respecto a esos estándares y motiva a tu equipo para que los supere.

CÓMO LIDERAR A PERSONAS QUE TIENEN EL TEMA DE TALENTO COMPETITIVO

- ○ Es aconsejable comparar los logros de estas personas con los de otras, en particular las que también son competitivas. Si se decide hacer públicos los resultados de rendimiento de todo el personal, hay que tener en cuenta que solo quienes sean competitivos sacarán partido de la comparación, mientras que habrá gente que se sentirá frustrada e incluso humillada.

- ○ Otra buena iniciativa es organizar competiciones en los que este tipo de trabajadores se puedan enfrentar entre sí, por ejemplo con gente de otros departamentos o unidades de negocio de la empresa. Los individuos con un alto sentido de la competitividad desean enfrentarse a otros con similar capacidad, así que una de las mejores maneras de motivarles es contratar a trabajadores que rindan un poco más que ellos.

- ○ Es necesario hablar con estos trabajadores sobre sus cualidades. Como todas las personas competitivas, saben muy bien que hace falta talento para triunfar, de modo que conviene darles información sobre cuáles son sus principales habilidades y como puede emplearlas para obtener mejores resultados en el trabajo. Lo que no se debe hacer es aplicar el «principio de Peter», sugiriéndoles que cualquier buen resultado implicará un ascenso.

COMUNICACIÓN / COMMUNICATION

Las personas excepcionalmente talentosas en el tema Comunicación suelen expresar fácilmente sus ideas. Son buenos conversadores y presentadores.

CÓMO LIDERAR SI TIENES EL TEMA DE TALENTO COMUNICACIÓN

- Es posible usar el lenguaje para «distorsionar» la realidad o manipular a la gente, eso es cierto, pero si lo haces estarás malgastando el tiempo. Ese tipo de discursos, si bien pueden resultar útiles y persuasivos a corto plazo, se acaban cobrando un precio emocional. Siempre debes asegurarte no solo de que tus palabras sean efectivas, sino también éticas.

- El respeto mutuo es la base sobre la que debes construir las relaciones con los miembros de tu equipo; ayuda a los demás, siempre que puedas, a que se aprecien entre sí e invierte parte de tu tiempo en dar difusión a lo que se le da bien a cada cual y a las aportaciones que pueden hacer al equipo. Habitualmente los halagos sinceros son un acicate, mientras que las falsas alabanzas debilitan la confianza y hacen que se termine por no tomar en serio a aquellos de quienes proceden.

- Habla con tus subordinados de la misma forma que lo haces cuando no están presentes. La consistencia y la honestidad transmiten integridad y construyen una relación de confianza.

- Si eres este tipo de líder, tienes la capacidad para entender las emociones de tus subordinados y darles nombre de una forma en que a veces ellos mismos no pueden. Esta cualidad, obviamente, resultará atractiva para la gente. Ayúdalos haciéndoles preguntas, intentando identificar lo que tratan de expresar y dando voz a esos sentimientos. Ayudar a los demás a encontrar las palabras para describir lo que sienten es una poderosa forma de lograr que expresen y procesen sus propias emociones.

- El lenguaje es un factor clave en cualquier cultura, sea la de un pequeño grupo familiar o la de una gran compañía. Así que reflexiona con detenimiento sobre lo que sugiere cada palabra que uses, ya que los términos en sí mismos generan expectativas. ¿Cómo llamas a las reuniones semanales con tu equipo? ¿Reuniones de departamento, de personal, de equipo o de calidad? ¿Dónde las celebras? ¿En una sala de reuniones, en una de conferencias, en una de descanso, en un centro de formación o en uno de aprendizaje? ¿Planteas siempre las preguntas de manera positiva para ayudar a los miembros de tu equipo a ver cuánto te preocupas por ellos?

○ Pon en palabras los logros de tu personal y dales retroalimentación al respecto, preferiblemente por escrito. Usa tu talento natural para encontrar la palabra justa con que formular un elogio, retroalimentar y tranquilizar a otras personas. Este apoyo positivo contribuirá a que tu equipo se sienta seguro en sus respectivos puestos.

○ Reflexiona sobre cómo sueles referirte al tiempo y a los plazos. ¿Estamos aquí para un largo periodo? ¿Buscamos resultados inmediatos o queremos construir una reputación a largo plazo? Al escoger tus palabras, considera que la estabilidad supone confianza a largo plazo. Debes transmitir a tus subordinados la sensación de que lo importante es la visión macro, amplia, pues así se sentirán libres de experimentar —aunque fallen— y tratar de mejorar con perspectiva de futuro.

○ Además de ser portavoz de tu equipo, recopila los casos de éxito del grupo; así crearás una especie de «marca de grupo» basada en los logros acumulados que impulsará la confianza de todos de cara al futuro.

○ En un contexto empresarial, si eres este tipo de persona ofrécete para elaborar resúmenes de lo discutido, por ejemplo, en una reunión: los puntos clave que se han tratado y las tareas asignadas a cada cual. También es importante sintetizar los éxitos de tu equipo y expresar de forma adecuada el reconocimiento a quienes hayan hecho un buen trabajo. De esta manera estimularás e inspirarás al resto para emprender nuevas actividades que les conduzcan a resultados positivos y más logros.

○ Ten claro que tus palabras influirán en las impresiones y expectativas que otras personas se forman sobre tus colaboradores y el equipo en general. ¿Con tu forma de expresarte potencias o más bien socavas su imagen? Siempre que hables con uno de tus trabajadores o sobre alguno de ellos, escoge conscientemente las palabras que más estimulen, inspiren y generen optimismo.

○ ¿Qué términos y expresiones utilizas para plantear el futuro? Recuerda siempre que lo que digas puede servir de guía a otras personas, por lo que es preciso que selecciones bien tus palabras.

CÓMO LIDERAR A PERSONAS QUE TIENEN EL TEMA DE TALENTO COMUNICACIÓN

○ Es aconsejable pedir a estas personas que se informen sobre la historia y la cultura de la empresa y luego transmitan esta información a sus colegas, pues esto contribuirá a reforzar la cultura corporativa.

○ Asimismo, este tipo de trabajadores pueden resultar de mucha ayuda a otros en la elaboración de presentaciones, para hacerlas más atractivas. Incluso, en ciertas situaciones, se les puede encargar directamente que se ocupen ellos de hacerlas.

○ Si se decide formar a estos trabajadores en oratoria, es importante que se les matricule en cursos de nivel avanzado, acordes con sus capacidades y su base real.

CONEXIÓN / CONNECTEDNESS

Las personas excepcionalmente talentosas en el tema Conexión confían en los vínculos que conectan todas las cosas. Piensan que las coincidencias son escasas y que casi todo evento tiene un significado.

CÓMO LIDERAR SI TIENES EL TEMA DE TALENTO CONEXIÓN

○ Tu filosofía de vida te impulsa a trascender tus propios intereses. Manifiesta abiertamente tus creencias y actúa según tus valores. De este modo, al ir más allá de ti mismo y dar todo lo que tienes, los demás verán el respeto que sientes por cada ser humano, a pesar de las diferencias. El respeto es un resultado natural de los actos altruistas.

○ Busca rasgos globales o transculturales que te ayuden a ver a todas las personas como iguales. Contribuye a cambiar la mentalidad de aquellos que piensan en términos de «nosotros» y «ellos», pues actuar en aras del interés general es signo de buena fe y honestidad.

○ Tienes facilidad para crear vínculos, así que pregunta a tu equipo por sus intereses y detecta las cosas en común que sirvan para compartir. Después consolida y celebra las conexiones que se generen; esa es la mejor base para cualquier relación.

○ Una vez que descubras los rasgos comunes con alguien, abona ese vínculo, demuestra que te interesa e indaga más sobre las creencias o actividades compartidas con esas personas. Usa esto como punto de partida para profundizar en la personalidad de los miembros de tu equipo y llegar a conocerlos en su totalidad, en lugar de limitar la conexión a un solo aspecto.

○ Posees una gran habilidad para unir a la gente y compartir sueños y objetivos. Aprovéchala y adopta un rol activo estableciendo vínculos entre diferentes individuos en función de las conexiones que descubras en ellos. Hazles conscientes de esos vínculos, que seguramente ni siquiera saben que existen, y allana así el camino para una futura amistad ayudando a quienes en principio son extraños a reconocer lo que tienen en común. Esto les puede ayudar a crear conexiones que influyan en el resto de sus vidas.

- Tu capacidad para tener una visión amplia de las cosas puede aportar calma en medio del caos. Haz ver a los demás el significado de lo que ocurre a nuestro alrededor y quita importancia a los pequeños obstáculos cotidianos, que no son más que una pequeña parte del todo. Ayuda a tu equipo a percibir la diferencia entre lo constante y lo temporal, y relativiza siempre los problemas.

- La gente se siente segura cuando se encuentra en un ambiente de familiaridad. Cuando alguien necesite esa sensación de seguridad, recuérdale lo que es importante, lo que se comparte, y que una red de contactos lo acompaña. El mero hecho de saber que no están solos en los momentos difíciles puede aportarles paz y confianza.

- La fe es un gran bastión cuando se comparte. Si forma parte de tu relación con los miembros de tu equipo, les ayudará en tiempos de incertidumbre o temor.

- Quizá te sorprenda la lentitud de los demás para detectar conexiones que tú ves con facilidad; es el momento para mostrarles la realidad tal como la percibes y así ampliar su visión del mundo y hacerles pensar de maneras diferentes. ¿Cómo pueden llevar sus cualidades a un nuevo nivel y aplicarlas de una forma que nunca habían pensado? ¿Cómo pueden trabajar en equipo con alguien a quien ven tan diferente?

- Si eres este tipo de líder, seguramente seas consciente de los límites que impone la estructura organizacional, aunque para ti carezcan de sentido. Usa tus talentos de Conexión para romper los muros que limitan el conocimiento compartido, ya sea dentro de tu propio departamento, entre niveles jerárquicos de tu empresa o en general en el sector. Es fundamental estimular la creación de grupos colaborativos interdepartamentales que luchen por alcanzar metas comunes.

- Ayuda a tus subordinados a ver con claridad los vínculos entre sus talentos, sus acciones, sus objetivos y los de la empresa. Cuando los trabajadores creen en lo que hacen y sienten que forman parte de algo más grande, se comprometen mucho más.

CÓMO LIDERAR A PERSONAS QUE TIENEN EL TEMA DE TALENTO CONEXIÓN

○ Es probable que estas personas sean al mismo tiempo espirituales y cuenten con una sólida fe. Si su líder demuestra que las conoce bien y además acepta estos rasgos de su personalidad, se sentirán cómodas en el equipo.

○ Se trata de individuos bastante receptivos a comprometerse con la misión de su empresa; de forma natural, se sienten parte de algo mayor que ellos mismos, por lo que disfrutarán contribuyendo a alcanzar un objetivo general.

CONSISTENTE / CONSISTENCY

Las personas excepcionalmente talentosas en el tema Consistente son plenamente conscientes de que es necesario tratar a todas las personas por igual. Anhelan rutinas estables y reglas y procedimientos claros que todos pueden seguir.

CÓMO LIDERAR SI TIENES EL TEMA DE TALENTO CONSISTENTE

- ○ Cultiva la confianza de los demás sometiéndote a las mismas normas que rijan para el resto del equipo o de la empresa. Así mostrarás respeto por los principios del grupo, sentarás las bases para la igualdad de trato y fomentarás en los demás el cumplimiento de esas normas.

- ○ A pesar de que otros se aprovechen de las ventajas que les otorgan sus cargos, tú las rechazas y prefieres acatar las mismas reglas que el resto del personal de la empresa. Si adoptas plenamente esta política de «igualdad de condiciones», desde luego te ganarás el respeto de tu equipo y serás plenamente consistente.

- ○ Ser capaz de predecir cómo actuará —y reaccionará— otra persona nos ayuda a trazar de forma fiable el rumbo de una relación. Reflexiona, pues, sobre cómo tu tema de talento Consistente influye en tus relaciones con los demás: ¿estás disponible cuando te necesitan? ¿Te comportas con atención y afecto cuando tratas a los miembros de tu equipo? Analiza los fundamentos de tus relaciones más cercanas, y observa lo que descubres sobre el papel que juega tu talento en el tema Consistente.

- ○ Cuando muestras aprecio por el valor que otra persona da a la justicia y la equidad, estás aprobando su personalidad y sentando las bases para una relación basada en el apoyo y la comprensión. Es posible que te lleves mejor con la gente que sigue principios similares. Busca, pues, la oportunidad para elogiar a quienes sean para ti dignos de admiración en este sentido; diles que hacen del mundo un lugar mejor, porque así sabrán que los valoras y te preocupa por ellos.

- ○ Normalmente la gente prefiere saber lo que se espera de ella y lo que no deben hacer. Por tanto, ten siempre informado a tu equipo sobre las normas vigentes para que no las infrinjan por desconocimiento.

○ Si los demás conocen tus principios, confiarán en que serás constante en su aplicación. Es fundamental que expreses lo importante que es la consistencia en las expectativas sobre uno mismo y los demás, pues, al hacerlo, los miembros de tu equipo no solo conocerán las normas, sino también sus principios subyacentes, y esto les ayudará a predecir tu comportamiento en situaciones no contempladas en la norma.

○ Cuando alguien acuda a ti en busca de ayuda, seguramente sea porque busca la seguridad de tu consistencia. Si en cada ocasión muestras que se puede contar contigo estimularás esos comportamientos.

○ Tal vez te veas como una especie de defensor de los oprimidos y eso te haga sentir bien. Significa que tu apoyo no está destinado solo a los que lideran, sino a todo el mundo. Estimula a los que se esfuerzan y asegúrate de tener en cuenta sus patrones personales de éxito. Es posible que estén luchando por triunfar de una forma que no se ajusta bien a sus talentos y que necesiten una redirección. Ayúdales a sacar el máximo partido de sus oportunidades encontrando el patrón que funcione para ellos.

CÓMO LIDERAR A PERSONAS QUE TIENEN EL TEMA DE TALENTO CONSISTENTE

○ Uno de los aspectos en los que más pueden aportar estas personas es el establecimiento de rutinas.

○ Si estos trabajadores ocupan puestos de carácter analítico, es mejor que trabajen en equipo. Es probable se les dé mejor descubrir las generalizaciones sobre un grupo que los datos de un caso individual.

○ Si un líder tiene dificultades para aplicar ciertas normas que impliquen un trato igualitario y sin favoritismos, este tipo de personas le pueden ser de gran ayuda, pues en ellas surge de forma natural la justificación de ese tipo de normas.

○ También pueden aportar mucho en situaciones en las que sea necesario tratar a la gente de forma equitativa o desarrollar normas y procedimientos en este sentido.

CONTEXTO / CONTEXT

Las personas excepcionalmente talentosas en el tema Contexto disfrutan pensar en el pasado. Comprenden el presente indagando en su historia.

CÓMO LIDERAR SI TIENES EL TEMA DE TALENTO CONTEXTO

- Nuestra recomendación es que pongas ejemplos de tu propia vida que creas que pueden ayudar a otras personas. Compartir un pedazo de tu pasado abrirá las puertas de la confianza de tu equipo.

- Anima a los demás a que hagan lo mismo, que compartan sus historias de vida, porque así te devolverán la confianza que tú has mostrado hacia ellos.

- Seguramente te interesen los orígenes, la historia y la trayectoria educativa de tus compañeros de trabajo y suelas pedirles que te hablen de los momentos importantes de sus vidas. Lo ideal es formular preguntas que «evoquen historias tan divertidas de escuchar como de contar». Si muestras este tipo de interés, sabrán que te preocupas por ellos.

- Recuerda los detalles de lo que te hayan contado y úsalos como punto de conexión con esa persona. Por ejemplo, si estableces contacto visual con alguien cuando escuches algo que tiene sentido para ambos le estarás demostrando que te acuerdas de las cosas que te ha relatado.

- La estabilidad está ligada al Contexto. Si tienes la sensación de que no hay nada nuevo bajo el sol, eso quiere decir que ya has vivido situaciones similares antes y lo harás de nuevo en el futuro. Recuerda siempre a tu equipo cuáles son sus puntos fuertes; habla con ellos sobre sus intentos previos en una tarea o actividad y recálcales que con fuerza y resistencia tendrán la confianza y el coraje para triunfar.

- La historia nos enseña a tener paciencia y mirar las cosas con perspectiva favorece la comprensión de los hechos y la seguridad. Emplea siempre un enfoque histórico al abordar los problemas que se planteen en tu equipo; ayúdales a aprender del pasado y de la experiencia.

- Formula a tus subordinados preguntas del tipo: «¿Cómo llegaste a tomar esa decisión?», «¿Alguna vez te has enfrentado a una situación similar en el pasado?». Si planteas este tipo de preguntas dentro de una conversación amable y bien orientada, estarás ayudando a tu personal a tener una visión adecuada de la situación y a evitar errores futuros.

- Tu objetivo es ayudar a los demás a relacionar su trayectoria pasada con el ahora y también con el futuro. Trabaja con tu equipo para que establezcan la línea temporal de sus vidas y sitúen en ella sus diferentes decisiones, intentos y triunfos, así como los momentos cruciales. Luego pregúntales qué han aprendido en cada situación y échales una mano para decidir qué hacer con ello.

- Resumir ideas complejas contribuye a entender el razonamiento original que subyace a ellas. Rastrea, por tanto, la evolución de un plan o un proyecto dando marcha atrás hasta el momento de su concepción, y explica a quien te pregunte cuál es el fundamento de dicho plan; esto reforzará el sentimiento de equipo.

- Recuerda siempre a tus compañeros que los valores y los objetivos de la empresa se basan en lo aprendido de la experiencia. Por consiguiente, es importante mantener viva la historia de la compañía transmitiendo el conocimiento acumulado y aquellas historias que capturen su esencia. Todo esto puede ser de utilidad para mucha gente ahora, en el presente. Sé algo así como un guardián de la sabiduría, o al menos recopila toda la información posible, porque las generaciones futuras lo agradecerán.

CÓMO LIDERAR A PERSONAS QUE TIENEN EL TEMA DE TALENTO CONTEXTO

○ Al pedirles que hagan algo, suele ser necesario explicarles la línea de pensamiento que llevó a tal petición, puesto que necesitan entender el trasfondo de un proyecto antes de comprometerse con él.

○ Con independencia del tema del que se trate, es conveniente pedir a estas personas que recopilen historias que puedan servir de ejemplo para su trabajo actual, e incluso que preparen una charla o una sesión formativa sobre ello para sus compañeros.

○ Otra cosa que se les puede pedir es que se documenten sobre las bases que sustentan la cultura de la empresa; luego pueden compartir esta información con el resto del equipo, ya sea por escrito, en el sitio web de la empresa, a través de vídeos, en sesiones de formación, etc. De una u otra forma, contribuirán a reforzar la cultura corporativa.

COORDINADOR / ARRANGER

Las personas excepcionalmente talentosas en el tema Coordinador pueden organizar y, además, tienen una flexibilidad que complementa esta capacidad. Les agrada imaginar la forma en que las piezas y los recursos pueden organizarse para lograr una productividad máxima.

CÓMO LIDERAR SI TIENES EL TEMA DE TALENTO COORDINADOR

- Necesitas que la gente sea sincera, porque dependes de una retroalimentación honesta para hacer las correcciones que sean necesarias a mitad de camino, si es pertinente. Asegúrate, por tanto, de que los miembros de tu equipo saben que esperas esto de ellos y que no les penalizarás por decir lo que piensan. Como contrapartida y para fomentar el respeto mutuo, sé siempre honesto con ellos.

- Al crear sistemas, planes o métodos nuevos, sé con tu equipo extremadamente transparente respecto al proceso seguido hasta llegar a ese resultado; esto contribuirá a que entiendan tus razonamientos.

- Si dedicas tiempo a determinar qué es adecuado para cada miembro de tu equipo en su camino hacia el éxito, recibirás a cambio su estima. Es posible veas con mucha más claridad que ellos lo que mejor se les da. Infórmales al respecto y permíteles ser como son y hacer lo que mejor saben hacer. De este modo se minimizan las frustraciones y se maximizan las alegrías.

- A veces tu equipo necesitará solamente que acudas en su ayuda cuando, abrumados por la confusión y las disonancias, se sientan emocionalmente indefensos. Si ves a alguien con sobrecarga de trabajo, ayúdale a simplificar su mundo mostrándole cómo ordenar las piezas para que encajen y se reduzca la sensación de caos.

- Tu habilidad para gestionar situaciones complejas es un consuelo para las personas que necesitan tener sus tareas organizadas y planificadas. Trata de evitar siempre la confusión, clasifica la información y comunica a tu equipo lo que necesitan saber y hacer; de este modo se sentirán más seguros y tendrán la certeza de que todo va a ir bien.

- A veces, hasta los planes mejor trazados se tuercen. Si afrontas los problemas antes de que los demás siquiera sepan que estos existen, contribuirás a que los trabajadores a tu cargo permanezcan en su zona de confort. Igual que en un barco, dirigir un equipo con disciplina y orden puede parecer poco relevante, pero restaurar la calma en la tormenta para que el negocio navegue sin sobresaltos sí que lo es. Mucha gente necesita este tipo de liderazgo para sentirse segura, y te corresponde a ti infundir esa tranquilidad.

º Gracias a tus cualidades organizativas no solo puedes contribuir a que las personas a tu cargo se impliquen en actividades idóneas para ellas, sino también a que piensen en las tareas menos adecuadas para su perfil y las dejen de hacer. Si algún miembro de tu equipo se siente atrapado por los plazos y los compromisos adquiridos, libéralo de esa responsabilidad y motívale a plantearse cómo reorganizar sus funciones para ser más productivo y obtener una mayor satisfacción del trabajo.

º Antes de eso, la gente suele necesitar contar con una visión clara sobre su actual situación. Anímales a elaborar un calendario donde se recojan todas sus tareas semanales y hazles responsables de cada hora de trabajo; más tarde les podrás ayudar a encontrar nuevas formas de combinar, eliminar o añadir actividades para que se sientan más a gusto en su puesto.

CÓMO LIDERAR A PERSONAS QUE TIENEN EL TEMA DE TALENTO COORDINADOR

º Estas personas se sienten mejor afrontando siempre nuevos retos, así que hay que plantearles tantos como sea posible en función de sus conocimientos y capacidades.

º Normalmente se trata de personas con talento para puestos de supervisión o dirección. El talento Coordinador que poseen les permite saber cómo personas con fortalezas muy diferentes pueden trabajar juntas.

º Es importante prestar atención a las demás capacidades de estas personas. Si también tienen el talento Disciplina su función ideal será la de establecer rutinas y sistemas de organización de tareas.

º Este tipo de personas se basan mucho en la confianza y las relaciones personales, por lo que tal vez rechacen colaborar con alguien a quien crean deshonesto o que hace mal su trabajo.

CREENCIA / BELIEF

Las personas excepcionalmente talentosas en el tema Creencia tienen algunos valores fundamentales que son inmutables. De estos valores se desprende un propósito definido para su vida.

CÓMO LIDERAR SI TIENES EL TEMA DE TALENTO CREENCIA

- El comportamiento ético es la base del respeto y la confianza. Pero la integridad es una expectativa. Si deseas garantizar la justicia y fomentar la unidad, es imprescindible que comuniques claramente a tu equipo qué conductas vas a tolerar y cuáles no. La claridad, de entrada, evitará malentendidos y daños en las relaciones.

- El talento Creencia se refiere más a una actitud de servicio que a un conjunto de creencias morales o espirituales. Muestra a tus subordinados lo que significa para ti ser un líder, lo que supone de servicio a los demás; implica al equipo en tareas orientadas a ayudar a otras personas o al grupo en su conjunto. Por otra parte, demuestra tu talento en el tema Creencia mediante acciones que hablen por sí mismas; ese nivel de integridad te granjeará el respeto sincero de tus trabajadores.

- Tus valores dan sentido a tu vida. Haz este ejercicio con tu equipo: pregúntales qué es lo más importante para ellos, puesto que compartir la escala de valores con los demás ayuda a construir relaciones. En este sentido, debes aprender todo lo que puedas sobre quienes te rodean en el trabajo, tanto de los más veteranos como de quienes se acaban de incorporar al equipo; todos provenimos de distintos orígenes y pasamos por diferentes etapas en nuestras vidas, sé abierto y receptivo. Todas las relaciones pueden crecer, y escuchar a los demás genera conexiones.

- Algunos vínculos serán casi instantáneos, ya que los valores comunes nos acercan a ciertas personas de forma muy rápida y a veces para toda la vida. Esto puede ser una fuente de satisfacción para unos y otros, así que exploren sus creencias juntos, formulen preguntas y mantengan conversaciones sobre lo que es más importante en su vida. Si mantienes esta dinámica en tu equipo, es probable que se generen más relaciones personales y más profundas.

- Procura no expresar tus preferencias por unas personas u otras en función de su escala de valores. Es imposible ser totalmente neutral, tampoco es que haya que serlo, pero ten cuidado con los mensajes que transmites y los juicios que haces sobre los distintos miembros de tu equipo.

- Seguro que algunos de tus valores están grabados a fuego en tu mente. Incluso en un mundo tan cambiante, ciertas creencias nunca se tambalean. Esta base tan firme puede ser la piedra angular de las relaciones, las actividades y el entorno laboral que generes. Con independencia de que los miembros de tu equipo compartan estos valores contigo, sí que tendrán clara tu postura y sabrán que pueden confiar en la estabilidad de tus creencias.

- Tu pasión te aporta las armas necesarias para luchar. Esfuérzate por ser un líder que pelea por algo, no contra algo. Si tus subordinados te ven bajo un prisma positivo, obtendrás más apoyos para tu causa. Ellos sabrán que luchas por fines justos y confiarán en la fuerza de tus convicciones.

- El sentido y la misión que subyacen a tu labor servirán de orientación a los demás. Háblales de ello, comparte con tu equipo la importancia que tienen tus valores para ti. Y recuérdales también las razones por las que su trabajo es importante y cómo marca la diferencia en sus vidas y en las de los demás; explora cómo pueden aprovechar sus talentos y valores en el trabajo y ayúdalos a encontrar esas conexiones.

- Otras personas pueden estar menos seguras que tú de sus valores. Si son inquisitivas, pídeles que tengan en cuenta en qué utilizan su tiempo y dinero. El uso real de nuestro tiempo, talento y posesiones habla mucho de cuál es realmente nuestro valor.

CÓMO LIDERAR A PERSONAS QUE TIENEN EL TEMA DE TALENTO CREENCIA

o Se trata de personas con valores muy sólidos, por lo que hay que plantearse cómo combinarlos con los de la empresa. Lo mejor es destacar de qué manera los productos y servicios de la compañía mejoran la vida de la gente, transmitirles la integridad y confianza que representa la marca, o darles la oportunidad de ir más allá y ayudar a colegas y clientes. Todo esto dará más visibilidad a los valores que caracterizan la cultura de la empresa.

o Este tipo de individuos suelen dar mayor valor a proporcionar un buen servicio a los clientes que a ganar más dinero. Por tanto, lo adecuado es encontrar la manera de enfocar esta vocación de servicio innata, con el fin de obtener lo mejor de ellos.

DELIBERATIVO / DELIBERATIVE

Las personas excepcionalmente talentosas en el tema Deliberativo se caracterizan por el cuidado y esmero con que toman decisiones o hacen elecciones. Son individuos que se anticipan a las dificultades.

CÓMO LIDERAR SI TIENES EL TEMA DE TALENTO DELIBERATIVO

- Si eres este tipo de líder sin duda inspiras confianza, porque eres una persona cauta por naturaleza y considerada respecto a los temas sensibles. Aprovecha estos talentos para abordar conflictos especialmente delicados.

- Los demás respetarán el tiempo que emplees en hacer las cosas bien, pero es mejor si les adviertes que necesitarás dedicar un buen rato a reflexionar antes de tomar una decisión. Confía en que apreciarán el hecho de que siempre tienes en cuenta los intereses del equipo.

- Sueles comprender la importancia y el peso de cada relación y es algo que te tomas muy en serio. Una vez que decides incluir a alguien en tu vida, cuidas esa relación. Te recomendamos que inviertas tiempo en actividades y conversaciones con esas personas que más te importan. Ya se sabe que las relaciones que duran toda la vida son difíciles de encontrar, y por tanto merecen toda la atención que se les pueda prestar.

- Tienes muy presente que el halago es algo infrecuente y preciado para muchos, así que cuando reconozcas el trabajo de otras personas es aconsejable dejarles muy claro tu aprecio para que lo recuerden por mucho tiempo.

- En lugar de asumir riesgos de forma temeraria, lo habitual es que enfoques tus decisiones con cautela. Confía en tu intuición cuando te parezca que algo es demasiado bueno para ser verdad. La reflexión y el hecho de tomar precauciones antes de dar cada paso hacen que los demás se sientan protegidos y seguros respecto a tu manera de actuar.

- Tu equipo apreciará sin duda la meticulosa reflexión que conlleva para ti cada decisión. Explícales con detalle cuáles han sido las distintas opciones que has analizado en cada ocasión y la razón por la que has escogido una en concreto. Ten en cuenta que a ellos también les incumbe esa decisión, por lo que es recomendable también pedirles su opinión y valorarla en igual medida que la propia.

- Intenta frenar la tendencia de los demás a pasar a la acción descuidadamente. Para ello, establece siempre un periodo de deliberación antes de tomar decisiones, lo que sin duda contribuirá a que el resultado sea más satisfactorio.

- Si sabes mucho sobre un tema, comparte con tu equipo el resultado de tu investigación y análisis al respecto. Luego anímalos a que intenten lo que consideres correcto para ellos, mostrándoles las evidencias que avalan tu decisión.

CÓMO LIDERAR A PERSONAS QUE TIENEN EL TEMA DE TALENTO DELIBERATIVO

- No conviene asignar a estas personas a puestos en los que haga falta tomar decisiones rápidas, pues es probable que se sientan incómodas haciéndolo.

- En cambio, sí es adecuado que tomen las riendas en situaciones que requieran precaución, como en algunas circunstancias delicadas desde el punto de vista legal, de seguridad o de precisión. Esta clase de trabajadores verán venir de forma instintiva los riesgos y sabrán mantener a salvo a la empresa.

- Se trata de personas muy adecuadas para negociar contratos, especialmente entre bastidores. Si los límites de sus funciones lo permiten, es recomendable pedirles que desempeñen este rol.

- Por el contrario, las actividades que menos se ajustan a sus capacidades son las que implican agasajar a otros, conseguir nuevos contratos con clientes o hacer red dentro de la empresa.

- A la hora de relacionarse, estas personas son bastante selectivas, por lo que no es aconsejable moverlas de un equipo a otro con frecuencia. Les hace falta que las personas de su entorno sean competentes y dignas de confianza, y dicha confianza necesita tiempo para consolidarse.

- Se caracterizan, además, por hacer halagos con mucha moderación y de forma esporádica, así que cuando los hagan se puede saber con seguridad que son realmente merecidos.

DESARROLLADOR / DEVELOPER

Las personas excepcionalmente talentosas en el tema Desarrollador reconocen y cultivan los potenciales de los demás. Detectan las señales de cada pequeña mejora y obtienen satisfacción del avance logrado.

CÓMO LIDERAR SI TIENES EL TEMA DE TALENTO DESARROLLADOR

- Hacer algo bueno por el bien de otros es una señal de carácter y una invitación a la confianza. Ofrécete a los demás para ayudarles a ver su potencial y trabajar con ellos para desarrollar sus capacidades; de este modo tendrás una relación más profunda con esas personas y disfrutarás viéndolas crecer.

- No obstante, habrá gente que quiera ver motivos ocultos tras tus buenas acciones y que les cueste más tiempo de lo normal confiar en ti al ver tu interés en su desarrollo, por lo que es mejor les des un margen de semanas, meses o incluso años antes de asumir que tendrán plena confianza en ti.

- Por tu naturaleza, disfrutas viendo crecer y desarrollarse a otras personas, lo cual es un regalo para quienes se benefician de ello. Poténcialo haciendo saber a tu equipo en todo momento que crees en ellos; esas atenciones les ayudarán a verte como a un igual y a agradecer el apoyo que les brindas.

- Tu lema podría ser algo así como: «Aprendemos mejor de aquellos a quienes apreciamos». Es interesante, pues, que te plantees quién te aprecia a ti y a quienes tienes aprecio tú. Es importante que en el trato personal te preocupes no solo por formar y guiar a tu equipo, sino también por mostrarles aprecio personal. De ese modo tu influencia en el grupo será auténtica y duradera.

- Al ponerte a trabajar con otras personas para potenciar su desarrollo, lo primero que debes hacer es reconocer los logros que ya han alcanzado, porque esto les dará una base de confianza y seguridad y hará que tengan menos miedo a dar los siguientes pasos. Déjales claro que confías en ellos para hacer lo que haya que hacer, porque ya han demostrado que son capaces y el siguiente objetivo está a su alcance.

- Aquellos que tienen el talento Desarrollador ayudan a otros a salir de su zona de confort. Proporcionan una «zona segura» donde pueden esforzarse y fracasar, y volver a esforzarse. Preparan a los demás para el éxito explicándoles que es probable que tengan que hacer más de un intento antes de alcanzar el éxito final. Ayudar a la gente a establecer las expectativas correctas les da la seguridad y la confianza para intentarlo de nuevo.

- Anima a los miembros de tu equipo a que exploren sus talentos y los pongan en práctica. Verán en ti una red de seguridad que les protegerá si fallan y así podrán asumir ciertos riesgos y sacar el máximo partido a sus talentos.

- Propón retos a tu equipo para que amplíen los límites de su imaginación. Hazles preguntas del tipo: ¿Qué es lo máximo que has conseguido en toda tu carrera? ¿Hasta dónde crees que puedes llegar? ¿Cuáles son sus mayores sueños profesionales? ¿Qué harías si no tuvieras ningún obstáculo ni dificultad en tu camino?

- Eres una persona didáctica de manera espontánea, lo que te convierte potencialmente en un buen mentor para mucha gente. Analiza los distintos estilos existentes para hacer esta labor y adopta el que te parezca más adecuado para estimular a tu equipo.

- Seguramente, muchas veces te veas en la necesidad de asesorar a más personas de lo que tu tiempo te permite. Puedes hacerlo si te limitas a ser un «mentor provisional». En realidad, muchos de los factores fundamentales para el desarrollo profesional son cuestión de un momento puntual, de pronunciar las palabras exactas en el momento oportuno, palabras que resultan clarificadoras, avivan la pasión y abren los ojos a una oportunidad o a un cambio en la vida.

CÓMO LIDERAR A PERSONAS QUE TIENEN EL TEMA DE TALENTO DESARROLLADOR

- ○ Los puestos ideales para esta clase de individuos son aquellos que les permitan ayudar a crecer a otros en la empresa, como las funciones de mentor o impartición de cursos a otros departamentos de la empresa sobre temas de su interés, como la seguridad, las prestaciones o la atención al cliente. Si fuera necesario, se les puede financiar la matrícula para que ellos también adquieran formación que les ayude en esta labor.

- ○ Este tipo de personas pueden ser también buenos supervisores, líderes de equipo o directivos. Si ya ocupan un puesto ejecutivo en la empresa, se les pueden dar mayores responsabilidades, sobre todo si estas implican formar a otras personas.

- ○ Su natural instinto protector puede llevar a estos trabajadores a centrar sus esfuerzos en consolar y apoyar a sus compañeros menos comprometidos, que realmente no durarán mucho más en la empresa. Es mejor pedirles que reorienten su energía hacia personas más receptivas que vayan a aprovechar de verdad su inspiración.

DISCIPLINA / DISCIPLINE

Las personas excepcionalmente talentosas en el tema Disciplina disfrutan de las rutinas y de la estructura. La mejor manera de describir su mundo es por el orden que generan.

CÓMO LIDERAR SI TIENES EL TEMA DE TALENTO DISCIPLINA

- Si eres este tipo de líder nunca eludirás tu responsabilidad y los demás te tendrán respeto gracias a tus principios inquebrantables que se reflejan en tus acciones.

- Los miembros de tu equipo cuentan contigo para garantizar que cada cosa se hace como es debido. En tu caso la disciplina es la base de la confianza si los demás ven que cumples sus expectativas una y otra vez.

- Tu gran sentido del orden puede convertirte en el aliado ideal para otras personas igualmente disciplinadas. Detecta y celebra las cualidades de los demás y así construirás relaciones basadas en el mutuo aprecio.

- Muéstrate amable con tus compañeros y cuida los detalles que otros pasan por alto; en otras palabras, sé como esa persona que se preocupa por sus amigos y busca siempre la manera de eliminar los obstáculos de su camino. Así matarás dos pájaros de un tiro, mejorando el ambiente de trabajo y granjeándote el aprecio de todos.

- Te caracterizas por ser una persona predecible y coherente, además de por hacer lo que es necesario cuando es necesario (si no antes). Para transmitir estas cualidades a tu equipo, comparte con ellos tu programación y tus avances; verán que eres alguien de fiar y compartirán también contigo sus propios proyectos.

- No todo el mundo está dotado del sentido del orden que tú tienes, así que es mejor que hagas gala de esa calma y de tener las cosas bajo control. Así los demás se sentirán liberados para centrarse en sus tareas.

- Marcarte objetivos te espolea; te gusta llevar tus tareas al día. Esto será con seguridad un buen ejemplo para tu equipo, así que cuantos más detalles tengan sobre tu agenda de trabajo, mucho mejor.

○ Tratar de imponer tu manera de funcionar a otras personas que no son disciplinadas no tiene ningún sentido. En lugar de eso, intenta descubrir qué se les da bien a ellos y dales tu apoyo y estímulo a cada cual en el área que corresponda.

CÓMO LIDERAR A PERSONAS QUE TIENEN EL TEMA DE TALENTO DISCIPLINA

○ En primer lugar, se les debe dar la oportunidad de estructurar las situaciones caóticas o informales. Dado que no se sienten cómodas en tales circunstancias, y no se puede esperar que lo estén, no descansarán hasta que se restaure el orden.

○ Si hace falta abordar muchas tareas al mismo tiempo, es necesario concederles la posibilidad de fijar prioridades y, si es posible, hacerlo en equipo. Una vez establecido un orden de prioridades, hay que respetarlo.

○ El líder del equipo puede contar con estas personas para que le ayuden a organizar su propio trabajo, el sistema de gestión del tiempo del departamento o la modificación de algunos procesos. Así mismo, el resto de los compañeros pueden beneficiarse de estos talentos pidiéndoles ayuda por su cuenta.

○ A este perfil de trabajador se le da muy bien elaborar procedimientos para mejorar la eficiencia en el trabajo. Por tanto, si se ven obligados a trabajar en una situación que requiera flexibilidad y respuestas rápidas, hay que animarlos a crear ciertas rutinas adecuadas para diferentes circunstancias; así tendrán una respuesta preparada para cada situación que se pueda dar.

EMPATÍA / EMPATHY

Las personas excepcionalmente talentosas en el tema Empatía pueden percibir los sentimientos de los demás, imaginándose a sí mismos viviendo la vida de otras personas.

CÓMO LIDERAR SI TIENES EL TEMA DE TALENTO EMPATÍA

- Cuando tus compañeros se enfrenten a una situación difícil, ayúdalos a gestionar y aceptar sus emociones. Además, respeta sus sentimientos y permíteles expresar lo que necesiten. Todo ello contribuirá a generar confianza entre ustedes.

- Como la confianza es algo fundamental para ti, es probable que muchos compañeros de trabajo se sientan cómodos compartiendo contigo sus sentimientos, pensamientos, inquietudes y necesidades. Anímales a hacerlo, seguro que valoran tu discreción.

- Ser testigo de la felicidad te resulta placentero, por lo que serás proclive a encontrar oportunidades para resaltar y reforzar los éxitos de tu equipo. Te recomendamos que tengas siempre preparada una palabra de aprecio o reconocimiento, porque es la actitud que demuestra un mayor compromiso.

- A veces puedes saber lo que otra persona siente antes incluso de que ella misma se dé cuenta. Esta extraña intuición puede ser enervante o reconfortante, dependiendo de cómo se comparta con la persona en cuestión. Nuestro consejo es que le hagas las preguntas adecuadas para orientarla con cuidado hacia el reconocimiento de lo que tú ya sospechas, y que después la ayudes a exteriorizar sus sentimientos y a aprender a reconocer mejor lo que le ocurre en el futuro.

- Al ser sensible a los sentimientos de los demás, eres capaz de captar el tono emocional de todo un grupo; usa este don para tender un puente de comprensión y apoyo mutuo. Tu talento en el tema Empatía te resultará especialmente útil en épocas difíciles o de incertidumbre, ya que demostrar a tu equipo que te preocupas por ellos les generará sensación de seguridad y también estimulará su lealtad hacia ti.

○ La paciencia y la comprensión son tus sellos distintivos, por lo que no te costará tomarte el tiempo necesario para escuchar y no precipitarte en tus juicios. El hecho de dar a los demás tiempo y espacio para ordenar sus pensamientos y gestionar sus sentimientos en un entorno seguro garantizará la estabilidad y la calma en el seno del grupo.

○ Probablemente la gente te suela escoger como confidente o mentor, así que haz que se sientan bienvenidos, diles lo que percibes sobre sus aspiraciones y guíalos a través de ellas.

○ Tu talento para la Empatía te permite anticipar sucesos y reacciones en la empresa. Úsalo en favor del equipo y estimula a la gente para permanecer alerta y sacar provecho de esa capacidad de anticipación.

CÓMO LIDERAR A PERSONAS QUE TIENEN EL TEMA DE TALENTO EMPATÍA

○ Hay que prestarles atención (sin exagerar) cuando lloren; es una reacción muy común en las personas empáticas, que a veces sienten la alegría o la tragedia del otro de manera más intensa que el propio individuo que la experimenta.

○ Es importante ayudar a estas personas a ver sus talentos en Empatía como un don especial que pueden usar para beneficiar a los demás. Puede que les resulte tan natural que piensen que todo el mundo es así, o tal vez les avergüence su fortaleza emocional.

○ Se debe aprovechar su habilidad para tomar decisiones de forma instintiva. A veces no saben por qué creen que una determinada opción es la correcta, pero suelen estar en lo cierto. Así que es recomendable preguntarles qué les dicta su intuición en cada momento.

○ Es mejor organizar al equipo de manera que las personas empáticas puedan trabajar con otras de carácter optimista, porque con ellas se sentirán más motivadas; en cambio, la gente pesimista o cínica puede llegar a deprimirlas, por lo que conviene mantenerlas alejadas.

ENFOQUE / FOCUS

Las personas excepcionalmente talentosas en el tema Enfoque pueden tomar una dirección, seguirla y realizar las correcciones necesarias para mantenerse en el camino. Establecen prioridades y luego actúan.

CÓMO LIDERAR SI TIENES EL TEMA DE TALENTO ENFOQUE

- Los demás te respetarán porque sabes lo que es importante y pones tu atención en ello. Asegúrate de que no estás delegando tareas no esenciales. Antes de pedirle a alguien que haga algo, pregúntate si esa tarea afecta a los resultados generales y, si no merece que le dediques tiempo, quizá tampoco sea necesario que lo haga ningún otro. Tus subordinados confiarán en tu juicio.

- Como persona con el tema de talento Enfoque, sabes que la vida es una elección constante. Recuerda que todo el mundo es responsable de sus propias decisiones y demuestra a los demás que los comprendes y respetas sus opciones.

- De vez en cuando da un paso atrás y piensa en lo importante de la vida. Usa tu talento de Enfoque no solo en proyectos profesionales, sino también con la gente; fija en tu agenda metas y estrategias para proporcionar a los miembros de tu equipo la atención que merecen.

- Reflexiona acerca de qué personas de tu equipo merecen que se invierta más en ellas, sobre quiénes facilitan las cosas al resto gracias a su esfuerzo. Detéctalos y muéstrales tu aprecio, además de, por supuesto, acudir en su ayuda cuando te necesiten.

- Amplía los efectos de tu talento de Enfoque haciendo planes con mucha mayor antelación de lo acostumbrado; si, por ejemplo, sueles planear ciertas actividades con un año de antelación, intenta hacerlo a tres años y ve aumentando gradualmente ese periodo. Y luego compártelo con tu equipo, porque si saben que piensas a largo plazo tendrán una mayor seguridad en el presente.

- En este sentido, al compartir con tu equipo una serie de planes y objetivos a largo plazo, les transmites que forman parte de tus proyecciones futuras y les garantizas que los valoras, los necesitas y que seguirán trabajando a tu lado.

○ En el transcurso de la vida, ciertas responsabilidades y tareas pueden perder su sentido, por lo que es interesante que indagues en lo que tu equipo piensa al respecto y les ayudes a clarificar aquello en lo que puedan sentir confusión. Pregúntales cuáles son sus prioridades en la vida y en el trabajo, qué es lo que más les gusta hacer y qué pasaría si dejaran de hacerlo. Es una buena manera de reenfocar la energía de los demás y ofrecerles una mirada fresca sobre el futuro.

○ Ejerce de mentor ayudando a orientar la trayectoria profesional de los trabajadores más prometedores de tu equipo.

○ Tener objetivos específicos, tangibles y medibles es crucial para ser efectivos. Si eres este tipo de líder seguramente disfrutarás fijándote «miniobjetivos», ya que hacerlo te ayudará a mantener bien definidos tu talento de Enfoque. Como recomendamos en otros casos, comparte estas metas y la forma de medir los resultados con el resto de tu equipo; eso favorecerá el espíritu de grupo e inspirará a los demás para considerar sus progresos personales en relación con los objetivos de la empresa.

CÓMO LIDERAR A PERSONAS QUE TIENEN EL TEMA DE TALENTO ENFOQUE

○ Lo ideal es fijar metas y plazos y luego pedir a estos trabajadores que planeen la forma de cumplirlos. Trabajarán mejor en un entorno en el que puedan controlar sus actividades.

○ Es conveniente supervisar la labor de estas personas de forma regular, tan a menudo como ellas mismas indiquen que les resulta útil. Les vendrá bien compartir sus objetivos y cómo van progresando hasta cumplirlos.

○ No se debe esperar que sean siempre sensibles a los sentimientos de los demás, pues para este perfil sacar adelante el trabajo es la máxima prioridad.

- No se les da bien trabajar en situaciones en constante cambio. Se puede tratar de reducir ese problema empleando unos términos más adecuados para anunciarles los cambios: por ejemplo, refiriéndose a ellos como «nuevas metas» o «nuevas maneras de alcanzar nuestros objetivos». De este modo se le estará dando al cambio una trayectoria y un propósito.

- Esta clase de trabajadores aprovecharán muy bien la formación en gestión. Aunque este tipo de actividad no se encuentre entre las que se les dan mejor, su talento en el tema Enfoque les impulsa a avanzar hacia sus metas lo más rápido posible, por lo que apreciarán lo que puede ayudarles una gestión más efectiva del tiempo.

ESTRATÉGICO / STRATEGIC

Las personas excepcionalmente talentosas en el tema Estratégico crean formas alternativas de proceder. Ante cualquier escenario dado, estas personas pueden identificar rápidamente las pautas y cuestiones relevantes.

CÓMO LIDERAR SI TIENES EL TEMA DE TALENTO ESTRATÉGICO

○ A la hora de tomar decisiones, discute siempre las opciones disponibles de forma honesta y concienzuda con las personas implicadas. Como líder has de ayudar a esas personas a confiar en el proceso de análisis de todas las alternativas y después trabajar en pos de la solución óptima.

○ Sé consciente de tus propios prejuicios. ¿Estás sopesando todas las posibilidades de forma objetiva o tiendes a ceder ante tus preferencias personales o las opciones más cómodas? Siempre debes considerar seriamente cada alternativa, si hace falta con ayuda de alguien más, con el fin de garantizar que estás tomando las decisiones adecuadas.

○ Aprovecha para aplicar tu razonamiento estratégico a tus relaciones. Haz una lista con las personas que tengan una influencia positiva en tu vida y luego planea actividades para invertir más tiempo y energía en cada una de esas relaciones.

○ ¿Cuáles son tus objetivos con respecto a tu familia? ¿Y en cuanto a tus amistades? Orienta tu capacidad para el razonamiento estratégico hacia las personas importantes de tu vida. ¿Tiene alguien un sueño pero solo ve obstáculos para hacerlo realidad? Tú puedes ayudarle a sortear los obstáculos indicándole caminos alternativos. ¿Alguna persona querida se siente estancada o bloqueada y sin opciones? Demuéstrale que te interesa ayudándole a descubrir sus posibilidades.

○ Tómate tu tiempo para analizar las estrategias que emplean otros líderes a los que respetes o admires, porque ejercerán en ti un efecto estimulante. Por otro lado, es recomendable concienciar a los demás de que tu estilo de pensamiento estratégico no te condiciona, sino que tus decisiones se basan en la investigación; cuando se den cuenta de eso y de cuánto valoras las opiniones de otras personas, serán capaces de apreciar los fundamentos estables sobre los que basas tus ideas.

○ A pesar de que otros puedan considerar solo la ruta que ya conocen para llevar a cabo una tarea, tú eres capaz de ver las numerosas posibilidades que se derivan de tomar otros caminos menos transitados. Reserva, pues, algo de tiempo para considerar esas «sendas alternativas» y adquiere conocimientos sobre ellas. Como líder, explica a tu equipo que centrarse solo en lo conocido puede resultar muy limitante y que es mucho más beneficioso sopesar diferentes opciones. Este tipo de reflexión desprejuiciada y abierta les dará una sensación de certidumbre sobre tu constante búsqueda del mejor camino posible.

○ Asegúrate siempre que puedas de respaldar e incluso encabezar cualquier nueva iniciativa en tu departamento o compañía. Tu enfoque innovador, a la par que metódico, resultará crucial en la génesis de tales proyectos, porque evitará que sus impulsores actúen con estrechez de miras.

○ Tu razonamiento estratégico puede evitar que un objetivo alcanzable derive en quimera o utopía. Trata de guiar a tus subordinados y, si es posible, a toda tu empresa, por el camino de considerar todas las opciones posibles en la consecución de sus objetivos. La reflexión contribuye a eliminar los obstáculos antes de que aparezcan e inspira a la gente para prosperar.

○ Transmite a tu equipo que pueden recurrir a ti en busca de consejo si se sienten atascados en un problema o perciben ciertas barreras que les impiden avanzar en el trabajo. El hecho de ver una salida cuando otros están convencidos de que no la hay les estimulará y les guiará hacia el éxito.

CÓMO LIDERAR A PERSONAS QUE TIENEN EL TEMA DE TALENTO ESTRATÉGICO

○ Su mejor lugar se encuentra en la vanguardia de la compañía, ya que su habilidad para anticipar los problemas y las correspondientes soluciones no tiene precio. Es aconsejable pedirles que analicen todas las posibilidades y encuentren el mejor modo de avanzar del departamento al que pertenecen.

- Es básico reconocer el talento estratégico de estos trabajadores y facilitarles que participen en seminarios o cursos sobre esta cuestión (de planificación estratégica por ejemplo), porque aprender más sobre el tema les resultará estimulante.

- Es probable que estas personas tengan también habilidad para verbalizar sus pensamientos. En este sentido, es bueno pedirles que presenten sus ideas a otros colegas o incluso que las escriban para que puedan distribuirse internamente en la empresa.

FUTURISTA / FUTURISTIC

Las personas excepcionalmente talentosas en el tema Futurista se inspiran en el futuro y en todo lo que puede llegar a ocurrir. Impulsan a los demás con su visión de futuro.

CÓMO LIDERAR SI TIENES EL TEMA DE TALENTO FUTURISTA

- Si pretendes transmitir tu visión de futuro a tu equipo, asegúrate antes de que tus previsiones se basan en la realidad. A mucha gente le cuesta visualizar cómo serán las cosas más adelante, por lo que debes darles el máximo detalle, aunque de forma realista, lo que contribuirá a construir la confianza y la fiabilidad.

- Dada tu habilidad natural para ver lo que está por venir, puede que a veces observes alteraciones en el horizonte. Pese a que prefieras hablar de posibilidades que de problemas, es necesario que compartas también estas visiones con los demás, de modo que puedan hacer frente a tales situaciones antes de que causen auténticas dificultades.

- Una de las mejores maneras de conectar con alguien es escuchar. Habla con tu equipo y pídeles que describan su futuro ideal; seguro que encontráis alguna conexión que te permite aclarar con ellos sus posibilidades. Y, en cualquier caso, se sentirán más cerca de ti por el hecho de interesarte por sus esperanzas y sueños.

- Ves el futuro con mayor claridad que el resto, así que estás en la mejor posición para animar a tus subordinados a imaginar qué pueden conseguir y a ponerse manos a la obra para lograrlo. Es posible que veas en otras personas talentos que ellas mismas no han sido capaces de percibir u oportunidades que no hayan considerado. Invertir tiempo y energía en analizar lo que es bueno para otras personas demuestra aprecio, y así es como debe comportarse un auténtico líder.

- A veces exageramos nuestro miedo al presente, porque no podemos ver más allá, cuando la situación actual haya pasado. Pero tus pensamientos no estarán tan ligados a las circunstancias presentes y puedes permitirte compartir tu calma con los demás, sabiendo que mañana será otro día y que las preocupaciones presentes quedarán atrás.

○ Indaga en las emociones que genera el futuro en las personas que tienes a tu cargo. Si la perspectiva les genera preocupación o confusión, ayúdales a tomarlo como un escenario posible, no predestinado, y deja claro que cada cual tiene el control de su destino.

○ No debería extrañarte que otros te tomen como referencia cuando necesitan orientación; es posible, de hecho, que lleves desempeñando este papel toda la vida. Reflexiona, pues, sobre la mejor manera de ayudar cuando se dé el caso: ¿qué necesitan los demás cuando acuden a mí? ¿Cómo puedo averiguarlo? Ten preparadas algunas preguntas que te ayuden a concretar mejor tus consejos.

○ Si eres este tipo de líderes, ten en cuenta que inspiras a los demás con tu visión de futuro. Describe con detalle tus percepciones para que llegue mejor a la gente; puedes ayudarte de diagramas de flujo y otras representaciones gráficas que faciliten al equipo la comprensión de lo que les planteas.

CÓMO LIDERAR A PERSONAS QUE TIENEN EL TEMA DE TALENTO FUTURISTA

○ Es aconsejable darles tiempo para reflexionar, escribir y planear qué productos y servicios necesitará la empresa en el futuro. También hay que darles la oportunidad de compartir su perspectiva con el resto de la compañía y en reuniones o congresos del sector.

○ Lo ideal es que formen parte del comité de planificación de la empresa; pueden plantear allí sus estimaciones a tres, cinco o diez años, y repetir su intervención cada seis meses aproximadamente. De esta manera, podrán afinar su visión con nuevos datos y conocimientos.

○ Cuando la empresa necesite la aceptación del cambio por parte de sus trabajadores, estas personas pueden ser buenas aliadas en el proceso, ya que saben ver cuáles serán las necesidades de la compañía más adelante y cómo cambiar las cosas para adaptarse a ello. Lo ideal es que presenten este planteamiento por escrito para que sus compañeros puedan superar sus temores e incertidumbres y ver el futuro como un campo de posibilidades.

IDEAR / IDEATION

Las personas excepcionalmente talentosas en el tema Idear se fascinan con las ideas. Son capaces de encontrar conexiones en fenómenos aparentemente dispares.

CÓMO LIDERAR SI TIENES EL TEMA DE TALENTO IDEAR

- Comunicar a tu equipo el propósito que subyace a tu búsqueda de novedades les ayudará a confiar en tu buen hacer. Siempre es útil explicar por qué se hacen las cosas, sea para mejorar la situación, para explicar mejor la realidad o para hacer descubrimientos que contribuyan al bien general.

- Simplifica las cosas; ciertas ideas pueden resultar confusas para algunas personas. Tú tienes la facilidad de percibir la simplicidad de los principios subyacentes, pero hay que conseguir que los demás lo vean así también. Cuanto más claras estén las cosas para los miembros del equipo, más certeza tendrán de que estás haciendo lo correcto.

- Los demás sienten un gran aprecio por tu capacidad creativa y tu continua búsqueda de nuevas ideas; anímalos a sumarse a la tarea. La ilusión de compartir ideas y proyectos, incluso aunque procedan de campos y enfoques diferentes, puede ser la base para una relación satisfactoria.

- Júntate con personas que tengan una mentalidad práctica y que puedan hacer viables tus ideas. Tú, a tu vez, puedes ser para ellas una inspiración. Precisamente estas diferencias son lo que los une y aumenta tu posibilidad de éxito.

- El tema Idear parece opuesto al concepto de estabilidad. Tú siempre buscas la forma de huir de los convencionalismos y de observar las cosas desde nuevos punto de vista. Es preciso, por tanto, que dejes claro a los demás que no pretendes destruir lo existente, sino mejorarlo. Tú sabes que la seguridad no se garantiza manteniendo el *statu quo* y haciendo las cosas siempre igual, sino estando preparados para el futuro.

o Debes asumir riesgos, pero al mismo tiempo es tu responsabilidad calmar a los demás, informándoles de que esos riesgos están calculados y no los asumes de forma imprudente o irreflexiva. La confianza se construye ayudando al otro a ver la lógica subyacente en la búsqueda de lo nuevo y manteniéndole informado durante el proceso.

o Eres un líder ideal para equipos de I+D, porque aprecias la mentalidad de los visionarios y soñadores. Dedica también parte de tu tiempo a otras personas imaginativas de tu entorno y asiste a sus sesiones de lluvia de ideas, invitando a su vez a otros que también tengan algo que aportar. Como líder con un talento excepcional en el tema Idear, puedes contribuir a las ideas inspiradoras y hacerlas realidad.

o Busca en tu equipo a personas con diferentes estilos de vida y puntos de vista sobre las cosas, y forja lazos con ellas; su perspectiva sobre otros campos que desconoces te puede servir de inspiración y, en todo caso, alimentar esa necesidad mutua de pensar a lo grande.

CÓMO LIDERAR A PERSONAS QUE TIENEN EL TEMA DE TALENTO IDEAR

o Para aprovechar su creatividad lo mejor es situarlas en puestos y funciones donde sus ideas sean valoradas.

o Conviene estimularlas a que generen nuevas ideas o reflexiones útiles para compartir con los clientes. Las investigaciones de Gallup han demostrado que cuando un cliente aprende algo de la empresa que le da un servicio, su lealtad hacia ella aumenta.

o Estas personas necesitan que todo encaje a la perfección, por lo que al tomar decisiones es recomendable tomarse un tiempo para explicarles en qué se ha basado cada una.

o Si una decisión concreta no encaja en la tendencia general, será necesario explicar a estas personas que dicha decisión supone una excepción o es un experimento. Sin esa explicación, podrían empezar a preocuparse y pensar que la política de la empresa se está volviendo incoherente.

INCLUSIÓN / INCLUDER

Las personas excepcionalmente talentosas en el tema Inclusión aceptan a los demás; son conscientes de que hay compañeros que se sienten marginados y hacen un esfuerzo por incluirlos en el grupo.

CÓMO LIDERAR SI TIENES EL TEMA DE TALENTO INCLUSIÓN

- Tu completa carencia de elitismo inspira respeto en los demás, que saben que pueden confiar en ti para hallar puntos en común y reconocer la contribución de cada miembro al equipo y a la empresa.

- La aceptación automática forma parte de tu mentalidad. Nunca discutes los inconvenientes de tener en cuenta a alguien; si están ahí, deben formar parte del grupo. Es bueno que procures también ayudar a los demás a ver más allá de la superficie y a considerar cómo se sienten sus compañeros. A través del respeto que brindas a otros verán que tú también lo mereces.

- Todos necesitan un amigo que tenga talentos de Inclusión. Tú ayudas a la gente a sentirse acogida y a participar de algo más grande que ellos mismos. Cuando los demás se sienten como extraños que están de paso, les tiendes la mano y los invitas a unirse. Nunca dudes en incluir a otros, incluso cuando puedan rechazarlo, pues estás haciendo lo correcto.

- Siempre cuidas de los nuevos y eres su primer amigo; luego se los presentas a los demás y ayudas a unos y otros a encontrar puntos de conexión. Es fácil que hagas muchos amigos si actúas de esta forma, porque no podemos olvidar a quien nos hizo sentir que formamos parte de un grupo cuando más inseguros nos encontrábamos.

- Si eres este tipo de líder, fomentas la estabilidad y la seguridad en el seno del grupo, porque todos saben que no serán excluidos. Sé siempre coherente y abierto a una amplia variedad de personas; esto ayudará a que todo el mundo sepa que serán igualmente bien acogidos cuando lo necesiten.

- Tu actitud es la de que «siempre hay sitio para alguien más»; esto fomenta la inclusión en lugar de la competición cuando llega alguien nuevo al equipo. Cuando la gente ve que el círculo se amplía para acomodarlos a todos, se sentirá menos territorial y más segura de su lugar en el grupo. Una manera de incrementar esta confianza es pedir a algunos de los veteranos que se hagan cargo de parte de la orientación de los nuevos.

○ Asume el papel de formar a los demás para que también sean inclusivos. Hay gente que puede necesitar un pequeño empujoncito para salir de su zona de confort y dar el primer paso para aceptar a alguien en su círculo. Si les das tú ese empujón estarás proporcionando más oportunidades de crecimiento a todo el mundo.

○ Piensa que en un equipo de trabajo todo el mundo se relaciona con los demás a través del líder, pues es la principal vía de transmisión de la información. Por tanto, tu papel es fundamental para mantener al grupo unido.

CÓMO LIDERAR A PERSONAS QUE TIENEN EL TEMA DE TALENTO INCLUSIÓN

○ A este tipo de personas les interesa que todo el mundo se sienta parte del equipo, así que su mejor puesto es aquel cuyas funciones sean de orientación para nuevos empleados.

○ También se puede sacar provecho de sus talentos en el tema Inclusión haciendo que se relacionen con los clientes, con los que es interesante romper barreras para que se sientan más cercanos a la empresa.

○ Dado que probablemente no aprecien especialmente los productos o servicios más selectos, destinados a un perfil de cliente muy concreto, es mejor que trabajen en departamentos donde se desarrollen productos o servicios orientados a un mercado amplio.

○ Si es necesario se les puede pedir que sean el nexo entre la empresa y las entidades sociales de su entorno.

INDIVIDUALIZACIÓN / INDIVIDUALIZATION

Las personas excepcionalmente talentosas en el tema Individualización se interesan por las cualidades únicas de cada persona. Tienen el don de descubrir la forma en que personas diferentes pueden trabajar juntas de manera productiva.

CÓMO LIDERAR SI TIENES EL TEMA DE TALENTO INDIVIDUALIZACIÓN

- A veces sabes más de algunas personas de lo que a ellas les gustaría, por lo que te recomendamos mantener en estricto secreto las confidencias personales que te hagan y hablar sobre ello solo con la persona interesada y en privado. Es prerrogativa de cada cual decidir si desea contar sus experiencias a los demás.

- La gente confía en tu instinto para detectar las cualidades únicas de cada trabajador a tu cargo, y te recomendamos que sigas construyendo sobre esa confianza, centrándose en lo positivo de la gente, en la medida de lo posible, cuando te pidan que compartas tus impresiones sobre alguien.

- Normalmente tu tendencia a tratar a todos de manera individual según sus necesidades, cualidades y estilo de comportamiento cuenta con el apoyo del grupo. No obstante, algunos pueden ver en esto cierto favoritismo y a causa de ello perder la confianza en ti. Así que debes estar preparado para defender tu forma de ser apelando a los beneficios que supone para el rendimiento individual, así como desde una perspectiva meramente humana.

- La gente suele sorprenderse cuando alguien a quien conocen desde hace poco tiempo parece saber tanto de ella. Es probable que quieran saber «cómo te has enterado de ciertas cosas». Además, a medida que la relación crece, querrán que les comuniques con mayor detalle tu opinión respecto a sus comportamientos y cualidades. Eres un espejo para ellos y les ofreces una perspectiva valiosa, por lo que es bueno que se abran más y contrasten sus ideas contigo.

- Si eres una persona así puede que se te dé bien escoger el regalo perfecto para cada cual, incluso aunque sea alguien a quien no conozcas muy bien. Esto es muy útil para crear buen ambiente en el trabajo: recibir de forma inesperada un pequeño obsequio sin duda afianzará una buena relación. Date permiso para acercarte de esa manera a otras personas y disfruta de sus reacciones de sorpresa.

○ Tu capacidad para individualizar es esencial para aportar estabilidad al grupo; ayuda a cada miembro del equipo a escoger sus funciones siguiendo sus deseos y necesidades; esto mejorará su autoconfianza y su sensación de seguridad.

○ «Todas las generalizaciones son falsas, incluida esta» es un dicho que te puede ser muy útil para defender tu postura. Además, saber que su superior es consciente de las circunstancias especiales de cada persona ayuda a los demás a sentirse comprendidos y seguros. Conviene que les hagas saber que, a pesar de las normas y de la estructura empresarial, tendrás en cuenta sus habilidades y necesidades particulares a la hora de tomar decisiones sobre su trabajo.

○ En ocasiones, algunas personas son más predecibles para ti que para ellas mismas. Usa este don para detectar patrones de conducta en los demás y ayudarles a ver lo que no son capaces de captar por sí mismos. Es posible que gracias a ti saquen provecho de capacidades innatas que raramente usan o logren evitar caer en los mismos errores. Es importante que les des retroalimentación y les eches una mano para acelerar la consecución de sus sueños y aspiraciones.

○ Sueles ser consciente de manera instintiva del hecho de que la gente es más productiva cuando el entorno se adapta a sus cualidades. Siempre que sea posible, permite a los miembros de tu equipo expresar su individualidad a través de su vestimenta, de la decoración de sus espacios de trabajo o de su horario laboral. Es una de las mejores formas de generar compromiso e inspirar a los trabajadores, todo lo cual redundará en un mejor desempeño de sus funciones.

○ Como líder, te mueves con comodidad entre una amplia gama de estilos y culturas, y personalizas de manera instintiva tu forma de relacionarte. Usa esa habilidad de manera consciente y proactiva, liderando los esfuerzos de la empresa en este sentido.

CÓMO LIDERAR A PERSONAS QUE TIENEN EL TEMA DE TALENTO INDIVIDUALIZACIÓN

- Es recomendable pedirles que formen parte del comité de selección, pues son buenas valorando los puntos fuertes y débiles de cada candidato. Otra labor que pueden hacer muy bien es asignar los diferentes puestos de trabajo a los nuevos empleados.

- Cuando sea posible, se les puede pedir que ayuden a diseñar los programas de incentivos por productividad de la empresa.

- Otra buena opción para este perfil es impartir formación interna o ser mentores de empleados nuevos, puesto que poseen habilidades naturales para identificar la forma particular de aprender de cada individuo.

- Evalúa otros temas dominantes de estos trabajadores. Si sus talentos Desarrollador y Coordinador son también fuertes, pueden encajar como directivos o supervisores. Si sus talentos son Mando y Sociable, pueden ser muy efectivos convirtiendo a posibles clientes en clientes reales.

INTELECCIÓN / INTELLECTION

Las personas excepcionalmente talentosas en el tema Intelección se caracterizan por su actividad intelectual. Son introspectivos y aprecian los debates intelectuales.

CÓMO LIDERAR SI TIENES EL TEMA DE TALENTO INTELECCIÓN

- Si analizas los pensamientos de los demás y das tu opinión de forma honesta, evitarás que se cometan errores en tu equipo. Sus miembros darán valor a tu predisposición para ayudarles a triunfar y dependerán en gran medida de ti para ello.

- Tu capacidad intelectual se ganará el respeto de mucha gente, por lo que te conviene demostrar que eres digno de dicho respeto recordando el hecho de que el pensamiento sin acción no sirve de mucho. Usa tu don de Intelección para marcar la diferencia y merecerás todo el respeto que se te brinde.

- Animar a otros a participar en un debate intelectual y filosófico da sentido a las cosas y fomenta las relaciones. Trata de discutir siempre con gente que disfrute de ello tanto como tú, porque les servirá para tener la mente bien engrasada y además mejorará tu relación personal.

- Algunas personas querrán que pienses con ellas, mientras que otras preferirán que pienses por ellas. Conectarás mejor con cierta gente porque tienes la capacidad de observar las cosas desde un ángulo completamente diferente al suyo; en cambio, para quienes sean perseverantes y estén orientados a la acción, tú serás el compañero reflexivo que les complementa y mejora sus posibilidades de éxito.

- A veces tendrás que dar marcha atrás para que los demás puedan seguir tus razonamientos. Es posible que algunos no estén preparados para asumir tus decisiones hasta que no hayan comprendido el proceso que seguiste hasta tomarlas. Por tanto, comparte en la medida de lo posible con tu equipo los pasos mentales que has dado para llegar cada conclusión y así nadie podrá alegar que tu razonamiento carezca de base.

- Procura que tus subordinados entiendan tu necesidad de soledad y espacio para la reflexión; hazles ver que es simplemente un reflejo de tu estilo intelectual, con el que pretendes aportar lo máximo posible al interés general.

- Estimula a los miembros de tu equipo a emplear toda su capacidad de razonamiento planteándoles retos intelectuales e incitándolos al diálogo. Pero ten en cuenta que habrá quienes consideren esta actitud intimidatoria y necesitarán tiempo para pensárselo antes de participar; en tal caso, déjales aplicar su propio estilo de pensamiento.

- Algunas personas buscarán de forma activa tu opinión, porque aprecian tu forma de razonar. Pero ten en cuenta que solo podrás dar lo mejor de ti cuando tengas la oportunidad de involucrarte en los proyectos desde el principio; así contribuirás mejor a alcanzar excelentes resultados a largo plazo.

CÓMO LIDERAR A PERSONAS QUE TIENEN EL TEMA DE TALENTO INTELECCIÓN

- Es conveniente animarlas a destinar parte de su tiempo a meditar, puesto que para este perfil de individuo el pensamiento puro es altamente productivo, les sirve para ver las cosas con más claridad y para tener un mayor grado de autoconfianza.

- La charla sobre las fortalezas con estas personas ha de ser pausada, porque suelen disfrutar de la introspección y el autodescubrimiento.

- Es básico darles la oportunidad de exponer su visión ante el resto del equipo. Esa presión de tener que comunicar sus ideas a otros les obligará a afinar y clarificar sus pensamientos.

- Recomendamos emparejar a estos trabajadores con otros que posean el tema de talento Activador, quienes les aportarán la energía necesaria para poner en práctica sus ideas.

LOGRADOR / ACHIEVER

Las personas excepcionalmente talentosas en el tema Logrador trabajan intensamente y tienen mucha resistencia. Sienten una gran satisfacción al estar ocupadas y sentirse productivas.

CÓMO LIDERAR SI TIENES EL TEMA DE TALENTO LOGRADOR

- Las demás personas respetan tu ética del trabajo y tu dedicación. El trabajo duro y la productividad son señales de que eres alguien en quien se puede confiar para hacer las cosas como es debido. Tú has de estar a la altura de esa confianza y cumplir con lo prometido.

- Estableces relaciones con los demás al trabajar con ellos codo con codo. El trabajo en equipo genera vínculos y afecto, ya que cuando tus compañeros ven que arrimas el hombro establecen contigo una conexión afectiva. Así mismo, si muestras a tu equipo que te ves como alguien igual y no superior les inspirarás confianza y respeto.

- La forma de definir y alcanzar los objetivos es de capital importancia para ti, y además la aplicas a otras áreas de tu vida. ¿No pasas el tiempo suficiente con las personas que son importantes para ti? Entonces nuestro consejo es que elijas a alguien que te importe, que selecciones un proyecto del gusto de ambos y que fijes un calendario para llevarlo a cabo; de esta manera te sentirás bien tanto con los logros alcanzados como con el tiempo que pasan juntos.

- Si eres este tipo de persona te aconsejamos introducir a diario, al menos, una meta vinculada a las relaciones personales en tu lista de tareas, puesto que esto hará que los miembros de tu equipo se sientan dignos de ese tiempo, además de que tú tendrás la satisfacción diaria de comprobar que cumples tus objetivos.

- Los miembros de tu equipo cuentan con que crees firmemente en la importancia del esfuerzo y el trabajo duro para adquirir seguridad y estabilidad, y eso es lo que esperarán siempre de ti. Es recomendable que hables con ellos sobre la sensación que produce dar siempre lo máximo de uno mismo, y que te esfuerces por ayudarlos a comprender que si hay algo que pueden controlar en la vida es su propio esfuerzo.

○ Tu energía y brío hace que los demás vean en ti la fuerza de una roca. Siempre estás trabajando, no parece que te canses nunca. La gente podría llegar incluso a sentir lástima, en vista de la cantidad de horas que trabajas. Es conveniente que les expliques que, si bien dedicas a tu trabajo más tiempo que la media, eso es lo que te hace sentirte bien. Interésate, a tu vez, por lo que les hace sentir bien a ellos de su forma de trabajar, y esfuérzate por entenderles y apoyarles respecto al estilo de trabajo de cada uno.

○ Tu tremenda energía y tus inagotables deseos de logro son una inspiración para los demás, de modo que es recomendable incitarles a que identifiquen sus propias metas y preguntarles por sus progresos; puedes ayudarles a fijar plazos y a elaborar listas de verificación, pues así les ayudarás también a materializar sus planes.

○ Establecer metas y plazos, algo tan motivador para ti, puede ayudar a su vez a los demás a gestionar los proyectos que emprendan. Es posible hacer que una tarea grande y compleja sea más manejable descomponiéndola en partes y estableciendo hitos intermedios. Cuando alguien recurra ti en busca de ayuda porque se halla frente a una tarea inabordable, comparte con esa persona este sistema de gestión.

CÓMO LIDERAR A PERSONAS QUE TIENEN EL TEMA DE TALENTO LOGRADOR

○ Se debe recurrir a este tipo de personas cuando se abordan proyectos que requieran trabajo extra. Conviene recordar aquel dicho que reza: «Si quieres que se haga algo, pídeselo a una persona ocupada».

○ A estas personas les gusta estar en permanente actividad, así que es probable que tener reuniones constantes sea muy aburrido para ellas. Es mejor dejar que se queden haciendo su trabajo o bien que asistan a las reuniones solo cuando sea imprescindible su presencia y cuando puedan participar activamente en ellas.

○ Es preciso ayudarles a evaluar sus logros. Es posible que disfruten controlando las horas que trabajan, pero lo más importante es que cuenten con un método para valorar su propio rendimiento; algunas medidas simples, como el número de clientes que atienden, a qué clientes conocen por sus nombres, la cantidad de archivos que revisan, los clientes potenciales con los que contactan o los pacientes a los que visitan (dependiendo de las funciones de cada trabajador) contribuirán a definir mejor su rol y su rendimiento.

- Es conveniente establecer una relación personal con estos empleados trabajando en equipo, pues la experiencia generará un vínculo afectivo con ellos. Además, hay que mantener alejados de ellos a los trabajadores que menos rinden, pues a las personas con talento Logrador les molestan los remolones.

- Cuando estas personas finalizan un trabajo, concederles un descanso o asignarles una tarea sencilla no les suele recompensar. Se les motiva mucho más otorgándoles el debido reconocimiento por sus logros y proponiéndoles después un nuevo reto.

- Es posible que estas personas necesiten dormir menos y levantarse más temprano que la mayoría, por tanto, habrá que recurrir a ellos cuando un trabajo precise de tales condiciones. En consecuencia, es aconsejable hacerles preguntas del tipo: «¿Hasta qué hora deberás trabajar para acabar este proyecto?» o «¿A qué hora empezaste a trabajar esta mañana?». Apreciarán, sin duda, este tipo de interés.

- Es posible que la persona responsable de un trabajador con talento Logrador se sienta tentada de ascenderle a un puesto de mayor responsabilidad, porque se trata de individuos habitualmente emprendedores y con iniciativa. Pero esto puede ser un error si conlleva dejar de encargarles lo que mejor se les da. Nuestra recomendación es que se identifiquen primero sus otras fortalezas y talentos y luego que se busquen más oportunidades para que sigan haciendo lo que saben hacer mejor.

MANDO / COMMAND

Las personas excepcionalmente talentosas en el tema Mando tienen presencia. Pueden asumir el control de las situaciones y tomar decisiones.

CÓMO LIDERAR SI TIENES EL TEMA DE TALENTO MANDO

- Como te conocen por decir siempre lo que piensas, los miembros de tu equipo confían en que actuarás sin dobleces. Pueden tomarse al pie de la letra lo que les digas y tener la seguridad de que no cambiarás de opinión una vez que salgan de tu despacho. Esta franqueza genera confianza y es la base de las buenas relaciones.

- Analiza la correlación entre tus valores y tu forma de actuar: ¿existe coherencia entre una cosa y otra? ¿Demuestras ser una persona íntegra? Reflexiona sobre los valores que son más importantes para ti; ¿se te ocurren ejemplos recientes de acciones que has puesto en marcha y que confirmen esos valores? Nuestra recomendación es que elabores una lista con esos ejemplos, de modo que puedas ser consciente de si practicas aquello que predicas; esto es muy útil como actividad de autoevaluación y garantizará a los demás que pueden confiar en lo que les dices y que respetarás sus iniciativas.

- Las personas con el tema de talento Mando sienten con intensidad y son proclives a expresar sus emociones. Si es tu caso, te recomendamos actuar de forma natural y comunicar a tu equipo cómo te sientes y por qué son importantes para ti, esto es, verbalizar aquello que otras personas pueden ser demasiado reservadas para exteriorizar. El hecho de que tú lo digas primero les dará pie a reconocer que el sentimiento es mutuo. Y si las cosas aún no están en ese punto puede ser la ocasión para iniciar una relación significativa, ya que una expresión de afecto, consideración o atención que sea genuina es siempre un gran paso hacia el establecimiento de un vínculo entre el superior y el subordinado.

- Exprésate con claridad y contundencia, muestra tus sentimientos y los demás lo valorarán y te respetarán por ello. Las mejores relaciones se basan en los valores compartidos, así que si tú, como líder de tu equipo, te abres a los demás respecto a tus creencias e intereses es más probable que te perciban como un potencial aliado. Y también es conveniente que animes a los demás a que hagan lo mismo; cierta gente necesita un empujoncito.

○ A veces los trabajadores perciben al líder con un fuerte talento Mando como alguien que tiene una coraza impenetrable que le protege de cualquier posible daño. La consecuencia es que se sientan vulnerables y vean a su superior como invulnerable. Pero las relaciones dependen de ser conscientes de la vulnerabilidad mutua; por tanto, ábrete, comparte con tu equipo las dificultades y los esfuerzos a los que te enfrentas a diario. Dejar que los demás vean tu lado vulnerable aporta equilibrio a la relación y es un signo de confianza.

○ El equipo debe conocer muy bien cuál es tu postura, tener la seguridad de que tus convicciones no se asientan sobre arenas movedizas; esto les permitirá confiar en que siempre estarás ahí para ayudarles y que te aferrarás a tus creencias en todo momento.

○ Hay gente que acude a su líder cuando necesita a alguien fuerte, quizá para reforzar su debilitada valentía o para que intervenga en su nombre en alguna situación. Es decir, cuando flaquean intentan tomar prestado el coraje del líder; debes ser consciente de esa necesidad y preguntar a los miembros de tu equipo si desean que intervengas en su nombre o les apoyes en una tarea difícil. Esa actitud tranquiliza y reafirma a los demás en tiempos de crisis. Cuando tu equipo se enfrente a un desafío particularmente complicado, usa tus dotes de mando para aplacar sus temores y convencerles de que todo está bajo control.

○ Como las personas denominamos las cosas tal como las vemos, los demás buscarán al líder cuando sientan que pueden asimilar la verdad. Es posible que recurran a otros en busca de apoyo, pero acudirán a ti en busca de una valoración honesta sobre lo que pueden o no hacer o de lo que deberían o no hacer. No rehúyas esa situación; indaga sobre su grado de compromiso actual y también sobre si desean tu opinión sincera. Si la respuesta es sí, habla con franqueza pero con amabilidad.

○ Tus palabras tienen el poder de inspirar, así que comenta con tu equipo los «porqués» de cada proyecto y objetivo laboral sin temor a parecer demasiado sentimental. Tus emociones contribuirán a incrementar su confianza.

CÓMO LIDERAR A PERSONAS QUE TIENEN EL TEMA DE TALENTO MANDO

- En la medida de lo posible, el responsable deberá conceder a estas personas espacio para tomar iniciativas y decisiones, ya que no les gusta someterse a una estrecha supervisión.

- Al enfrentarse a este tipo de trabajador es importante actuar con firmeza. Si es necesario, se aconseja requerir una restitución inmediata, y, acto seguido, disponerlo todo para que sean productivos lo antes posible. Estas personas superarán sus errores rápidamente y lo mismo debe hacer el superior.

- Es posible que esta clase de personas lleguen a intimidar a sus compañeros con su estilo asertivo y directo, por lo que el líder deberá valorar si lo que aportan justifica que a veces levanten ampollas. En lugar de forzarles a aprender a ser empáticas y educadas, es mejor invertir ese tiempo en ayudar a sus colegas a que comprendan que esa franqueza forma parte de su estilo de trabajo; eso siempre y cuando la asertividad no se convierta en agresividad u ofensa.

MAXIMIZADOR / MAXIMIZER

Las personas excepcionalmente talentosas en el tema Maximizador se concentran en las fortalezas como una manera de estimular la excelencia personal y grupal. Buscan transformar algo bueno en algo excelente.

CÓMO LIDERAR SI TIENES EL TEMA DE TALENTO MAXIMIZADOR

- Es necesario admitir que todos hacemos algunas cosas bien y otras no tan bien, por lo que conviene que estimules a los miembros de tu equipo a que revelen las tareas en las que suelen tener dificultades para poder apoyarles cuando sea menester. El simple hecho de abrirse a los demás de esta forma ayuda a cada individuo a ser uno mismo.

- Ciertas personas pueden necesitar escucharte más de una vez antes de creerse que esperas de verdad que destaquen donde les corresponde hacerlo y que pretendes contrarrestar sus debilidades. Repite, pues, el mensaje cuantas veces sea necesario y céntrate en sus mejores cualidades hasta que confíen plenamente en que es ahí donde pondrás siempre el énfasis.

- Usa tu tema de talento Maximizador para librar a tus subordinados de la presión de estar siempre a la altura de las expectativas, de ser una especie de comodín que sirva para todo, un estudiante de matrícula de honor o un trabajador completo e infalible. Demuéstrales que no esperas todo de todo el mundo, sino solo que cada cual dé lo máximo de sí mismo, que aprecias sus capacidades y su valor personal. Puede que seas la única persona de su entorno que se dé cuenta de esas cosas.

- Ensalza y destaca siempre que puedas los logros de tu equipo. A veces la gente no es capaz de reconocer su propia valía, así que hazlo tú, diles dónde y cuándo muestran un talento especial. Pero a veces es cierto que limitamos la noción de talento a disciplinas como los deportes o la música; amplía el campo de visión refiriéndote a otras cualidades como la capacidad de organización o de comunicación. Tal vez consigas cambiar radicalmente, a mejor, la vida de algunas personas.

○ La forma más segura de destruir la sensación de seguridad de alguien es pedirle una y otra vez que haga algo para lo que no está preparado. En lugar de eso, permite a cada trabajador que haga preferentemente lo que se le dé mejor, y así crecerá su confianza.

○ Además, apoya a tu equipo en las áreas en las que no destaquen, aportándoles confianza y ayudándoles a encontrar recursos personales o materiales que les eviten fracasar en la tarea.

○ No malgastes tu talento tratando de detectar lo que no funciona para arreglarlo; al contrario, identifica lo que va bien en las personas y los procesos e invierte en ello para estimular la excelencia.

○ A aquellos que no hayan considerado nunca desempeñar solo aquellas funciones que se les dan mejor, explícales los conceptos del tema Maximizador. Destaca las ventajas de vivir una vida basada en este principio: aprovechar tus talentos y dones naturales. Es lo más productivo, fija expectativas altas y es la manera más efectiva y eficiente de usar la energía y los recursos, aparte de que resulta más divertido.

○ Es probable que no tengas la oportunidad de observar todo lo que cada miembro de tu equipo hace mejor, así que estimúlalos para que sean guardianes de sus propios talentos y analicen sus logros. ¿Qué hacen mejor? ¿Cómo pueden hacer más? Ínstales a soñar e invítales a acudir a ti cuando necesiten hablar del tema.

○ Como líder de un equipo, tienes la responsabilidad de sacar el máximo partido de los recursos de tu empresa, y el talento es el mayor recurso que posee cualquier organización. Eres capaz de percibir el talento en los demás, por lo que debes usar tu autoridad para ayudar a tus asociados a ver sus propios talentos y a maximizarlos situando a cada persona allí donde pueda desarrollar y aplicar sus fortalezas. Por cada necesidad que surge, existe una persona con la capacidad adecuada para resolverla. Si se selecciona al personal cuidadosamente, se tendrá una empresa llena de oportunidades de brillar.

CÓMO LIDERAR A PERSONAS QUE TIENEN EL TEMA DE TALENTO MAXIMIZADOR

○ Hay que dedicar periódicamente cierto tiempo para charlar con estas personas sobre sus cualidades y fijar la estrategia adecuada para utilizarlas en beneficio de la empresa. Seguro que disfrutan de esas conversaciones y ofrecerán muchas sugerencias prácticas.

○ En la medida de lo posible, hay que ayudarles a desarrollar una trayectoria profesional y un plan de formación continua que les permita seguir creciendo hacia la excelencia en su puesto. Este tipo de trabajadores desean por naturaleza mantenerse en una línea que fomente sus capacidades, de modo que rehuirán las opciones de apartarse de esa línea para conseguir un ascenso o una subida de sueldo.

○ Es adecuado que lideren un grupo de trabajo dedicado a analizar las mejores prácticas de la empresa, y que ayuden a diseñar un programa de evaluación y reconocimiento de la productividad de los empleados.

POSITIVO / POSITIVITY

Las personas excepcionalmente talentosas en el tema Positivo tienen un entusiasmo contagioso. Son optimistas y animan a los demás con lo que van a emprender.

CÓMO LIDERAR SI TIENES EL TEMA DE TALENTO POSITIVO

- Ciertas personas están tan acostumbradas a que les recalquen las cosas negativas que, inicialmente, sospecharán si les haces comentarios positivos todo el tiempo; aun así, no dejes de hacerlo, dales margen para que confíen, con el paso del tiempo, en que siempre enfatizarás lo positivo de cada cual.

- Pero es fundamental que estos elogios sean siempre auténticos, no vacíos ni falsos. La investigación demuestra que las falsas alabanzas hacen más daño que la crítica. Si crees algo, dilo; en caso contrario, muestra respeto por la inteligencia y el juicio de los demás y no caigas en la tentación de la falsa adulación.

- Tus talentos en el tema Positivo te hacen ser una persona pródiga en el halago, pero no seas demasiado generoso, puesto que muy poca gente cree ser objeto de un excesivo reconocimiento. Elogia sin cortapisas, pero de manera específica y personal. Expresa buenos sentimientos y aprecio hacia los otros, y ayudar a tus empleados a mirar hacia adelante en cada interacción que mantengas con ellos.

- En épocas difíciles, puedes ser un importante punto de referencia para algunas personas, como una especie de faro que les orienta. Nunca subestimes ese papel; habrá gente que acuda a ti porque necesitan el impulso y la fuerza que siempre les proporcionas. Déjales claro que pueden hacerlo y pregúntales qué necesitan.

- Procura hacer gala de un humor positivo y motivador. No recurras a la burla ni al sarcasmo, porque la actitud que tengas se contagiará a los demás e influirá, positiva o negativamente, en el ambiente del grupo.

- Posees un talento natural para aumentar la confianza de otras personas. Busca formas de pillar a la gente haciendo bien su trabajo y reconóceselo; te darás cuenta de que se hacen más fuertes y más seguros de sí mismos como resultado.

- Tu optimismo te permite aceptar soluciones que no siempre son perfectas; por tanto, anima a los demás simplemente a mejorar, pero sin insistir en la perfección. Analiza el potencial de las situaciones no ideales y descríbeselo a tu equipo, pues así les estimularás a sentirse libres de asumir riesgos para mejorar esa situación, aun cuando no tengan la solución definitiva.

- Se aconseja representar el drama del momento. Si todo el mundo merece quince minutos de fama, estas personas son ideales para preparar el terreno, haciendo que los quince minutos de cada persona sean lo bastante grandes para contar y lo bastante importantes para perdurar.

- Tu optimismo ayudará a otros a mirar hacia adelante y a ser previsores. Háblales de las posibilidades futuras y pídeles que compartan las oportunidades que ellos mismos detecten. Verbalizarlo les ayudará a convertir esas oportunidades en expectativas y, en última instancia, en realidad.

- A veces, los sentimientos son el resultado de la acción y otras son su causa. Por consiguiente, fomenta las celebraciones, emplea la risoterapia y utiliza la música y el arte en el ambiente de trabajo. Todo ello influirá en la productividad, el apoyo mutuo y los resultados finales.

- No obstante, al crear entornos positivos, asegúrate de protegerlos y nutrirlos. En la medida de lo posible, sepárate a ti mismo y a tu equipo de la gente quejica, protestona y alborotadora. Su negatividad es tan contagiosa como el optimismo. Lo mejor es pasar todo el tiempo posible en entornos altamente positivos que fortalezcan y alimenten el optimismo del grupo.

CÓMO LIDERAR A PERSONAS QUE TIENEN EL TEMA DE TALENTO POSITIVO

- Lo mejor es pedirles que echen una mano en la planificación de eventos de la empresa destinados a los clientes, como los dedicados al lanzamiento de nuevos productos o los paneles de usuarios.

- El entusiasmo de estas personas es contagioso, por lo que hay que considerar tal cualidad a la hora de ubicarlos en un equipo.

- Les suelen gustar las celebraciones, así que son las personas adecuadas para decidir cómo reconocer los logros de sus compañeros de una manera creativa.

- Asimismo, es preciso prestar atención a las demás cualidades de este tipo de personas. Si también poseen el talento Desarrollador, pueden ser excelentes formadores o docentes, porque aportarán entusiasmo a la clase. Si el Mando es uno de sus temas fuertes, destacarán en las ventas, dado que están dotadas con una combinación de energía y determinación.

RESPONSABILIDAD / RESPONSIBILITY

Las personas excepcionalmente talentosas en el tema Responsabilidad toman el control psicológico de lo que dicen que harán. Se comprometen con valores estables como la honestidad y la lealtad.

CÓMO LIDERAR SI TIENES EL TEMA DE TALENTO RESPONSABILIDAD

- Es posible que seas la conciencia moral de los demás. Cuando un compañero o tu empresa se implican en algo que te parece equivocado, suena una alarma en tu cabeza y te sientes impelido a intervenir. En primer lugar, te aconsejamos que vayas a la fuente: haz preguntas para determinar cómo son los hechos y cuáles han sido los motivos para llegar a esa situación, y luego expresa tus inquietudes de forma honesta. En la medida de lo posible y ateniéndote a los principios éticos, deja que sean las personas implicadas quienes corrijan la situación por sí mismas. Solo si fuera necesario tendrías que intervenir tú para enderezar lo que se ha torcido y tranquilizar a los demás.

- Para ti es importante apreciar y reconocer la integridad moral de los demás. No obstante, asegúrate de que haces esto al menos con la misma frecuencia —y preferiblemente más a menudo— con la que recalcas lo incorrecto.

- No puedes evitar sentirte responsable de otras personas, especialmente de las más cercanas. Bien, habla con ellas siempre que puedas y pregúntales cómo les van las cosas y si las puedes ayudar en algo.

- Si cometes un error que afecta a otra persona, ponte en contacto con ella lo más rápido posible e intentar corregir la situación. Desde luego, tienes que disculparte, pero luego debes ir más allá de las disculpas, concentrándote en la reparación del daño causado. Si te haces cargo de tus errores en una relación, verás que la otra persona te perdona más fácilmente y que la intimidad se recupera con mayor rapidez.

- Tu sentido de la responsabilidad genera en los demás una sensación de seguridad de forma natural. Todos saben que pueden confiar en ti para que ciertas cosas se hagan bien y a su debido tiempo. De todas formas, en lugar de echarse a la espalda toda la responsabilidad, te aconsejamos que compartas una parte, de manera que cada miembro del equipo contribuya a la estabilidad del mismo.

- Te gusta servir a los demás. La vocación de servicio es algo que suele aplicarse al trato con los clientes, compañeros y superiores, pero a veces no se tiene en cuenta cuando se trata de subordinados; hazles saber también a ellos que estás ahí para darles apoyo y que el hecho de que te pidan ayuda es una forma de reconocimiento que aprecias.

- Tienes la capacidad para hacer propio de forma natural cada proyecto en el que participas. Comparte esa responsabilidad estimulando a otros a que hagan lo mismo, defendiéndolos y guiándolos de forma proactiva a través de las oportunidades y los desafíos que entraña esa apropiación. Al hacerlo, estarás contribuyendo al desarrollo de esas personas.

- La apropiación psicológica es producto de la toma de decisiones. En lugar de asignar responsabilidades, apela al sentido de apropiación, permitiendo a los miembros de tu equipo que escojan sus responsabilidades y su forma de contribuir al trabajo común. Es decir, fomenta que la gente tome la iniciativa respecto a sus funciones en vez de simplemente aceptar las tareas asignadas.

CÓMO LIDERAR A PERSONAS QUE TIENEN EL TEMA DE TALENTO RESPONSABILIDAD

- En la medida de lo posible, es preciso evitar que estas personas trabajen en equipos donde haya gente apática o indolente.

- Este perfil de trabajador es de carácter emprendedor y, por tanto, requiere poca supervisión para garantizar que hace bien su trabajo.

○ Si se les ubica en puestos donde haga falta hacer gala de una ética impecable, no decepcionarán.

○ Es recomendable preguntarles de vez en cuando qué nuevas responsabilidades les gustaría asumir. Son personas a las que les resulta motivador presentarse voluntarias para ciertas tareas, así que hay que darles la oportunidad de hacerlo.

○ Estas personas pueden impresionar por su habilidad para cumplir con su cometido a tiempo una y otra vez, lo que puede llevar a considerar una buena opción ascenderlas a cargos de dirección; *pero cuidado*, es posible que prefieran seguir haciendo un trabajo más técnico antes que ser responsables de la labor de otra persona, y en ese caso se frustrarán en un puesto directivo. Quizá sea mejor ayudarles a encontrar otras formas de crecimiento dentro de la organización.

RESTAURADOR / RESTORATIVE

Las personas excepcionalmente talentosas en el tema Restaurador son expertos en lidiar con problemas. Son buenos para detectar lo que no funciona bien y arreglarlo.

CÓMO LIDERAR SI TIENES EL TEMA DE TALENTO RESTAURADOR

- La gente confía en ti porque restauras el orden y arreglas los embrollos, recuperas la integridad de los sistemas y garantizas que van a funcionar de forma fiable. Si dejas claro a tu equipo que está dispuesto a hacer todo esto siempre que sea necesario, confiarán en ti.

- Suelen parecerte atractivas situaciones que otros juzgarían imposibles de resolver. Haz saber a tus subordinados que, cuantas más posibilidades parezca haber en contra, más motivación tendrás para resolver el problema y enderezar las cosas. Ellos respetarán tus deseos y aprenderán a confiar en ti.

- Los demás aprecian tu predisposición para intervenir y resolver problemas, principalmente porque ese deseo de arreglar las cosas es un signo de preocupación por los demás. Si puedes, arregla las situaciones antes de que el resto se dé cuenta de que hay un problema, y deja que se enteren de lo que hiciste para que sean conscientes de tu compromiso.

- Tal vez tu equipo te necesite más cuando se sienta desanimado o fastidiado. Tu instinto te llevará a ofrecerles apoyo emocional en tales situaciones. Sé siempre la primera persona en responder e ir al rescate de quienes necesiten ayuda, y tan rápido como puedas. Tus subordinados siempre recordarán que les echaste una mano para recuperarte del dolor físico o mental y te contarán entre sus aliados más cercanos.

- Si eres este tipo de líder sentirás una atracción natural por las situaciones cambiantes; emplea tu talento Restaurador para diseñar un plan de acción orientado a revitalizar un proyecto, empresa, negocio o equipo que se encuentren en un estado de decadencia.

○ Usa tu talento Restaurador para programar plazos, diseñar sistemas y orientar esfuerzos a prueba de problemas. El hecho de saber que se han analizado las posibles contingencias y tomado las precauciones necesarias para evitar errores ayuda a los demás a sentirse seguros.

○ Plantea a tu equipo cómo llevar las cosas al siguiente nivel. Un trabajo nunca está terminado del todo, siempre es posible mejorarlo en algún aspecto. Tú puedes ser un buen instigador para conseguir eso y una fuente de inspiración para que tus subordinados lleguen a niveles cada vez más altos de desempeño.

○ Asegúrate de que los demás no piensan que solo ves los fallos y anomalías de las situaciones y las personas; muestra aprecio expreso por lo positivo que haya en cada miembro de tu equipo, según su rendimiento y su actitud de servicio. Y cuando alguien sugiera una forma de mejorar, apóyale para que alcance la excelencia.

CÓMO LIDERAR A PERSONAS QUE TIENEN EL TEMA DE TALENTO RESTAURADOR

○ Se recomienda asignarlas a puestos atención al cliente para la resolución de problemas, ya que disfrutan del reto de descubrir y eliminar obstáculos.

○ Cuando resuelvan un problema, es importante que se les reconozca el logro. Cada situación errónea corregida es un éxito para ellos y necesitarán que su líder lo vea de esa manera, mostrándoles que los demás confían en su habilidad para salvar obstáculos y avanzar.

○ Hay que preguntarles con cierta frecuencia cómo les gustaría mejorar, y fijar tales mejoras como metas para, digamos, los siguientes seis meses.

SIGNIFICACIÓN / SIGNIFICANCE

Las personas excepcionalmente talentosas en el tema Significación desean causar un gran impacto. Son independientes y dan prioridad a proyectos basados en el nivel de influencia que tendrán en su organización o en las personas con las que se relacionan.

CÓMO LIDERAR SI TIENES EL TEMA DE TALENTO SIGNIFICACIÓN

- Comparte con tu equipo ese deseo de alcanzar grandes metas. Habla con franqueza sobre lo que te motiva y pregunta lo mismo a los demás, pues eso generará confianza mutua.

- Tu poder de influencia depende del número de personas que crean en ti como líder. Y para ello es imprescindible que seas fiel a ti mismo, en el trabajo y fuera de él, para que los demás vean tu autenticidad.

- Habitualmente, tus aspiraciones son más altas que las del trabajador medio. En el largo y empinado ascenso a la cima, asegúrate de que te concedes recompensas y también premias a los demás celebrando los hitos conseguidos. Reitera siempre la importancia de la meta y de la contribución de cada individuo a la misma, y recuerda a cada uno de tus subordinados lo valiosos que son para la empresa —y, si es posible, que no se quede en palabras, dales una participación en los beneficios—.

- El aplauso, el aprecio y la afirmación de tus colegas te conducirán a niveles de rendimiento cada vez más elevados. ¿De dónde viene la aprobación que más valoras? ¿De un familiar, un profesor, un jefe? ¿Le has dicho a esa persona lo importante que es para ti su aprobación? Hazles saber cuánto te importan sus opiniones y asegúrate de que entienden el poder que tienen sobre ti y el valioso papel que desempeñan en tu motivación y, en general, en tu vida.

- Ejercer un impacto duradero es importante para ti. Quieres crear cosas que marquen la diferencia y que vayan más allá del presente. Es fundamental que compartas ese deseo con los demás, pero haciéndoles entender que no pretendes la gloria inmediata, sino un impacto a largo plazo. Se sentirán mejor si saben cuán profundo es tu nivel de compromiso.

- El hecho de liderar equipos clave o proyectos de alto nivel te impulsa a dar lo mejor de ti. Cuantas más cosas hay en juego, mayor será tu motivación, por lo que prefieres actuar en los momentos clave. Seguro que tu equipo se sentirá reconfortado por tu capacidad para asumir riesgos y grandes responsabilidades.

- Sueles pasar bastante tiempo pensando en tus enormes logros futuros y lo que significarán tanto en ese momento como después. Este es un ejercicio interesante también para tus compañeros, así que pregúntales cuál es la razón de ser de su vida, por qué desean que se les conozca y qué huella quieren dejar. Dales a conocer una realidad que vaya más allá del momento presente y les sirva para valorar las elecciones que hacen cada día.

- Tu tema de talento Significación te pone siempre en el punto de mira, por lo que te recomendamos aprovechar esta oportunidad para dirigir la atención positiva hacia otros; canaliza tu habilidad para abanderar causas ajenas, porque orientar a otros hacia el éxito puede ser la mejor medida de tu prestigio.

CÓMO LIDERAR A PERSONAS QUE TIENEN EL TEMA DE TALENTO SIGNIFICACIÓN

- Lo mejor es organizar las cosas de forma que estas personas puedan sobresalir por las razones correctas; de lo contrario podrían intentar hacerlo por sí mismas, tal vez de forma inapropiada.

- Es preciso situar a estos trabajadores en equipos donde puedan colaborar con personas productivas y muy profesionales, pues les gusta rodearse de los mejores.

- Hay que incitar a este tipo de trabajadores a que elogien a otros compañeros que tengan un alto rendimiento; ellos disfrutan haciendo que los demás se sientan triunfadores.

- Cuando estas personas reclamen la excelencia —cosa que harán—, conviene ayudarles a que imaginen las fortalezas que tendrán que desarrollar para hacer realidad tales reivindicaciones. Si están en periodo de formación, no es aconsejable pedirles que reduzcan sus aspiraciones; mejor que mantengan el listón alto y se orienten hacia el desarrollo de las cualidades más importantes.

- Dado que estas personas dan mucha importancia a las opiniones ajenas, su autoestima puede sufrir si no se les otorga el debido reconocimiento. En esos momentos, el líder debe atraer su atención hacia sus fortalezas y estimularlos para fijar nuevos objetivos basados en ellas. De este modo recuperarán la confianza en sí mismas.

SOCIABLE / WOO

A las personas excepcionalmente talentosas en el tema Sociable les encanta el reto de conocer nuevas personas y ganarse su confianza. Romper el hielo y establecer vínculos con una persona les resulta muy satisfactorio.

CÓMO LIDERAR SI TIENES EL TEMA DE TALENTO SOCIABLE

- Estás acostumbrado a encandilar a los demás de forma natural, pero conviene que te asegures de hacerlo de forma honesta, para que la confianza de los demás en ti sea duradera. De otro modo, puede que establezcas contactos con mucha gente, pero no se convertirán en fieles aliados tuyos.

- La gente suele compartir contigo mucha información, incluso cuando te acaban de conocer. ¿Cómo puedes tratar esa información para que esas personas sientan que valoras sus contribuciones y que, cuando es necesario, las proteges? Procura mantener un contacto frecuente con las personas clave y anota los detalles importantes que surjan en tus conversaciones. Y, por supuesto, mantén siempre la discreción cuando la información que manejes sea sensible, sobre todo si quieres que la otra persona siga confiando en ti y manteniendo el contacto.

- Haces amistades allá donde vas. Pero esto no es suficiente, algunos de estos contactos superficiales deben convertirse en relaciones profundas y duraderas. Piensa cómo conseguir que esas personas sientan una conexión especial contigo, algo que vaya más allá del vínculo trivial que se establece con cualquier persona a la que conocemos de forma esporádica.

- Como líder, tejes redes de confianza, apoyo y comunicación constantemente, mediante el contacto y la relación con un amplio abanico de personas. Al conformar estos grupos, generas un impacto que puede superar cualquier barrera temporal, espacial o cultural. Es interesante que dibujes un mapa de tu red social para detectar cuánto puedes ampliarla al tiempo que mantienes relaciones sólidas.

o   Comparte las ventajas de esa red con tu entorno. Ya que tienes contactos en todas partes, puedes servirte de ellos para ayudar a otras personas a sentirse seguras y obtener información o apoyo cuando lo necesiten.

o   Habla con tus clientes y también con la competencia, y si puedes implícate también en tu comunidad. Los mejores líderes no piensan que su influencia se acaba en los límites de su empresa, sino que son capaces de crear una red mucho mayor. El hecho de contar con una amplia base de apoyos garantizará la estabilidad de tu empresa y aumentará sus oportunidades de expansión.

o   Tu tema de talento Sociable puede ser muy beneficioso para tu empresa. Haz valer el poder de tu presencia y tu capacidad para inspirar el intercambio de ideas. Simplemente charlando con la gente y juntando a personas con talento puedes contribuir a mejorar el rendimiento individual y empresarial.

o   Como ya hemos dicho, todos estos contactos que tienes —entre clientes, jefes o colegas— constituirán una fuente de información muy valiosa para tu equipo. Procura siempre divulgar las buenas noticias y la información de interés, no los cotilleos. Comunica también a los demás lo que están haciendo bien y cómo los perciben otras personas.

CÓMO LIDERAR A PERSONAS QUE TIENEN EL TEMA DE TALENTO SOCIABLE

- El mejor puesto para este tipo de trabajador es en el punto de contacto de la organización con el mundo exterior.

- Conviene ayudarles a perfeccionar su sistema para recordar los nombres de todas las personas que conocen (sobre todo clientes) y algún que otro detalle personal de cada una. Su habilidad para ayudar a la empresa a establecer múltiples conexiones en el mercado es valiosísima.

- A menos que estas personas tengan al mismo tiempo talentos en temas como Empatía y Afinidad, no se puede esperar que disfruten en un puesto en el que sea necesario que forjen relaciones sólidas con los clientes; en lugar de eso, es posible que prefieran conocer a cada persona de forma superficial, ganarse su confianza y pasar al siguiente cliente potencial.

- El tema de talento Sociable de estas personas hace que se les tome gran afecto. Al considerarlos para nuevos cargos y responsabilidades, hay que garantizar que quien tome la decisión no se deje llevar por ese afecto y sea objetivo en la valoración de sus capacidades; que su encanto no nos deslumbre.

- Un buen papel para estos trabajadores es el de embajadores de buena voluntad de la empresa en la comunidad local, así como relaciones públicas en general.

APÉNDICE 2

Q¹²: doce elementos imprescindibles para una gran gestión empresarial

Los investigadores de Gallup llevan décadas estudiando a las organizaciones, equipos e individuos más productivos. Los doce elementos del compromiso que aquí presentamos aportan la descripción más completa y a la vez concisa de lo necesario para construir una cultura corporativa comprometida y productiva.

Q01. SÉ LO QUE SE ESPERA DE MÍ EN EL TRABAJO

En general, uno de cada dos trabajadores afirma que sabe lo que se espera de él en su trabajo. Si se elevase esa proporción a ocho de cada diez, las empresas podrían reducir en un 22 % la rotación de personal y en un 29 % los incidentes de seguridad, además de aumentar en un 10 % la productividad.

Tener expectativas claras es la necesidad más básica de todo trabajador. Quienes piensan que la descripción de su puesto coincide con sus funciones reales tienen 2,5 veces más probabilidades de sentirse comprometidos con su empresa. El principal obstáculo de este primer elemento es que las empresas, por la simplicidad de la declaración, asumen que este tema solo requiere una solución básica: «Si la gente no sabe lo que se espera de ella, simplemente se lo diremos».

Pero existe el riesgo de asumir que es algo tan simple como decir a cada trabajador qué se espera de él y qué debe hacer. No, la cuestión va mucho más allá: un trabajador también necesita comprender los fundamentos de su labor, y estos no se limitan a la descripción de sus funciones. Por desgracia, menos de la mitad de los empleados (43 %) cuentan con una descripción clara de su puesto y aún menos (41 %) afirman que esta coincide con lo que se les pide en realidad que hagan. Además, cuando los jefes de equipo no siguen una estrategia coherente con las expectativas de los directivos, por un lado, y los empleados, por otro, la situación se complica todavía más. En muchos casos, se responsabiliza al trabajador de una labor que no se corresponde con la descripción de su puesto, lo cual puede confundirle y frustrarle.

Qué es lo aconsejable: las empresas tienen la obligación de corregir esta mala práctica para tratar de optimizar el rendimiento. Los mejores líderes definen y discuten las expectativas explícitas e implícitas para cada puesto y para su equipo. También establecen en qué consiste el rendimiento óptimo en cada caso y ayudan a sus subordinados a comprender cómo su trabajo está vinculado con el éxito de sus compañeros, de su departamento y de la totalidad de la empresa. Los buenos líderes implican a sus subordinados en la tarea de fijar expectativas y objetivos, y les dan una retroalimentación frecuente e informal para ayudarles a cumplir esas expectativas. Por último, a medida que cambian las prioridades, las funciones y las circunstancias, revisan y actualizan las expectativas.

Q02. TENGO EL EQUIPO Y LOS MATERIALES QUE NECESITO PARA HACER MI TRABAJO CORRECTAMENTE

Uno de cada tres trabajadores dice disponer de los recursos materiales y humanos necesarios para hacer bien su trabajo. Duplicando esta proporción, las empresas podrían aumentar en un 11 % su rentabilidad, reducir en un 35 % los incidentes de seguridad y mejorar en un 28 % la calidad de sus productos y servicios.

De los doce elementos que componen este indicador global, el que se refiere a los recursos materiales y el equipo es el mayor predictor de estrés laboral. Este elemento incluye tanto las necesidades de recursos físicos como las barreras potenciales entre empresario y empleado. Por ejemplo, los trabajadores se frustran con sus jefes o con su empresa cuando se ven incapaces de alcanzar los objetivos que se les han marcado o las expectativas que han puesto sobre ellos. Pero, del mismo modo, los recursos no son solo una lista de herramientas que la empresa distribuye entre sus empleados, sino que incluyen todo aquello, tangible e intangible, que una persona necesita para hacer su trabajo. En la fuerza laboral actual, la información y la delegación de responsabilidades son aspectos a menudo tan necesarios como la tecnología y los suministros de oficina.

Qué es lo aconsejable: a pesar de la fuerte conexión entre este elemento y el estrés laboral, que los líderes no pierdan la esperanza: en general la gente desea hacer bien su trabajo, ser productiva. El secreto para mejorar este aspecto radica en la implicación de los líderes con sus respectivos equipos. No hay que dar nada por sentado, sino preguntar y escuchar a los empleados en cuanto a sus necesidades, defenderlos cuando hacen algún requerimiento justo a la empresa y ser transparente en cuanto a lo que se puede y no se puede proporcionar. Quienes tienen un comportamiento adecuado como líderes también disponen de muchos recursos y hallan el modo de sacar el máximo partido de su equipo cuando no cuentan con fondos para responder a las peticiones de sus miembros; trabajan codo a codo con sus subordinados y colegas para conseguir lo que necesitan, ya sea buscando información y proporcionando consejos laborales o facilitándoles que reciban formación continua.

Q03. EN MI TRABAJO TENGO CADA DÍA LA OPORTUNIDAD DE HACER LO QUE MEJOR SÉ HACER

Uno de cada tres empleados cree que tiene a diario la oportunidad de hacer lo que mejor sabe hacer. Duplicando esa proporción, las empresas podrían mejorar en un 6 % el compromiso de clientes y en un 11 % su rentabilidad, así como reducir un 30 % la rotación de personal y un 36 % los incidentes de seguridad.

Una de las estrategias más poderosas para líderes y empresas es dar a sus trabajadores la oportunidad para aplicar en su puesto sus capacidades naturales (sus talentos), así como sus habilidades y conocimientos. Cuando los profesionales altamente cualificados hallan esa oportunidad en un nuevo empleo —su ausencia es una de las razones por las que se suele dejar un trabajo—, tales organizaciones incrementan de forma considerable su atractivo, así como el compromiso de sus trabajadores y la retención del talento. Lamentablemente, a veces las empresas no ponen demasiado énfasis en las habilidades o logros de un individuo por temor a que otros se sientan molestos o excluidos. Pero lo cierto es que las diferencias individuales aumentan las posibilidades de éxito de un negocio y mejora la carrera y la vida de sus trabajadores.

Por tanto, las compañías que introduzcan este elemento en su estrategia de gestión del capital humano tienen más probabilidades de atraer y retener a buenos profesionales.

Qué es lo aconsejable: ajustar a la persona con su puesto ideal es una tarea complicada. Los buenos líderes empiezan por analizar los requerimientos de un determinado puesto y después tratan de conocer lo mejor posible a sus trabajadores como individuos. Es decir, construyen un entorno de desarrollo del desempeño en el que se produce un dialogo continuo y la conciencia y el reconocimiento de las cualidades; hablan con cada miembro del equipo sobre sus características únicas y son capaces de entender cómo cada cual contribuye al beneficio del equipo. Al tiempo, hacen ajustes regulares para alinear el trabajo, en la medida de lo posible, con las capacidades de los miembros del equipo. Entienden, siendo realistas, que todo el mundo tendrá tareas y responsabilidades que no encajan del todo en lo que mejor se les da hacer, pero garantizan que las funciones principales de una persona sacan el máximo partido de sus talentos y fortalezas, además de que buscan constantemente nuevas oportunidades que le permitan usar tales fortalezas. En última instancia, un buen líder sabe en qué tareas sobresalen sus subordinados y los sitúan en el puesto adecuado, de forma que también se comprometan con la empresa y le aporten valor.

Q04. EN LA ÚLTIMA SEMANA, HE RECIBIDO RECONOCIMIENTO O ELOGIOS POR UN TRABAJO BIEN HECHO

Solo uno de cada cuatro trabajadores por cuenta ajena reconoce haber recibido algún tipo de reconocimiento o elogio por hacer bien su trabajo en la última semana. Incrementando esa proporción hasta seis de cada diez, las empresas mejorarían en un 28 % su calidad, reducirían en un 31 % los índices de absentismo y en un 12 % las pérdidas.

Los empleados más productivos son difíciles de encontrar. Por eso, una vez que se les contrata, la empresa debe asegurarse de que se sienten valorados por su trabajo, o se expone al riesgo de perderlos. Aquellos trabajadores que no se sienten adecuadamente reconocidos tienen dos veces más probabilidades de abandonar una empresa durante el año siguiente a su llegada. Y, dado el bajo porcentaje de trabajadores que afirman ser objeto de tal reconocimiento, este factor predictor del compromiso y el rendimiento podría ser una de las mayores oportunidades perdidas por líderes y directores de empresas. Gozar de reconocimiento en el trabajo motiva, aporta una sensación de logro y hace que la persona se sienta valorada por la labor que desempeña. El reconocimiento también envía un mensaje a otros empleados sobre cómo son los laureles del éxito. Así pues, además de transmitir aprecio, recompensar los logros personales y aportar motivación a quien trabaja bien, el reconocimiento es útil para potenciar la conducta deseada en otros empleados.

Qué es lo aconsejable: el reto de este cuarto elemento radica en su especificidad e inmediatez. Muchas empresas intentan dar un mayor reconocimiento a sus empleados mediante herramientas tecnológicas que dan retroalimentación automática y también permiten darlo entre compañeros. A pesar de que estos instrumentos pueden ayudar a conformar un entorno con un alto grado de reconocimiento, también hay que ser cauto y no depender demasiado de ellos. El mejor reconocimiento es aquel que es totalmente personalizado; lo que es significativo para una persona puede no serlo para otra. Por ejemplo, en un estudio de Gallup los participantes (empleados de una empresa) revelaron que el reconocimiento público mediante la concesión de un premio es la forma más valorada para ellos, seguido del reconocimiento privado de un superior, un compañero o un cliente. Los buenos líderes aprenden cómo quieren ser reconocidos sus trabajadores y los elogian por hacer bien su labor y conseguir sus objetivos, al tiempo que enfatizan la razón por la que su desempeño y sus resultados fueron importantes. En el mismo estudio, se halló que los empleados pensaban que el reconocimiento más *significativo* había provenido de su director, líder o director ejecutivo. En otras palabras, la tecnología nunca debería reemplazar al reconocimiento personal directo. Los líderes más efectivos promueven un entorno con alto grado de reconocimiento en el que los elogios provengan de múltiples fuentes y se produzcan en muchas ocasiones.

Q05. MI GERENTE, O ALGUNA OTRA PERSONA EN EL TRABAJO, DEMUESTRA TENER UN GENUINO INTERÉS EN MÍ COMO PERSONA

Cuatro de cada diez trabajadores afirman con seguridad que su responsable, o alguna otra persona de su empresa, se preocupa por ellos como personas. Si esa proporción subiera a ocho de cada diez, las organizaciones que lo cumplieran podrían experimentar un 8 % más de Compromiso de clientes, además de reducir en un 46 % los incidentes de seguridad y en un 41 % el absentismo.

Las personas necesitan saber que son más que un número, que alguien se preocupa por ellas como individuos primero y después como trabajadores. Este quinto factor del compromiso podría parecer un aspecto «menor» de la dirección empresarial, pero lo cierto es que se producen grandes beneficios cuando la gente trabaja en un entorno en el que se siente segura. Estas personas tienen más probabilidades de experimentar con nuevas ideas, compartir información y darse apoyo mutuo en su trabajo y vida personal; están preparadas para dar a su jefe y a su empresa el beneficio de la duda y para lograr un equilibrio entre su vida laboral y personal; también es más probable que se conviertan en defensoras de sus superiores.

Qué es lo aconsejable: dado que el interés genuino no es algo que se pueda generar de forma artificial, no es de extrañar que pocos líderes y equipos emprendan acciones orientadas a satisfacer esa necesidad del trabajador. Es, por tanto, uno de los elementos en los que resulta menos probable que un líder se centre tras recibir la evaluación del compromiso de su equipo. Pero las buenas empresas, sí tienen en cuenta esta necesidad e invierten tiempo y esfuerzo en ello: tratan de conocen a sus trabajadores como individuos, reconocen sus logros, mantienen conversaciones con ellos sobre su rendimiento, llevan a cabo revisiones formales y, sobre todo, respetan al trabajador. Los mejores líderes generan oportunidades de desarrollo para la carrera profesional de cada miembro de su equipo y al tiempo mismo tiempo procuran que el entorno de trabajo sea de colaboración y cohesión; al hacerlo, logran que sus subordinados se sientan valiosos y respetados.

Q06. HAY ALGUIEN EN MI TRABAJO QUE ESTIMULA MI DESARROLLO PERSONAL Y PROFESIONAL

En este caso, tres de cada diez trabajadores de todo el mundo admiten que hay alguien en su empresa que incentiva su desarrollo. Aumentando esa proporción hasta lograr que sean seis de cada diez, las empresas mejorarían en un 6 % sus indicadores de compromiso de clientes y en un 11 % la rentabilidad empresarial, y también lograrían reducir en un 28 % el absentismo.

Los datos de Gallup muestran que la falta de desarrollo y oportunidades de crecimiento profesionales son la razón principal para dejar un empleo. El desarrollo es parte del contrato social no escrito que los trabajadores esperan que se cumpla cuando se incorporan a una empresa. Sin embargo, el desarrollo personal y profesional no surge de la nada, sino que requiere esfuerzo y atención. Toda persona necesita ayuda para avanzar en su carrera, ya sea mediante financiación, asesoramiento y formación, protección, exposición, visibilidad o asignación de funciones que le planteen desafíos. Un malentendido habitual en torno a este factor es que «desarrollo» es sinónimo de «ascenso»; pero no, no es lo mismo. Un ascenso es una acción puntual, mientras que el desarrollo es un proceso de comprensión de los talentos y fortalezas de cada individuo que implica encontrar funciones, cargos y proyectos que le permitan aplicarlas.

Qué es lo aconsejable: el desarrollo tiene mucho que ver con la relación líder-trabajador; esta debería incluir la definición de metas, la mejora del desempeño y la evaluación del progreso. La gente que ejerce un buen liderazgo se caracteriza, entre otras cosas, por conversar con cada miembro de su equipo sobre su crecimiento profesional más de una vez al año, idealmente de forma frecuente; además, estos jefes les dan oportunidades para que aprendan, crezcan, adquieran nuevas aptitudes, prueben distintas formas de hacer las cosas y asuman retos. No entienden el desarrollo como algo acabado, sino como un proceso continuo que se potencia formando al trabajador, detectando sus aciertos y errores, motivándolo para que vaya más allá de lo que cree que pueden hacer, conectándolo con potenciales mentores y haciéndole responsable de su propio rendimiento.

Q07. EN EL TRABAJO MIS OPINIONES CUENTAN

Uno de cada cuatro empleados cree que sus opiniones cuentan en su lugar de trabajo. Duplicando la proporción, las organizaciones podrían experimentar un 22 % de reducción en la rotación de personal y un 10 % de aumento en la productividad, así como reducir en un 33% los incidentes de seguridad.

Aquellos días en que líderes y empresarios lo sabían todo están quedando rápidamente atrás, a medida que las compañías aceptan el hecho de que están enfrentándose a unos cambios, una competitividad y un estancamiento del crecimiento orgánico sin precedentes. Ningún directivo o líder de equipo puede sobrevivir solo, ni tampoco tiene todas las respuestas. Pedir información a los trabajadores y tenerla en cuenta deriva en una toma de decisiones más documentada y, por tanto, en mejores resultados. Este factor de compromiso es muy poderoso y mide el sentido del valor y la contribución de cada empleado, revelando si estos se sienten apreciados por sus conocimientos e ideas y disponen de oportunidades para hacer contribuciones significativas en su entorno laboral. Ya que habitualmente los empleados están en la primera línea de atención al público, los empleados necesitan saber si su jefe toma en consideración sus aportaciones a la hora de implementar cambios, y se sienten más capacitados cuando tienen la oportunidad y el canal para transmitir sus opiniones a alguien que las escuchará sin reticencias.

Qué es lo aconsejable: los buenos líderes suelen aprovechar el activo que supone el conocimiento de sus empleados para salir airosos de los periodos de cambio, solventar los problemas e innovar en pos del crecimiento. Para ello escuchan lo que sucede en la planta de abajo y piden a su equipo que haga aportaciones siempre que pueda. La forma en que se escuchan y utilizan las ideas de un trabajador puede determinar que este se sienta o no valorado por sus contribuciones. Es un buen líder aquel que promueve el dialogo abierto y estimula la creatividad y las nuevas ideas que pueden influir positivamente en los resultados del negocio, además de dar una respuesta igualmente abierta y honesta ante las opiniones e ideas de sus subordinados, apoyando las buenas y discutiendo las inviables. En resumen, los grandes líderes crean circuitos de retroalimentación, de forma que las personas de su equipo sientan que están implicadas en el proceso de toma de decisiones, sepan lo que ocurre cuando dan su opinión o hacen una sugerencia y comprenden la razón por la que una recomendación puede no ser viable.

Q08. LA MISIÓN O PROPÓSITO DE LA EMPRESA HACE QUE SIENTA QUE MI TRABAJO ES IMPORTANTE

Uno de cada tres trabajadores está convencido de que la misión de su compañía le hace sentir que el trabajo que lleva a cabo es importante. Duplicando esta proporción, las empresas podrían experimentar una reducción del 34 % en el absentismo y del 41 % en los incidentes de seguridad, así como una mejora del 19 % en la calidad de sus productos y servicios.

La ausencia de muchos factores de compromiso —claridad en las tareas, equipamiento y recursos adecuados, un trabajo que se ajuste a las capacidades individuales, retroalimentación coherente— puede suponer obstáculos importantes para la productividad. Es fácil ver la razón por la que cualquiera necesita estos elementos para hacer bien su trabajo. Pero no se puede decir lo mismo del octavo factor: esta es una necesidad estrictamente emocional y de alto nivel, puesto que la gente no puede infundirse energía a sí misma para cumplir con su labor si no sabe cómo encajan sus funciones en el esquema general de la empresa. Y los datos confirman que eso es justo lo que pasa. Si un trabajo fuera solo eso, un trabajo, no importaría dónde se hace, pero el caso es que hoy en día la gente espera que su trabajo tenga un sentido. De hecho, para la generación *millennial*, este elemento se cuenta entre las razones más determinantes para permanecer en una empresa. Son razones que transcienden las necesidades prácticas que satisface ganarse la vida; las personas buscan que su contribución sirva a un propósito más elevado, desean creer en lo que hacen y les gusta sentir que pertenecen a una comunidad, ya sea su empresa, un equipo deportivo o una comunidad religiosa. Aun así, muchos líderes y empresarios creen que colgar la misión de la compañía en una pared es suficiente para que los trabajadores sientan esta conexión. Y no lo es.

Qué es lo aconsejable: más que en ningún otro factor, en este caso los directivos de una empresa no pueden responsabilizarse solo de la misión de la compañía, sino que deben jugar un papel más amplio ayudando a sus empleados a comprender cómo sus funciones encajan en la estructura general. Los líderes más efectivos son los que cultivan un sentido de misión en su equipo, clarificando el propósito de la empresa y ayudando a cada persona a descubrir cómo puede contribuir a dicho propósito conectándolo con sus tareas diarias. Así mismo, crean ocasiones para que los trabajadores compartan sus opiniones sobre cómo la organización está consiguiendo su objetivo. Pero también juegan un papel a la hora de asegurar que esa misión está claramente definida y alineada con la experiencia de los trabajadores. Quienes trabajan en una empresa suelen saber cuándo la misión de la compañía es solo de boquilla y necesitan ser capaces de experimentar un objetivo real, inserto en la cultura corporativa, así como hacer aportaciones al mismo mientras satisfacen las necesidades del cliente.

Q09. MIS COMPAÑEROS DE TRABAJO ESTÁN DEDICADOS Y COMPROMETIDOS A HACER UN TRABAJO DE CALIDAD

En general, uno de cada tres trabajadores cree que sus compañeros se esfuerzan por desempeñar bien su labor. Duplicando este porcentaje, las empresas reducirían hasta en un 31 % la rotación de personal y el absentismo, y lograrían una mejora del 12 % en la rentabilidad y del 7 % en el compromiso de clientes.

Confiar en que los compañeros de trabajo compartirán el compromiso propio con la calidad de los resultados es vital para obtener un alto rendimiento de equipo. Y a medida que el trabajo se vuelve más interconectado, interdependiente y basado en proyectos, este factor es más crucial. El peor trabajador de un equipo será el que marque sus estándares de productividad, de modo que todo el mundo necesita estar en un entorno laboral en el que existan confianza y respeto mutuos por los esfuerzos y resultados de los demás. Esto empieza por tener una profunda conciencia de los estándares del trabajo y las expectativas del equipo. En una proporción de 6 a 1, a la gente le molesta más tener un colega que posee una habilidad, pero no la aprovecha, que otro que lo intenta una y otra vez, sin tener la habilidad adecuada para esa función. Para los trabajadores muy productivos existe una gran diferencia entre pertenecer a un equipo e identificarse con él; necesitan ver que todos los miembros de su equipo aportan al mismo y ponen de su parte en aras del interés común.

Qué es lo aconsejable: algunas personas pueden volverse rencorosas si tienen un compañero que no está contribuyendo al equipo o que rinde por debajo de la media. Para ser un buen líder es importante no permanecer impasible viendo cómo el equipo se deteriora por este tipo de situaciones, sino fijar objetivos y responsabilidades y asegurarse de que todos los miembros del equipo los asumen. Este tipo de líderes promueven un entorno en el que los trabajadores puedan hacer siempre un trabajo de alta calidad, y para ello marcan muy bien los estándares mínimos para cada tarea o función, confirman que las nuevas incorporaciones al equipo son conscientes de todo esto, otorgan reconocimiento a los empleados que destacan en positivo y fomentan que cada miembro del equipo comparta sus opiniones y expectativas en las reuniones de trabajo. Además, los líderes que trabajan en entornos matriciales o equipos interdisciplinares tienen otro deber: aunque quizá no tengan la autoridad para asesorar a los trabajadores que no están a su cargo, sí tienen la responsabilidad de debatir sus expectativas con los líderes de otros equipos, buscar retroalimentación sobre las experiencias de sus subordinados con otros departamentos y trabajar en colaboración con los demás equipos para establecer niveles compartidos de calidad. La alineación interdisciplinar es crucial para aplicar los estándares de calidad en las estructuras empresariales de carácter matricial.

Q10. TENGO UN(A) MEJOR AMIGO(A) EN EL TRABAJO

Son tres de cada diez los empleados que reconocen que tienen alguna amistad en el trabajo. Si se mejora esta proporción hasta llegar a seis de cada diez, las empresas podrían reducir en un 28 % los incidentes de seguridad e incrementar en un 5 % el compromiso de clientes y en un 10 % la rentabilidad.

El décimo factor de compromiso es quizá el más controvertido de los doce. Más que ninguna otra sentencia de los Q^{12}, «Tengo un mejor amigo» tiende a generar dudas y escepticismo; pero hay un hecho innegable: predice el rendimiento. Ya las primeras investigaciones sobre el compromiso de los empleados y los elementos Q^{12} revelaron una tendencia social que se daba entre los miembros de un equipo de alto rendimiento: cuando estos tenían un profundo sentido de pertenencia y de afinidad con sus compañeros de equipo, emprendían acciones positivas que beneficiaban al negocio, acciones que de otro modo tal vez ni siquiera habrían considerado.

El impacto de la amistad depende del contexto, puesto que ni nuestra vida social ni su efecto en el rendimiento se producen en el vacío. De igual modo, los elementos Q^{12} no están aislados, sino que trabajan juntos para crear la experiencia laboral de cada persona. Tener un mejor amigo en el trabajo es un parámetro que sirve en particular para predecir la retención del talento cuando las personas saben además lo que se espera de ellas y disponen de los recursos y el equipo humano necesarios para hacer su trabajo.

No obstante, con independencia de los resultados empresariales o de la validez científica, es una premisa muy simple: ignorar la amistad es ignorar la naturaleza humana. Aun así, muchas empresas continúan aferrándose a políticas que disuaden o directamente penalizan la socialización entre empleados, evitando así que se forjen amistades.

Qué es lo aconsejable: los buenos empresarios reconocen que la gente desea establecer amistades significativas y que la lealtad a la empresa se construye sobre esa base. Ahora bien, los amigos del trabajo necesitan ser ubicados en el contexto adecuado. Tampoco se trata de intentar fabricar amistades o hacer que todo el mundo sea amigo de todo el mundo. En lugar de eso, es aconsejable generar situaciones propicias para que la gente se conozca, la celebración de eventos, animar a los trabajadores a compartir historias sobre sí mismos o la organización del tiempo para permitir socializar en el trabajo, siempre que ello no interrumpa el servicio al cliente o interfiera en el rendimiento.

Aun así, para la mayoría de empresas y equipos que la gente haga amigos en el trabajo no debería ser una prioridad. De hecho, si la empresa no satisface las necesidades básicas de sus empleados (las ya mencionadas: establecer expectativas claras, dar oportunidades de hacer lo que se sabe hacer mejor, garantizar que el líder se preocupe de ellos y les dé oportunidades para crecer y desarrollarse) las amistades podrían convertirse más bien en la excusa para organizar sesiones de quejas. En cambio, si esas necesidades se satisfacen, la amistad puede llevar a una dinámica positiva y poderosa en la que las conversaciones informales se conviertan en debates sobre innovación y posibilidades de crecimiento de la empresa.

QII. DURANTE LOS ÚLTIMOS SEIS MESES ALGUIEN EN EL TRABAJO ME HA HABLADO SOBRE MI PROGRESO

Globalmente, uno de cada tres trabajadores dice que alguien ha tratado con él sus progresos en el último semestre. La duplicación de esta proporción podría suponer para muchas organizaciones la reducción de hasta un 38 % de los incidentes de seguridad y del 28 % del absentismo, además del aumento del 11 % en la rentabilidad.

De entre toda la complejidad de parámetros para la evaluación del rendimiento — Cuadro de Mando Integral, retroalimentación de 360º, autoevaluaciones e informes de evaluación obligatorios— la sentencia que revela la mejor conexión entre la percepción de las evaluaciones y el desempeño de un trabajador es realmente simple: «En los últimos seis meses, alguien del trabajo ha hablado conmigo sobre mi progreso». La frase no especifica que tal conversación deba ser una evaluación formal. Lo más importante para cualquier trabajador es que sus superiores entiendan cómo lo está haciendo, saber cómo se percibe su trabajo y también conocer qué le deparará el futuro. Conviene aclarar que no hay nada malo en las evaluaciones formales y que, de hecho, existen muchas razones para recomendarlas, pero tener éxito con el factor undécimo del compromiso se reduce a lo que ocurre en el intervalo entre cada revisión de desempeño. Cuando un líder revisa regularmente los progresos de sus empleados, es más probable que estos crean que serán remunerados de forma justa, que quieran quedarse en la empresa y que la recomienden a otras personas; y es menos probable que sufran accidentes laborales.

Qué es lo aconsejable: los buenos líderes saben que para que un trabajador se desarrolle primero debe saber en qué situación se encuentra. En otras palabras, la retroalimentación es esencial para el compromiso y el desempeño. Este tipo de líderes no solo ayudan a los miembros de su equipo a ver en qué punto de su trayectoria profesional se encuentran, sino que colaboran con ellos para fijar metas de crecimiento. También dan una retroalimentación personalizada, adaptado a las necesidades de cada cual, a sus circunstancias y su potencial individual; se relacionan de forma regular con los empleados que no cuentan con microgestión, ayudándoles a mejorar su rendimiento, aclarando las expectativas del puesto, haciendo un seguimiento a sus medidas de rendimiento, conociendo sus metas y hallando formas creativas de ayudarles a conseguir sus objetivos. Por encima de todo, estos líderes actúan como formadores, motivando, guiando y dirigiendo a sus empleados.

Q12. ESTE ÚLTIMO AÑO, HE TENIDO OPORTUNIDADES DE APRENDER Y CRECER PERSONAL Y PROFESIONALMENTE EN EL TRABAJO

Uno de cada tres empleados está seguro de haber tenido, en el último año, oportunidades para aprender y crecer en su trabajo. La duplicación de esta proporción podría

suponer para muchas empresas una reducción del 39 %
en el absentismo y del 36 % en los incidentes de seguridad,
además de un aumento de hasta el 14 % en su productividad.

El deseo de aprender y crecer es una necesidad humana básica que se requiere para mantener el ímpetu y la motivación en cualquier trabajo. Este elemento es crucial en una época en que las empresas están ávidas de crecimiento orgánico. Cuando las personas se desarrollan, sus empresas también lo hacen y tienen más opciones de mantenerse en el mercado. Cuando los trabajadores sienten que están aprendiendo trabajan más duro y son más eficientes, pero cuando tienen que hacer lo mismo cada día sin opciones de adquirir nuevos conocimientos es raro que sean entusiastas. Muchos líderes de equipo y empresarios identifican erróneamente este elemento solo con la formación complementaria, pero el aprendizaje y el crecimiento pueden adoptar muchas formas: encontrar la mejor forma de desempeñar una labor, lograr un ascenso o aprender una nueva habilidad. Los mejores trabajadores nunca están del todo satisfechos y se esfuerzan continuamente por encontrar formas más productivas de trabajar. Y donde hay crecimiento, hay innovación.

Qué es lo aconsejable: para mucha gente, el progreso en el puesto de trabajo distingue una carrera profesional de un simple empleo. Para garantizar el desarrollo de sus trabajadores, los buenos líderes les plantean retos y crean oportunidades de aprendizaje personalizadas, asociadas a un plan de desarrollo más ambicioso, además de comprobar con frecuencia sus progresos, preguntándoles qué están aprendiendo y con qué frecuencia aplican lo aprendido en sus respectivos puestos. Además, comprenden que el aprendizaje debe ser continuo. Por otro lado, evalúan las capacidades de sus subordinados, buscan la manera de ajustar estas a las metas y aspiraciones a largo plazo y fijan objetivos a corto plazo para cada persona. Pero, por encima de todo, ayudan a sus subordinados a percibir el valor en las nuevas oportunidades y los estimulan de buen grado a asumir nuevas responsabilidades o incluso nuevas funciones o cargos que puedan potenciar sus talentos individuales.

APÉNDICE 3

La relación entre el compromiso en el trabajo y los resultados empresariales

Metaanálisis Q^{12}®: novena edición

Doctor James K. Harter, Gallup

Doctor Frank L. Schmidt, Universidad de Iowa

Sangeeta Agrawal, M. en C., Gallup

Stephanie K. Plowman, M. en H., Gallup

Anthony Blue, M. en H., Gallup

INTRODUCCIÓN

PRÓLOGO

En los años 30, George Gallup inició un estudio de carácter global en torno a las necesidades y satisfacciones humanas, y con ello fue pionero en el desarrollo de los procesos de muestreo para encuestas de población. Además, el Dr. Gallup llevó a cabo una investigación decisiva sobre el bienestar humano: estudió los rasgos comunes de las personas que vivían 95 años o más (Gallup & Hill, 1959). Durante las siguientes décadas, él y sus colegas elaboraron numerosas encuestas en todo el mundo, y con ellas cubrieron muchos aspectos de la existencia humana. Sus primeros sondeos mundiales abordaban temas como la familia, la religión, la política, la felicidad, la economía, la salud, la educación, la seguridad y las actitudes hacia el trabajo. En este sentido, en los años 70, el Dr. Gallup informó de que menos de la mitad de los trabajadores por cuenta ajena de Estados Unidos decían sentirse muy satisfechos con su trabajo (Gallup, 1976); este resultado fue aún más bajo en Europa occidental, Latinoamérica, África y Extremo Oriente.

La satisfacción laboral se ha convertido con el paso del tiempo en el principal foco de interés para muchos investigadores. Además del trabajo pionero del Dr. Gallup, este tema ha sido el objeto de más de diez mil artículos y otras publicaciones. Dado que la mayoría de las personas pasan un alto porcentaje de sus horas de vigilia en el trabajo, los estudios sobre el entorno laboral son de gran interés para psicólogos, sociólogos, economistas, antropólogos y fisiólogos. La gestión y mejora de los centros de trabajo es algo crucial y un gran desafío para casi todas las organizaciones. Por consiguiente, resulta de vital importancia disponer de herramientas que evalúen de manera eficaz y fiable las dinámicas laborales que predicen los resultados clave en relación con esta cuestión.

En paralelo al trabajo del Dr. Gallup, Don Clifton, un psicólogo y profesor de la Universidad de Nebraska, empezó a estudiar los factores de éxito en la educación y los negocios. El Dr. Clifton fundó la Selection Research Incorporated (SRI) en 1969. Mientras que muchos psicólogos se afanaban aún por analizar las disfunciones y las causas de la enfermedad mental, Clifton y sus colegas centraron sus esfuerzos en la psicología de las fortalezas, es decir, en estudiar qué hace que la gente prospere.

Sus tempranos descubrimientos generaron a su vez cientos de estudios sobre individuos y equipos de éxito en un amplio espectro de sectores y puestos de trabajo. En particular, la investigación sobre aprendizaje y entorno laboral fue una de las principales líneas para numerosos investigadores de prestigio en los ámbitos académico y de los negocios. Este tipo de trabajos aporta mucha información sobre las diferencias individuales y los entornos laborales más propicios para alcanzar el éxito. En una primera etapa, los investigadores hallaron que limitarse a medir la satisfacción de los empleados es insuficiente para generar cambios duraderos. Por un lado, había que desglosar ese concepto, la satisfacción, en sus elementos principales; por otro había que medirla de modo que la información obtenida pudiera ser usada para emprender acciones y generar cambios reales en las empresas.

Una investigación posterior reveló que el cambio tenía un mayor impacto en el ámbito reducido de un departamento como el de atención al cliente, donde solo se cuenta con un supervisor. Para un alto ejecutivo de una empresa, el departamento de atención al cliente supone apenas un informe que le envía el responsable de ese equipo, mientras que para este último se trata de las personas a las que dirige cada día. Mientras estudiaban a los altos cargos empresariales, los científicos de Gallup se percataron de que la información más fiable es la que se recaba sobre el terreno, cerca de la acción cotidiana.

Los trabajos de Clifton y Gallup se unieron en 1988, cuando la empresa de este último y la SRI se fusionaron; de este modo combinaron sus fortalezas (gestión empresarial en un caso, metodología de encuestas en el otro) y ambos pasaron gran parte de su vida analizando las opiniones, actitudes, talentos y comportamientos de las personas. Para ello básicamente formulaban preguntas, registraban respuestas y evaluaban qué factores daban lugar a respuestas significativamente diferentes. En ambos casos hallaron variables que predecían el rendimiento y otras que no.

Llegar a formular las preguntas adecuadas es un proceso iterativo constante: se ponen a prueba, se analizan los resultados y re formulan cuantas veces sea necesario. Gallup ha seguido esta metodología para diseñar la herramienta de encuestas que es objeto de este artículo, el instrumento Q^{12} de Gallup, construido para evaluar los factores vinculados con el compromiso de los trabajadores.

En las siguientes secciones ofreceremos una panorámica general de los resultados obtenidos tras muchas décadas de investigación dedicadas al desarrollo y la validación del instrumento Q^{12} de Gallup. Para ello hemos efectuado un metaanálisis a partir de 339 estudios en los que se explora la relación entre el compromiso y el desempeño de los trabajadores en más de 230 empresas y 82.248 unidades de negocio en las que desempeñan su labor 1.882.131 empleados.

DESARROLLO DEL Q^{12}

A comienzos de la década de 1950, Clifton inició sus estudios sobre los entornos laboral y educativo para determinar qué factores contribuyen positivamente a ellos y permiten a las personas sacar partido de sus talentos individuales. Fue precisamente en el curso de esta investigación pionera cuando Clifton empezó a usar el análisis de las fortalezas para investigar los marcos de referencia y las actitudes de los individuos.

Entre 1950 y 1970, Clifton investigó a estudiantes, empresarios, ejecutivos, profesores y empleados, usando varias escalas y técnicas de entrevista, con el fin de estudiar las diferencias individuales y hallar factores que las explicaran. Algunos de los conceptos y premisas que consideró son los siguientes: «centrarse en las fortalezas en lugar de en las debilidades», «relaciones», «apoyo personal», «amistades» y «aprendizaje». Se pusieron a prueba entonces varias versiones piloto de un cuestionario que ya incluía muchos contenidos que luego conformarían el Q^{12}. Se aplicaron por primera vez técnicas de retroalimentación continua en el proceso de formular preguntas, recoger datos y analizar los resultados en un ciclo continuo de mejora. Por otra parte, para indagar en las causas de la rotación de personal se realizaron entrevistas a trabajadores en el momento de dejar su empresa; una de las razones más esgrimidas para marcharse fue la falta de capacidades del líder o supervisor directo.

Ya en los 80, los científicos de Gallup continuaron con su proceso iterativo estudiando a los individuos y equipos de mayor rendimiento a través de la evaluación de las cualidades individuales y de las actitudes en el puesto de trabajo. Como punto de partida para el diseño del cuestionario, se realizaron numerosos análisis cualitativos a partir de entrevistas y grupos de discusión. En ellos, los investigadores de Gallup pedían a los participantes más productivos que describieran su entorno de trabajo, así como sus pensamientos, sentimientos y conductas relacionados con el éxito.

A partir de esa información cualitativa se formularon hipótesis sobre los factores diferenciales que podían conducir al éxito y más tarde se elaboró y puso a prueba un cuestionario. Además, en paralelo se mantuvo la investigación cualitativa a lo largo de esa década para continuar profundizando en las causas de la rotación de personal. El análisis de grupos de discusión y entrevistas constituyó la base para la elaboración de una serie de encuestas muy amplias (de entre 100 y 200 preguntas), destinadas a los trabajadores y denominadas «Auditorías de desarrollo organizacional» o «Gestión de las actitudes para la excelencia». Por su parte, el abordaje cuantitativo incluyó: análisis factorial para hallar las dimensiones de categorización de los datos; análisis de regresión destinados a identificar la unidad de los datos y sus redundancias de los datos; y análisis de validez para identificar preguntas que se correlacionaran con resultados significativos en cuestiones como la satisfacción general, el compromiso y la productividad. Además, los investigadores desarrollaron protocolos para facilitar la retroalimentación de los resultados a directivos y empleados; la aplicación de tales protocolos sirvió para saber qué temas eran más útiles a la hora de generar diálogo y estimular el cambio.

Uno de los resultados principales de esta amplia investigación fue la formulación de la teoría de la optimización del talento en la empresa, que dice que:

$$\textit{Productividad personal} = \textit{talento} \times (\textit{relaciones} + \textit{expectativas correctas} + \textit{recompensas/reconocimiento})$$

Estos conceptos se acabarían integrando posteriormente en el Q^{12}.

Con el tiempo, los investigadores de SRI y Gallup replicaron muchas veces el estudio, analizando los patrones de éxito de los líderes que se centraban en las cualidades de sus trabajadores y los entornos que propiciaban mayores logros. Al integrar el conocimiento del talento para liderar equipos con los datos de la encuesta sobre las actitudes de los empleados, se adquirió una perspectiva única de los aspectos necesarios para establecer un entorno laboral exitoso. Temas como la «percepción individualizada», la «orientación al rendimiento», la «misión», el «reconocimiento», el «aprendizaje y el crecimiento», las «expectativas» y el «correcto ajuste» continuaron emergiendo. Por otra parte, y además de los trabajos sobre gestión empresarial, este equipo también llevó a cabo diversos estudios con profesores y estudiantes, y el desarrollo de entornos académicos exitosos.

En los 90, el proceso iterativo prosiguió. Durante esa década, los investigadores de Gallup desarrollaron la primera versión del instrumento Q^{12} (la «Auditoria del Centro de Trabajo de Gallup», o ACTG), en un esfuerzo por captar las actitudes más relevantes en el entorno laboral. Se llevaron a cabo análisis cuantitativos y cualitativos a partir de más de 1000 grupos de discusión y cientos de instrumentos, muchos de los cuales incluían variables adicionales a los previos. También se continuaron usando las entrevistas de salida, que confirmaron una vez más la importancia del líder en la retención del talento en la empresa. Por otro lado, se amplió el alcance de la investigación aplicando el Q^{12} así como otros instrumentos de encuesta, en varios países además de Estados Unidos: en concreto, Canadá, México, Gran Bretaña, Japón y Alemania. Así se pudo obtener una retroalimentación internacional e intercultural sobre las cuestiones principales que interesaban a Gallup, y esto proporcionó el contexto para adaptar los cuestionarios a distintas culturas. Asimismo, se pusieron a prueba varios tipos de escalas, tanto de 5 puntos como de respuesta dicotómica.

El análisis cuantitativo de los datos de encuesta incluyó estadística descriptiva, análisis factorial, discriminante, de validez de criterio, de fiabilidad, de regresión y otros análisis correlacionales. Los científicos de Gallup continuaron estudiando los aspectos principales que servían para diferenciar las empresas exitosas de las que no lo eran, así como las categorías que englobaban mejor tales aspectos. En 1997, los estudios previos se combinaron en un metaanálisis sobre la relación de la satisfacción y el compromiso del trabajador (tal como se evalúa con el Q^{12}) con la rentabilidad, la productividad, el grado de retención del talento y el nivel de satisfacción/lealtad de los trabajadores en 1135 unidades de negocio (Harter & Creglow, 1997). El citado metaanálisis también permitió a los investigadores estudiar la generalización de la relación entre el compromiso y los resultados. Este análisis reveló una significativa validez de criterio para cada uno de los ítems Q^{12}.

Como este tipo de análisis de validez ha de ser periódico, el metaanálisis se actualizó en los siguientes años: en 1998 (Harter & Creglow, 1998) incluyó 2528 unidades de negocio; en 2000, 7939 (Harter & Schmidt, 2000); en 2002, 10.885 (Harter & Schmidt, 2002); en 2003, 13.751 (Harter & Killham, 2003); en 2006, 23.910 (Harter, Schmidt, Killham, & Asplund, 2006); en 2009, 32.394 (Harter,

Schmidt, Killham, & Agrawal, 2009); y en 2013, 49.928 (Harter, Schmidt, Agrawal, & Plowman, 2013). El presente informe constituye, pues, la novena iteración del metaanálisis de los Q^{12} de Gallup, y se centra en la relación entre el compromiso del trabajador y el rendimiento de la empresa.

Como sucedió en el anterior informe, el de 2013, este amplía de forma significativa tanto el número de unidades de negocio como la composición de sectores y países participantes.

Dado que la forma final de este instrumento data de 1998, se puede decir que el Q^{12} ha sido ya administrado a más de 30 millones de trabajadores, en 198 países y 72 lenguas. Adicionalmente, se ha llevado a cabo una serie de estudios con el fin de analizar sus propiedades interculturales (Harter & Agrawal, 2011).

INTRODUCCIÓN AL ESTUDIO

La calidad de los recursos humanos de una empresa tal vez sea el indicador principal de su crecimiento y sostenibilidad. Ocupar puestos de trabajo con personal de alto nivel es un proceso que empieza por la selección de los candidatos adecuados para cada puesto. Diversos estudios han documentado la utilidad de ciertos instrumentos y sistemas para la selección de personal (Schmidt, Hunter, McKenzie, & Muldrow, 1979; Hunter & Schmidt, 1983; Huselid, 1995; Schmidt & Rader, 1999; Harter, Hayes, & Schmidt, 2004).

Luego, una vez contratados e incorporados a la empresa, los empleados toman decisiones y emprenden acciones a diario que pueden afectar al éxito de su compañía. Muchas de estas decisiones y acciones se ven influidas por sus propias motivaciones e impulsos internos. También se puede esperar que la forma en que son tratados los trabajadores y el modo en que ellos se tratan entre sí afecte positivamente su comportamiento o al contrario, genere riesgos para la empresa. Así, por ejemplo, ciertas investigaciones han puesto de relieve la existencia de una correlación positiva entre las actitudes generales en el trabajo y la vocación de servicio, las percepciones del cliente (Schmit & Allscheid, 1995) y los resultados individuales (Iaffaldano & Muchinsky, 1985). Un metaanálisis actualizado reveló una relación significativa entre la satisfacción laboral de cada individuo y su desempeño (Judge, Thoresen, Bono, & Patton, 2001).

Hasta el año 2000, la mayor parte de la investigación sobre satisfacción laboral y los metaanálisis subsiguientes habían recopilado datos de empleados individuales. Pero existen también evidencias en este sentido en otros niveles —equipos de trabajo y unidades de negocio—, donde las actitudes de los trabajadores se relacionan con los resultados empresariales. Principalmente, la investigación ha sido de tipo transversal. Algunos estudios independientes revelaron la existencia de relaciones entre las actitudes del trabajador y los resultados en áreas como la seguridad (Zohar, 1980, 2000), la atención al cliente (Schneider, Parkington, & Buxton, 1980; Ulrich, Halbrook, Meder, Stuchlik, & Thorpe, 1991; Schneider & Bowen, 1993; Schneider, Ashworth, Higgs, & Carr, 1996; Schmit & Allscheid, 1995; Reynierse & Harker, 1992; Johnson, 1996; Wiley, 1991), las finanzas (Denison, 1990; Schneider, 1991) o la rotación de personal (Ostroff, 1992). Un estudio realizado por Batt (2002) usó el análisis multivariante para examinar la relación entre la estrategia de recursos humanos (incluyendo la participación del empleado en la toma de decisiones) y el crecimiento de las ventas. Por su parte, recientemente Gallup ha llevado a cabo metaanálisis a gran escala en los que se han incluido 49.928 empresas y unidades de negocio y se ha revisado la relación y la capacidad predictiva de las actitudes del trabajador (satisfacción y compromiso) con la seguridad, las actitudes del cliente, los aspectos financieros, la retención del talento, el absentismo, las medidas de calidad y las pérdidas materiales (Harter et al., 2013; Harter et al., 2009; Harter et al., 2006; Harter et al., 2003; Harter, Schmidt, & Hayes, 2002; Harter & Schmidt, 2002; Harter & Schmidt, 2000; Harter & Creglow, 1998; Harter & Creglow, 1997). Este metaanálisis, repetido un tiempo después, ha revelado de forma consistente que existen relaciones predictivas de carácter positivo entre las actitudes del trabajador y varios resultados empresariales clave, así como que estas relaciones se generalizan a una amplia gama de situaciones (en diferentes sectores, tipos de unidad de negocio y países). Otros estudios independientes han obtenido resultados similares (Whitman, Van Rooy, & Viswesvaran, 2010; Edmans, 2012).

A pesar de que ha sido más habitual analizar los datos de los empleados como individuos, resulta crucial también considerar como sujetos a las unidades de negocio y a las propias empresas, ya que en ese nivel es más fácil obtener datos de resultados (debido a las necesarias garantías de confidencialidad, los resultados de cada trabajador se agrupan para presentarlos por departamentos o unidades de negocio). Además, la investigación de las unidades de negocio suele permitir el establecimiento de vínculos con los resultados relevantes para la mayoría de las empresas, como el compromiso de clientes, la rentabilidad, la productividad, la rotación de personal, los incidentes de seguridad, las pérdidas materiales y las variables de calidad.

Otra ventaja de analizar la información en este nivel agregado es que las puntuaciones obtenidas tienen una fiabilidad similar a las individuales, dado que en el primer caso cada puntuación en un ítem es la media de muchas puntuaciones individuales. Esto significa que las encuestas individuales agregadas pueden ser más cortas sin que exista un mayor margen de error. Recomendamos consultar el trabajo de Harter & Schmidt (2006) para una discusión más completa sobre la investigación acerca de la satisfacción laboral y las ventajas de realizar análisis en este nivel agregado.

No obstante, un problema potencial de tales estudios es la limitada cantidad de datos disponibles, debida, a su vez, al número limitado de unidades de negocio disponibles (ya que cada una de ellas es una unidad muestral) y también en ocasiones al acceso limitado a ciertos resultados que se puedan comparar entre las distintas unidades. Por eso muchos de estos estudios tienen escasa validez estadística y además sus resultados parecen contradecirse. La técnica del metaanálisis ofrece la oportunidad de agrupar tales estudios para obtener una estimación más precisa de la fuerza de sus efectos y un mayor poder de generalización.

El propósito de este documento es presentar los resultados de un metaanálisis actualizado sobre la relación entre las percepciones que los empleados tienen de su centro de trabajo y los resultados obtenidos por la correspondiente unidad de negocio, basados en los datos de los que actualmente disponen los clientes de Gallup. El foco principal del estudio es el instrumento Q^{12} de Gallup. Los elementos Q^{12} —que fueron seleccionados por su relevancia para unidades de negocio o departamentos— miden las percepciones de los empleados respecto a la calidad en las prácticas de gestión y dirección relacionadas con el personal, en sus respectivas unidades de negocio.

DESCRIPCIÓN DEL INSTRUMENTO Q^{12}

El desarrollo del Q^{12} se basó en más de 30 años de investigación cuantitativa y cualitativa acumulada. Su fiabilidad, validez convergente y validez de criterio han sido extensamente contrastadas tanto a través de distintos análisis psicométricos como en opinión de los propios directivos, respecto a su utilidad para generar cambios en el entorno laboral.

Al diseñar los elementos incluidos en el Q^{12}, los investigadores tuvieron en consideración que existen dos categorías amplias sobre las que se puede encuestar a un trabajador: las medidas actitudinales (satisfacción, lealtad, orgullo, percepción del servicio al cliente e intención de permanecer en la empresa) y las de comportamiento, que dan lugar a resultados. Los elementos Q^{12} evalúan las acciones sobre la gestión o dirección de una empresa que predicen resultados actitudinales como la satisfacción, la lealtad, el orgullo, etc.

El instrumento estándar Q^{12} de Gallup se compone, por tanto, de 12 elementos o ítems (agrupables en una única categoría de satisfacción general) que se han revelado como potencialmente modificables en el nivel de supervisión o dirección, y que a su vez permiten evaluar la percepción de diversos elementos que conforman la situación laboral, como la claridad de roles, los recursos, el ajuste entre capacidades y requisitos, el suministro de retroalimentación y la sensación de aprecio. El Q^{12} es, pues, una medida formativa de las «condiciones de compromiso», y cada uno de sus elementos supone una contribución al compromiso a través de la medida de sus causas.

A este respecto, se puede consultar una discusión más detallada en torno a la aplicación práctica de los elementos Q^{12} en Wagner and Harter (2006) y en diversos artículos publicados en www.gallup.com.

En su condición de instrumento que proporciona una medida global (resultado de la suma o media de sus elementos, desde el Q01 hasta el Q12), el Q^{12} posee un alfa de Cronbach de 0,91 para el nivel de unidades de negocio. También es de 0,91 la validez convergente metaanalítica de la media ponderada (o la suma) de sus elementos Q01-Q12 (media total) respecto a la media igualmente ponderada (o suma) de elementos adicionales en sondeos más prolongados (midiendo todas las facetas conocidas de la satisfacción y el compromiso laboral). Este coeficiente aporta evidencias de que el Q^{12} supone una medición combinada, que captura el factor general en sondeos de empleados más prolongados. Los elementos individuales presentan una correlación media de 0,70 con los valores verdaderos de la dimensión general. Mientras que el Q^{12} es una medida de las condiciones de compromiso accionables, su composición presenta una elevada validez convergente con la satisfacción y otras medidas directas de compromiso laboral (véase Harter & Schmidt, 2008, para una discusión más detallada sobre la validez convergente y discriminante y la construcción del «compromiso»).

Tal como se comentó anteriormente, esta es la novena iteración publicada del análisis del Q^{12} en el nivel de unidad de negocio. Comparado con los metaanálisis previos, el actual incluye un mayor número de estudios, unidades de negocio y países; además de casi el triple de unidades de negocio con datos de seguridad de pacientes, un 81 % más con datos de productividad, un 68 % más con datos de seguridad, un 46 % más con datos de rentabilidad, un 42 % más con datos de rotación de personal, un 34 % más con datos de calidad o errores, un 39 % más con datos sobre absentismo, un 27 % más con datos de clientes y un 16 % más con datos de pérdidas materiales. Así, el presente estudio supone una actualización significativa con datos nuevos y recientes.

La cobertura de los estudios incluidos en el análisis abarca unidades de negocio de 73 países, tanto de Asia (Bangladesh, Camboya, China, Hong Kong, India, Indonesia, Japón, Corea, Malasia, Nepal, Pakistán, Filipinas, Singapur, Sri Lanka, Taiwán, Tailandia y Turquía) como de Oceanía (Australia, y Nueva Zelanda), Europa (Austria, Bélgica, Francia, Alemania, Grecia, Irlanda, Italia, Países Bajos, España, Suecia, Suiza y el Reino Unido), los antiguos países comunistas (República Checa, Hungría, Lituania, Polonia y Rusia), Latinoamérica (Argentina, Bolivia, Brasil, Chile, Colombia, Ecuador, El Salvador, Guatemala, Honduras, México, Nicaragua y Perú), Oriente Medio (Bahréin, Brunei Darussalam, Egipto, Jordania, Omán y Emiratos Árabes Unidos), Norteamérica (Canadá y Estados Unidos), África (Botsuana, Burkina Faso, Etiopía, Gambia, Ghana, Kenia, Nigeria, Ruanda, Tanzania, Togo, Uganda, Zambia y Zimbabue) y el Caribe (Barbados, Bermudas, República Dominicana y Haití). Treinta y ocho empresas incluidas en el presente metaanálisis operan exclusivamente en países fuera de los Estados Unidos.

Este metaanálisis engloba todos los estudios disponibles de Gallup (se hayan publicado o no) y no presenta riesgo de sesgos de publicación.

METAANÁLISIS, HIPÓTESIS, MÉTODOS Y RESULTADOS

METAANÁLISIS

Un metaanálisis es una integración de los datos estadísticos procedentes de muchos estudios. Como tal, este tipo de análisis aporta una información muy valiosa, dado que controla los errores de muestreo y medida, así como otras cuestiones que distorsionan los resultados en los estudios individuales. Un metaanálisis elimina los sesgos y proporciona una estimación de la validez o relación verdadera entre dos o más variables. Habitualmente, los análisis estadísticos efectuados en el marco de esta técnica también permiten a los investigadores explorar la presencia o ausencia de factores moderadores de dichas relaciones.

Hasta el momento se han realizado más de 1000 metaanálisis en los campos de la psicología, la educación, el análisis de la conducta, la medicina y la selección de personal. La literatura de investigación en ciencias sociales y del comportamiento abarca una multitud de estudios individuales con conclusiones aparentemente contradictorias. No obstante, esta técnica permite al investigador estimar la relación media entre las variables y hacer correcciones respecto a las fuentes de variación artificial en los hallazgos de los distintos estudios. Supone un método mediante el cual se puede determinar si los distintos indicadores de validez y las relaciones son generalizables (por ejemplo, a través de diferentes empresas o ubicaciones geográficas).

Este documento no pretende aportar una visión detallada de la técnica del metaanálisis; los autores invitan al lector interesado a consultar las siguientes fuentes para obtener más información y una descripción completa de los métodos de metaanálisis más recientes: Schmidt y Hunter (2015); Schmidt (1992); Hunter y Schmidt (1990, 2004); Lipsey y Wilson (1993); Bangert-Drowns (1986); y Schmidt, Hunter, Pearlman, y Rothstein-Hirsh (1985).

HIPÓTESIS Y CARACTERÍSTICAS DEL ESTUDIO

Las hipótesis de este metaanálisis fueron las siguientes:

Hipótesis 1: el compromiso del trabajador en un nivel de unidad de negocio correlacionará positivamente con los resultados de dicha unidad en cuanto al compromiso de clientes, la productividad y la rentabilidad, y negativamente respecto a la rotación de personal, los incidentes de seguridad (accidentes de trabajo), el absentismo, las pérdidas (robos), los incidentes de seguridad de pacientes (mortalidad y caídas) y la calidad (defectos de productos o errores en servicios).

Hipótesis 2: las correlaciones entre el compromiso y los resultados de las unidades de negocio serán generalizables a todas las organizaciones y a todos los resultados de las unidades de negocio. Esto es, dichas correlaciones no variarán significativamente entre las distintas organizaciones. En particular, habrá pocas empresas, si las hay, que presenten una correlación cero entre tales variables o que vaya en el sentido opuesto al recogido en la Hipótesis 1.

La base de datos de Gallup incluye 339 estudios llevados a cabo para 230 organizaciones independientes; en cada instrumento Q^{12} se usó uno o más de los factores Q^{12} (como parte de una política estándar iniciada en 1997, todos los elementos se incluyeron en todos los estudios), se agregaron los datos para cada unidad de negocio y esta puntuación se correlacionó con los siguientes indicadores agregados de rendimiento por unidad de negocio:

- ○ métrica de cliente (denominada compromiso del cliente)
- ○ rentabilidad
- ○ productividad
- ○ rotación de personal
- ○ incidentes de seguridad
- ○ absentismo
- ○ pérdidas de material
- ○ incidentes de seguridad de pacientes
- ○ calidad (defectos y errores)

Es decir, la unidad de análisis fue la unidad de negocio, no el empleado individual.

Las correlaciones (valores r) fueron calculadas haciendo una estimación de la relación entre la puntuación media en compromiso del trabajador en cada unidad de negocio o empresa respecto a cada uno de los nueve resultados generales. Dichas correlaciones fueron calculadas para varias unidades de negocio de cada empresa, y estos coeficientes de correlación se introdujeron en una base de datos. Se calculó entonces la validez media en cada caso, la desviación típica de cada indicador de validez y el índice de generalización de la validez para cada una de las nueve puntuaciones de las unidades de negocio.

Tal como sucedió con los metaanálisis previos, algunos de los trabajos incluidos en este eran estudios de validez simultánea, en los que el compromiso y el desempeño se medían aproximadamente a la vez o lo primero poco después de lo segundo (ya que el compromiso es algo relativamente estable, tales estudios se consideran «simultáneos»). Los estudios de validez predictiva implican una medición del compromiso en el periodo 1 y del desempeño en el periodo 2. Las estimaciones de validez «predictiva» se obtuvieron para el 50 % de las organizaciones incluidas en este metaanálisis.

El presente artículo no aborda directamente relaciones causales, que tienen más sentido con datos longitudinales, consideración de múltiples variables y *path analysis*. Este tipo de relaciones se examinan con amplitud en otras fuentes (Harter, Schmidt, Asplund, Killham, & Agrawal, 2010). Los hallazgos de tales estudios causales sugieren que el compromiso y el rendimiento económico están recíprocamente relacionados, pero el compromiso es un factor predictor más fiable de los resultados empresariales que a la inversa. Además, la relación causal entre el compromiso de los trabajadores y el rendimiento económico de una empresa estaría mediada por otras variables, como las percepciones del cliente y el grado de retención del talento; es decir, el rendimiento económico es un resultado posterior que se ve influido por el efecto del compromiso de los trabajadores en otros resultados a corto plazo tales como las percepciones del cliente y el grado de retención del talento.

Los estudios que componen el presente metaanálisis fueron seleccionados de forma que cada empresa estuviera representada una vez en cada análisis. Varias organizaciones fueron objeto de múltiples estudios, de modo que, para incluir la mejor información posible de cada empresa representada, se aplicaron algunas reglas básicas: por ejemplo, si se habían llevado a cabo dos estudios simultáneos para un mismo cliente (en los que el Q^{12} y los datos de resultados de la empresa se recopilaban en el mismo año), el valor que se consideró para esa empresa fue la media ponderada de todos esos estudios; si en una empresa se había hecho un análisis simultáneo y otro predictivo (en el que el Q^{12} fue recopilado en el año 1 y los resultados fueron objeto de seguimiento en el año 2), entonces se introdujeron los datos de este; por último, si el tamaño de muestra variaba significativamente en diferentes estudios para una misma empresa, se usó el que presentara la muestra mayor.

○ Algunos estudios analizaban la relación entre las percepciones de los empleados de cada unidad de negocio y las de los clientes; en concreto, en 94 empresas. Las percepciones del cliente incluían a métricas de clientes y de pacientes, así como evaluaciones de profesores por parte de estudiantes. Estas medidas incluían, a su vez, indicadores de lealtad, satisfacción, calidad del servicio en general, calidad del servicio de reclamaciones, NPS y compromiso. La mayor parte de los trabajos contemplaba la medición de la lealtad del cliente (a través, por ejemplo, de la probabilidad de recomendación, el NPS o la recurrencia futura), así que en este estudio nos referiremos a las medidas de cliente como «fidelización de cliente». En cuanto a los instrumentos, variaron de estudio a estudio. El índice general de lealtad de cliente era la puntuación media de los elementos incluidos en cada evaluación. Un creciente número de estudios englobaban en el título «compromiso del cliente» diversas medidas de elección, que miden la conexión emocional entre los clientes y la empresa que les da el servicio. Si se desea más información sobre la interacción entre el compromiso del trabajador y el del cliente, se recomienda consultar los trabajos de Fleming, Coffman, y Harter (2005), y Harter, Asplund, y Fleming (2004).

○ Se dispuso también de estudios de rentabilidad para 85 empresas. La definición tradicional de rentabilidad es «porcentaje de beneficio sobre los ingresos por ventas». En muchas empresas, los investigadores usaron —como mejor medida del beneficio— la diferencia con los resultados económicos del año anterior o la diferencia respecto de la estimación previa, ya que estas representan medidas más precisas del rendimiento relativo de cada unidad; como tal, se aplicó un control de la oportunidad (ubicación) cuando las cifras de rentabilidad se consideraban menos comparables entre una unidad y la siguiente. Por ejemplo, la variable de diferencia implicaba un porcentaje estimado a partir de este porcentaje. Es decir, en algunos casos se calculó una correlación parcial (valor r), controlando la variable ubicación cuando se consideraba relevante para la comparación entre unidades de negocio. En cada caso, las variables de rentabilidad fueron medidas marginales y las de productividad (que se exponen a continuación) medidas de cantidad producida.

○ Se consideraron los 140 estudios disponibles sobre productividad. Las medidas de productividad de la unidad de negocio consistían en uno de los siguientes indicadores: aspectos financieros (p. ej., ingresos/ventas o dólares por persona/paciente), cantidad producida (volumen de producción), participación en programas, horas/costes laborales respecto al presupuesto, ventas cruzadas, valoraciones de rendimiento o calificaciones académicas (se incluyeron tres instituciones educativas). En unos pocos casos, existía una variable dicotómica (alto rendimiento = 2; vs bajo rendimiento =1, de la unidad de negocio). La mayoría de variables incluían en la categoría «productividad» medidas económicas de ventas, ingresos, crecimiento de ventas o de ingresos. En cuanto a la rentabilidad, en muchos casos hizo falta comparar los resultados económicos con un objetivo prefijado o con la cifra del año anterior para controlar las diferencias en cuanto a la oportunidad de negocio, debido a la ubicación de las mismas, o bien para calcular explícitamente la correlación parcial (valor r).

○ Respecto a los datos de rotación de personal, se contó con ellos para 106 empresas. La medida de rotación considerada fue el porcentaje anual para cada unidad de negocio. En la mayoría de los casos, la rotación voluntaria también fue registrada y usada en los análisis.

○ Había datos de seguridad para 53 organizaciones. Esta medida incluía el índice de días de trabajo perdidos por número de incidentes, el porcentaje de días laborales perdidos como resultado de incidentes o reclamaciones de compensación por parte de los trabajadores (incidentes y costes) y el número total o la tasa de incidentes.

○ Los datos de absentismo figuraban en el caso de 30 empresas e incluían número de días promedio perdidos por persona para cada unidad de trabajo, dividido entre el total de días laborables. Este coeficiente no incluyó la medida de los días ni de las horas de baja por enfermedad ni el absentismo total.

○ Once organizaciones suministraron mediciones de pérdidas de material, que se define como el total (en dólares) de la mercancía perdida no contabilizada, lo cual puede ser resultado del robo por parte de empleados o clientes, o bien de la pérdida de mercancías. Dado el volumen variable de las ubicaciones, la pérdida de material se calculó como un porcentaje de los ingresos totales o la diferencia respecto al objetivo marcado.

○ Nueve organizaciones sanitarias suministraron medidas de seguridad de sus pacientes. Los incidentes de seguridad del paciente iban desde tasa de caídas de pacientes (porcentaje sobre el número total de pacientes) hasta errores médicos, tasa de infecciones y tasa de mortalidad ajustada al riesgo.

○ Varias empresas, en este caso 16, aportaron medidas de calidad. Para la mayoría, esta se evaluó a través de registros de defectos —tales como artículos devueltos, invendibles o rechazados por la inspección (en fábrica), eficiencia operativa, desechos, mermas de calidad, interrupciones o cortes forzados (en servicios), acciones disciplinarias, precisión de depósitos o reservas (financieros)— y otras puntuaciones de calidad. En vista de que la mayoría eran medidas de defectos (en estos casos una cifra elevada significaba peor rendimiento), las medidas de eficacia y las puntuaciones de calidad fueron codificadas a la inversa, de forma que todas las variables se pudieran interpretar en el mismo sentido.

○ El estudio general contenía 1.882.131 respuestas de empleados a las encuestas y 82.248 unidades de negocio de 230 empresas distintas, con un promedio de 23 empleados por unidad de negocio y 358 unidades de negocio por compañía. El total fue de 339 estudios de investigación en 230 organizaciones.

○ La Tabla 1 ofrece un resumen de las empresas clasificadas por sectores. Resulta evidente que existe una considerable variación en los tipos representados, dado que los estudios fueron suministrados por compañías de 49 sectores diferentes. Todas las categorías de sectores contempladas por el Gobierno (a través de códigos SIC) están representadas y el mayor número corresponde al sector servicios, luego venta al por menor, producción industrial y finanzas. El mayor número de unidades de negocio se registra en los sectores financiero y de venta al por menor. Y de todos los sectores específicos, los siguientes fueron los representados con mayor frecuencia (dato basado en el número de unidades de negocio): financiero, entidades depositarias, servicios financieros, salud —farmacéuticas, venta al por menor— alimentación, transporte/servicios públicos/comunicaciones, finanzas, seguros, manufacturas, farmacéuticas y venta al por menor, varios.

Tabla I: Resumen de estudios por sector

Sector	Número de empresas	Número de unidades de negocio	Número de participantes
Finanzas, banca comercial	2	996	7.419
Finanzas, crédito	2	59	581
Finanzas, servicios depositarios	21	16.320	176.430
Finanzas, seguros	6	4.219	53.581
Finanzas, hipotecas	1	27	985
Finanzas, servicios no depositarios	1	94	2.038
Finanzas, avales	4	797	25.833
Finanzas, transacciones	1	73	1.530
Fabricación de aeronaves	1	3.411	37.616
Fabricación de materiales de construcción	1	8	1.335
Fabricación de productos químicos	1	928	8.203
Fabricación de ordenadores y productos electrónicos	3	239	27.002

Tabla I: Resumen de estudios por sector (*continuación*)

Sector	Número de empresas	Número de unidades de negocio	Número de participantes
Fabricación de bienes de consumo	4	235	7.077
Fabricación de alimentos	5	300	21.317
Fabricación de productos del vidrio	1	5	1.349
Fabricación de equipamientos industriales	1	89	639
Fabricación de herramientas	7	105	2.112
Fabricación de productos varios	3	396	12.478
Fabricación de papel	1	60	17.243
Fabricación de productos farmacéuticos	5	4.103	39.575
Fabricación de plásticos	1	133	938
Fabricación de material de impresión	2	35	716
Fabricación, construcción de barcos	3	882	134.297
Materiales y construcción	4	1.270	29.932
Servicios personales, salones de belleza	1	424	3.226
Inmobiliarias	3	199	5.964
Venta al por menor, automoción	4	261	13.614
Venta al por menor, materiales de construcción	3	1.158	65.001
Venta al por menor, ropa	4	1.055	28.937
Venta al por menor, grandes almacenes	2	816	6.594

Tabla I: Resumen de estudios por sector (*continuación*)

Sector	Número de empresas	Número de unidades de negocio	Número de participantes
Venta al por menor, restauración	6	736	37.191
Venta al por menor, productos de electrónica	6	1.483	104.273
Venta al por menor, empresas de ocio	1	106	1.051
Venta al por menor, empresas de alimentación	5	6.204	97.049
Venta al por menor, equipamiento industrial	1	11	484
Venta al por menor, varios	10	4.076	157.602
Venta al por menor, productos farmacéuticos	2	7.321	138.428

Servicios, negocios	3	645	10.309
Servicios, educación	7	459	10.746
Servicios gubernamentales	4	240	8.336
Servicios de salud	61	12.619	281.995
Servicios de alojamiento	8	958	156.678
Servicios de geriatría	1	353	26.582
Servicios de ocio	1	14	288
Servicios, servicios sociales	2	1.525	16.920
Transporte/servicios públicos, comunicaciones	7	4.234	45.506
Transporte/servicios públicos, servicios sanitarios, gas y electricidad	5	1.740	20.318
Transporte/servicios públicos, eliminación de residuos no peligrosos	1	727	28.600

Tabla I: Resumen de estudios por sector (*continuación*)

Sector	Número de empresas	Número de unidades de negocio	Número de participantes
Transporte/servicios públicos, camiones	1	100	6.213
Total sector financiero	38	22.585	268.397
Total industria	39	10.929	311.897
Total materiales y construcción	4	1.270	29.932
Total servicios personales	1	424	3.226
Total servicios inmobiliarios	3	199	5.964
Total venta al por menor	44	23.227	650.224
Total servicios	87	16.813	511.854
Total transporte/servicios públicos	14	6.801	100.637
Total	230	82.248	1.882.131

La Tabla 2 ofrece un resumen de las empresas participantes, clasificadas por tipo de unidad de negocio. Existe una considerable variación en los tipos de unidades de negocio, que van desde el pequeño comercio a las plantas y fábricas y de los grandes almacenes a las escuelas. En conjunto, se representan 23 tipos distintos de unidades de negocio; la mayor parte de las organizaciones incluyen estudios sobre grupos de trabajo, tiendas o sucursales bancarias que, a su vez, suponen la mayor representación proporcional de tales unidades.

Tabla 2: Resumen de tipos de unidades de negocio

Tipo de unidad de negocio	Número de empresas	Número de unidades de negocio	Número de participantes
Sucursal bancaria	19	16.276	183.926
Centralita	3	1.120	19.667
Call-center	4	120	2.409
Escuela infantil/guardería	1	1.499	14.302
Centro de costos	15	3.589	73.929
País	1	26	2.618
Concesionario	4	261	13.614
Departamento	12	1.347	33.275
División	3	714	134.703
Instalación	2	1.080	55.182
Hospital	6	782	53.307
Hotel	6	563	149.158
Ubicación	8	163	8.904
Centro comercial	2	166	3.790
Unidad de atención a pacientes	8	2.399	49.122
Planta de fabricación/fábrica	8	776	47.920
Región	2	113	13.520
Restaurante	5	373	21.183
División de ventas	6	391	21.722
Equipo de ventas	6	420	27.543
Escuela	6	409	10.496
Tienda	35	22.228	605.728
Grupo de trabajo	68	27.433	336.113
Total	**230**	**82.248**	**1.882.131**

TÉCNICAS DE METAANÁLISIS EMPLEADAS

Los análisis incluyeron estimaciones de medias ponderadas de validez verdadera; estimaciones de la desviación típica de cada validez; y correcciones de los errores de muestreo, del error de medida de las variables independientes y de la amplitud de variación y la restricción de rango de las variables independientes (media total de los Q^{12}) para cada medida de validez. Se llevó a cabo un análisis adicional para corregir el error de medida de las variables independientes. La forma más básica de metaanálisis corrige la varianza estimada únicamente por cada error de muestreo. Otras correcciones recomendadas por Hunter y Schmidt (1990, 2004) y Schmidt y Hunter (2015) incluyen también la corrección por medición y artefactos estadísticos, tales como la restricción de rango y el error de medida en las variables de rendimiento recopiladas. En las secciones siguientes se presentan las definiciones de dichos procedimientos.

Los investigadores de Gallup recopilaron datos de variables de rendimiento para múltiples periodos de tiempo con el fin de calcular la fiabilidad de dichas medidas. Pero, dado que estas medidas múltiples no estaban disponibles para todos los estudios, se usaron las técnicas metaanalíticas de distribución de artefactos (Hunter & Schmidt, 1990, pp. 158-197; Hunter & Schmidt, 2004) con el fin de corregir el error de medida en las variables de rendimiento. La distribución de artefactos desarrollada se basó en la fiabilidad test-retest (en los casos en los que estaba disponible) procedente de varios estudios. El procedimiento aplicado para el cálculo de la fiabilidad de la medida de los resultados por unidad de negocio fue consistente con el escenario 23 en Schmidt and Hunter (1996). Para tener en consideración que algunos cambios en los resultados (estabilidad) son una función del cambio real, los índices de fiabilidad test-retest se calcularon usando la siguiente formula:

$$(r_{12} \times r_{23})/r_{13}$$

donde r_{12} es la correlación del resultado medido en el tiempo 1 con el mismo resultado medido en el tiempo 2; r_{23} es la correlación del resultado medido en el tiempo 2 con el resultado medido en el tiempo 3; y r_{13} es la correlación del resultado medido en el tiempo 1 con el resultado medido en el tiempo 3.

La fórmula anterior excluye el cambio real (lo cual es más probable que ocurra en los periodos de tiempo 1-3 que en 1-2 o 2-3) de los cambios aleatorios en los resultados de las unidades de negocio causados por errores de medida, los errores de recopilación de datos, los de muestreo (básicamente, en las medidas de calidad y de cliente) y las fluctuaciones incontrolables en las medidas de los resultados. Algunas estimaciones estaban disponibles para datos trimestrales, otras de forma semestral y otras anualmente. El periodo de tiempo medio en las distribuciones de artefactos usados para este metaanálisis fue consistente con el tiempo promedio en todos los estudios para cada tipo de criterio. Las distribuciones de artefactos para la fiabilidad se recopilaron para las evaluaciones de cliente, rentabilidad, productividad, rotación de personal, seguridad y calidad, pero no para absentismo, pérdidas y seguridad del paciente, ya que estos datos no estaban disponibles en el momento en que se llevó a cabo el estudio. Por consiguiente, la fiabilidad asumida en esos tres aspectos fue de 1,00, lo que resulta en unas estimaciones de validez verdadera con un sesgo a la baja (las estimaciones de validez reportadas son más bajas que en la realidad). Las distribuciones de artefactos para estas tres variables serán añadidas a medida que estén disponibles en el futuro.

Se podría argumentar que, dado que la variable independiente (el compromiso del trabajador tal como es medido por los Q^{12}) se usa en la práctica para predecir los resultados, el profesional debe conformarse con el grado de fiabilidad del instrumento que está usando; aun así, corregir el error de medida en la variable independiente responde a la pregunta teórica de cómo las puntuaciones verdaderas se relacionan entre sí. Por tanto, presentamos análisis tanto previos como posteriores a la corrección de la fiabilidad de la variable independiente.

Al corregir la amplitud de variación y la restricción de rango, existen cuestiones teóricas fundamentales que precisan ser consideradas, todas ellas relacionadas con el hecho de si tales correcciones son necesarias. En la selección de personal, la validez se corrige de forma rutinaria para la restricción de rango, ya que, a la hora de seleccionar a candidatos para un puesto, se escoge habitualmente a aquellos que puntúan más alto según el indicador de predicción, lo cual da como resultado una restricción de rango explícita que genera un sesgo a la baja de las correlaciones observadas (esto es, una atenuación). No obstante, en el ámbito de la satisfacción y el compromiso del trabajador, uno puede argüir que no existe ninguna restricción explícita, dado que estamos estudiando los resultados tal como se dan de manera real en la empresa. Las unidades de negocio no se seleccionan en función de las puntuaciones obtenidas en el instrumento Q^{12}.

No obstante, hemos observado que en todas las empresas existe una variación de la desviación típica del compromiso. Una hipótesis que puede explicarlo es que las compañías difieren en la forma de estimular e incentivar la satisfacción y el compromiso de sus trabajadores, así como en la manera de desarrollar un conjunto de valores y una cultura común. Por consiguiente, la desviación típica de la población de las distintas unidades de negocio en todas las empresas estudiadas será mayor que la que se registre en el seno de una empresa promedio. Tal variación general de la desviación típica puede ser considerada como una restricción de rango indirecta (que se opone a la directa). Conviene reseñar que se ha incorporado una mejora de las correcciones de restricciones de rango indirectas en este metaanálisis (Hunter, Schmidt, & Le, 2006).

Desde el desarrollo de los Q^{12}, Gallup ha recopilado datos descriptivos de más de 30 millones de trabajadores, 3,4 millones de unidades de negocio, departamentos o grupos de trabajo y 1165 organizaciones empresariales. Esta acumulación de datos indica que la desviación típica en una empresa determinada supone aproximadamente un 8/10 de la obtenida por la población de todas las unidades de negocio. Además, la desviación típica para una empresa determinada respecto al valor de la población varía entre las distintas organizaciones. Por tanto, si uno de nuestros objetivos es estimar la magnitud del efecto en la población de todas las unidades de negocio (supuestamente, un importante indicador teórico), la corrección debería basarse en tales datos disponibles. Según los datos observados, las correlaciones se atenúan en las organizaciones con menos variabilidad en todas las unidades de negocio que el promedio de población, y viceversa. Así, la variabilidad en las desviaciones típicas para todas las organizaciones creará variabilidad en las correlaciones observadas y, por ende, es un artefacto que puede corregirse a la hora de interpretar la posible generalización de los distintos tipos de validez. Los apéndices que figuran en Harter y Schmidt (2000) ofrecen una distribución de artefactos para las correcciones de amplitud de variación y restricción de rango usadas en el metaanálisis. Tal distribución de artefactos fue actualizada en 2009, y el presente metaanálisis incluye esa actualización. Hemos incluido una selección aleatoria de 100 organizaciones en nuestra actual distribución de artefactos, pero en vista del gran tamaño de las tablas resultantes, no se incluyen en el presente artículo. Los siguientes párrafos resumen el metaanálisis llevado a cabo usando tal distribución:

> En cualquier metaanálisis puede haber varios artefactos sobre los cuales la información solo está disponible esporádicamente. Por ejemplo, supongamos que el error de medida y la restricción de rango son los únicos relevantes, más

allá del error de muestreo. En tales casos, el típico metaanálisis basado en la distribución de artefactos se lleva a cabo en tres fases:

- ○ Primero, la información es recopilada en cuatro distribuciones: la de las correlaciones observadas, la de la fiabilidad de la variable independiente, la de la fiabilidad de la variable dependiente y la de la desviación de rango. Existen cuatro medias y cuatro varianzas recogidas de una serie de estudios, y cada uno aporta la información de la que dispone.

- ○ Segundo, en la distribución de las correlaciones observadas se corrige el error de muestreo.

- ○ Tercero, en la distribución con error de muestreo corregido se corrigen después el error de medida y la amplitud de variación (Hunter & Schmidt, 1990, pp. 158-159; Hunter & Schmidt, 2004).

En este estudio, las medidas se calculan y reportan en cada nivel de análisis, partiendo de las correlaciones observadas, para después corregir el error de muestreo, el de medida y, finalmente, la amplitud de variación. Se efectuaron tanto correcciones de la amplitud de variación interna de las empresas (que sirven para corregir las estimaciones de generalización de la validez) como de la restricción de rango entre empresas (que sirven para corregir las diferencias en las variaciones entre empresas). Estas últimas correcciones son relevantes para entender cómo el compromiso se relaciona con el rendimiento en todas las unidades de negocio de todas las empresas. Tal como se mencionó antes, hemos aplicado la corrección de la restricción de rango indirecta a este metaanálisis (Hunter et al., 2006).

El metaanálisis incluye, además, una estimación de la validez media ponderada por tamaño de muestra y la varianza en todas las correlaciones, ponderando de nuevo cada validez en función del tamaño de muestra; también se ha calculado la varianza predicha por las correlaciones ponderadas en función del error de muestreo. La siguiente fórmula sirve para calcular la varianza esperada a partir del error de muestreo en metaanálisis «básicos», usando la técnica expuesta en Hunter et al. (2006) antes referida:

$$S_e^2 = (1 - \bar{r}^2)^2 / (\overline{N} - 1)$$

Las desviaciones típicas residuales fueron calculadas sustrayendo la cantidad de varianza debida al error de muestreo, la achacable a las diferencias entre estudios en la medida del error de la variable dependiente y la que tiene que ver con las diferencias entre estudios en la amplitud de variación a partir de la varianza observada. Para hacer una estimación de la validez verdadera de las desviaciones típicas, la residual fue ajustada por sesgos debido a la falta de fiabilidad media y a la restricción de rango media. La cantidad de varianza debida al error de muestreo, el error de medida y la amplitud de variación se dividió por la varianza observada para calcular el porcentaje total de varianza registrado. En general, se asume que puede haber generalización si un alto porcentaje (de, por ejemplo, el 75 %) de la varianza de los distintos tipos de validez de todos los estudios se debe al error de muestreo y a otros artefactos, o si el valor de credibilidad del 90 % (el 10º percentil de la distribución de la validez verdadera) se da en la dirección que marcan las hipótesis. Tal como se hizo en Harter et al. (2002, 2006, 2009 y 2013), calculamos la correlación entre el compromiso y el desempeño combinado. Este cálculo da por sentado que los gerentes de las empresas están administrando su negocio en pos de múltiples resultados simultáneos y que cada resultado forma parte de la evaluación del desempeño general. Para calcular la correlación del índice de desempeño combinado usamos la fórmula Mosier (1943) con el fin de determinar su fiabilidad (tal como se describe en Harter et al., 2002), usando las distribuciones de fiabilidad y las interrelaciones de las medidas de los resultados. La seguridad del paciente fue combinada con la categoría de «seguridad» más general, ya que es una variable específica de un sector. El coeficiente de fiabilidad de la medida combinada resultó ser de 0,91. El desempeño combinado fue medido como la suma equitativamente ponderada de la lealtad del cliente, la rotación de personal (invirtiendo las puntuaciones para medir la retención del talento), la seguridad (invirtiendo las puntuaciones de accidentes e incidentes de seguridad del paciente), el absentismo (también con puntuaciones invertidas), pérdidas (ídem), aspectos financieros (con la rentabilidad y la productividad igualmente ponderadas) y la calidad (defectos con puntuación invertida). Asimismo, calculamos el rendimiento combinado como la suma equitativamente ponderada de los resultados más directos del compromiso —fidelización de clientes, y con puntuaciones invertidas rotación de personal, seguridad, absentismo, pérdidas y defectos de calidad. El coeficiente de fiabilidad de esta variable combinada fue de 0,89.

En nuestra investigación, usamos el paquete de metaanálisis Schmidt and Le (2004) (programas de metaanálisis para distribución de artefactos con corrección de la restricción de rango indirecta). Este paquete se describe en Hunter and Schmidt (2004).

RESULTADOS

El foco de los análisis para este artículo se pone en la relación entre el compromiso general del trabajador (definido por la media total del Q^{12} equitativamente ponderada) y una variedad de resultados. En la Tabla 3 se puede observar el metaanálisis actualizado y las medidas de generalización de la validez respecto a la relación entre el compromiso del trabajador y el desempeño para cada uno de los nueve tipos de resultados considerados. A las correlaciones medias observadas y a las desviaciones típicas las siguen dos formas de estimación de la validez verdadera: la primera corrige la amplitud de variación en el seno de las organizaciones y el error de medida de la variable dependiente, y dicha corrección de la amplitud de variación sitúa a todas las empresas en la misma base en términos de la variabilidad del compromiso en todas las unidades de negocio. Estos resultados pueden observarse como una estimación de las relaciones entre las distintas unidades de negocio de una empresa promedio. La segunda corrige la restricción de rango en la población de unidades de negocio y el error de medida de la variable dependiente. Las estimaciones que incluyen la última corrección de restricción de rango se aplican a la interpretación de los efectos en las unidades de negocio de todas las empresas, oponiéndose a los efectos esperados en el seno de una organización promedio. Dado que existe más variación en el compromiso de las unidades de negocio de todas las organizaciones que en el seno de una organización promedio, las magnitudes del efecto son mayores cuando las estimaciones de validez verdadera se calculan para las unidades de negocio de todas las organizaciones.

Observemos, por ejemplo, las estimaciones relativas a los criterios de fidelidad del cliente. Sin la corrección de la restricción de rango entre organizaciones (que es relevante para el efecto dentro de la organización promedio), el valor de la validez verdadera del compromiso del trabajador es de 0,21, con un valor de credibilidad del

90 % (VC) de 0,14. Con la corrección de la restricción de rango entre organizaciones (que es relevante para las unidades de negocio entre empresas), el valor de la validez verdadera del compromiso del trabajador es de 0,28 y el valor de credibilidad del 90 % (VC), de 0,19.

Tal como sucedió en estudios previos, los presentes hallazgos muestran un elevado grado de generalización entre empresas en cuanto a la relación entre el compromiso del trabajador y la valoración de los clientes, la rentabilidad, la productividad, la rotación de personal, la seguridad, las pérdidas y los resultados de calidad (referidos a defectos de productos o errores en el servicio). La mayor parte de la variabilidad apreciada en las correlaciones entre organizaciones fue resultado del error de muestreo en los estudios individuales; y, respecto a cada uno de estos siete resultados, más del 75 % de la variabilidad en las correlaciones entre organizaciones puede atribuirse a los artefactos (error de muestreo, amplitud de variación y error de medida). En otras palabras, la validez verdadera es muy similar y va en la dirección de las hipótesis para cada empresa considerada. En cuanto a los dos resultados restantes (absentismo y seguridad del paciente), los resultados indican un elevado grado de generalización entre las empresas participantes, tal como indica el valor de credibilidad del 90 % en la dirección que marcan las hipótesis. Sin embargo, los distintos tipos de validez varían en cierto modo más que con otros resultados, aunque su distribución se produce en la dirección esperada según las hipótesis. La dirección del efecto es predecible, pero la magnitud de mismo entre las diversas empresas es, en cierto modo, variable. Los artefactos no explican toda la variabilidad en las correlaciones del compromiso del trabajador ni estos dos últimos resultados, posiblemente a causa de la falta de estimaciones de fiabilidad para dichos resultados, ya que, por desgracia, todavía no disponemos de ellas. Una vez que estas estimaciones estén disponibles, y a medida que se añadan más estudios al metaanálisis, se podrá arrojar más luz sobre este asunto. Con independencia de ello, los valores de credibilidad del 90 % indican una evidencia significativa de generalización para los nueve resultados considerados (Schmidt & Hunter, 1977), lo cual significa que el instrumento Q^{12} de compromiso del trabajador, predice de forma efectiva estos resultados en la dirección esperada para todas las empresas, incluyendo los obtenidos en diferentes sectores y países.

Tabla 3: Metaanálisis de la relación entre el compromiso del trabajador y el rendimiento de las unidades de negocio

	Fidelización del cliente	Rentabilidad	Productividad	Rotación	Incidentes de seguridad	Absentismo	Pérdidas	Incidentes de seguridad de pacientes	Calidad (defectos)
Nº de unid. de negocio	20.679	31.472	45.328	43.987	9.746	11.460	4.514	1.378	2.320
Número de r	94	85	140	106	53	30	11	9	16
Media observada r	0,16	0,10	0,14	-0,10	-0,12	-0,16	-0,09	-0,42	-0,16
DT observada	0,09	0,07	0,08	0,06	0,08	0,09	0,06	0,14	0,10
Validez verdadera[1]	0,21	0,10	0,16	-0,15	-0,14	-0,16	-0,09	-0,42	-0,16
Validez verdadera DT[1]	0,05	0,04	0,04	0,01	0,03	0,05	0,03	0,08	0,04
Validez verdadera[2]	0,28	0,14	0,21	-0,20	-0,19	-0,22	-0,12	-0,53	-0,22
Validez verdadera DT[2]	0,07	0,05	0,05	0,01	0,04	0,07	0,04	0,08	0,05
% varianza registrada, error de muestreo	51	59	48	62	75	34	60	23	69
% varianza registrada[1]	80	76	78	98	92	60	75	71	88
% varianza registrada[2]	80	77	78	98	92	60	75	71	88
90%VC[1]	0,14	0,06	0,10	-0,13	-0,11	-0,09	-0,05	-0,32	-0,12
90%VC[2]	0,19	0,08	0,14	-0,18	-0,14	-0,12	-0,06	-0,42	-0,16

r = Correlación
DE = Desviación Típica.
VC = Valor de Credibilidad.
[1]Incluye la corrección de la amplitud de variación dentro de las organizaciones y el error de medida de la variable dependiente.
[2]Incluye la corrección del intervalo de restricción en la población de las unidades de negocio y el error de medida de la variable dependiente.

En resumen, para la medida combinada del compromiso mostrada en la Tabla 3, los efectos de mayor magnitud se registraron en las puntuaciones de fidelización del cliente, productividad, rotación de personal, seguridad, absentismo, seguridad del paciente y calidad. Las correlaciones fueron positivas y generalizables respecto a la rentabilidad y los criterios de pérdidas, si bien de magnitud algo menor. En el caso de la rentabilidad, es probable que esté influida indirectamente por el compromiso del trabajador y más directamente por variables tales como la fidelidad del cliente, la productividad, la rotación de personal, la seguridad, el absentismo, las pérdidas materiales, la seguridad del paciente y la calidad. Conviene recordar que la variable productividad incluye diversas medidas de productividad de las unidades de negocio, la mayoría de las cuales son datos de ventas. De las dos variables financieras incluidas en el metaanálisis (ventas y beneficios), el compromiso está más correlacionado con las ventas, probablemente porque el compromiso diario del trabajador tiene un impacto en las percepciones del cliente, la rotación de personal, la calidad y otras variables estrechamente relacionadas con las ventas. De hecho, este dato ha sido descubierto de forma empírica en nuestros análisis causales (Harter et al., 2010). En el caso de las pérdidas, las correlaciones pueden ser, en cierto modo, menores porque existen muchos factores que influyen en la pérdida de mercancías o productos, incluyendo el robo, el grado de precisión de los inventarios y la mercancía dañada. En la siguiente sección se explorará la utilidad práctica de las relaciones observadas.

Tal como se expuso en Harter et al. (2002), hemos calculado la correlación del compromiso del trabajador con el rendimiento combinado de la empresa. Como se dijo en secciones anteriores, la Tabla 4 presenta las correlaciones y valores d para cuatro análisis: las correlaciones observadas; la corrección del error de medida de las variables dependientes; la corrección del error de medida de las variables independientes y la restricción de rango entre empresas; y la corrección del error de medida de las variables dependientes, la restricción de rango y error de medida de las variables independientes (correlación de puntuación verdadera).

Tal como sucedió con los metaanálisis previos, las magnitudes presentadas en la Tabla 4 indican relaciones significativas entre el compromiso de los trabajadores y el rendimiento empresarial combinado.

De acuerdo con el metaanálisis de 2013, las unidades de negocio que aparecen en la mitad superior en cuanto a rendimiento dentro de las empresas registran un rendimiento combinado superior, con una desviación típica de 0,46, en comparación con las situadas en la mitad inferior.

Entre empresas, las unidades de negocio de la mitad superior en grado de rendimiento registran un rendimiento combinado superior (desviación típica de 0,60) a las situadas en la mitad inferior.

Tras corregir todos los errores de observación de estudio posibles (examinando la relación de la puntuación verdadera), las unidades de negocio de la mitad superior en cuanto a rendimiento registran un rendimiento combinado superior (DT de 0,73) en comparación con las situadas en la mitad inferior. Este es el verdadero efecto de puntuación esperado con el paso del tiempo para todas las unidades de negocio.

Tal como se mencionó anteriormente, algunos resultados son una consecuencia directa del compromiso del trabajador (baja rotación de personal, fidelización de clientes, seguridad, bajo absentismo, pocas pérdidas materiales y alta calidad), mientras que otros se ven influidos por factores intermedios (ventas y beneficios). Por esta razón, hemos calculado también la correlación combinada respecto a los resultados a corto plazo. Los resultados presentados en la Tabla 5 indican de nuevo la existencia de una relación significativa entre el compromiso y el rendimiento combinado. Las correlaciones observadas y los valores d son aproximadamente de la misma magnitud que los de la Tabla 4, aunque ligeramente inferiores (probablemente porque los resultados directos no ocupan todo el espacio del criterio de rendimiento).

Tabla 4: Correlación entre el compromiso del trabajador y el desempeño combinado de las unidades de negocio. Todos los resultados

Análisis	Correlación entre el compromiso y el rendimiento
r observada	0,27
d	0,44
r corregida por error de medida de variable dependiente	0,28
d	0,46
r corregida por error de medida de variable dependiente y restricción de rango entre empresas	0,36
d	0,60
ρ corregida por error de medida de variable dependiente, restricción de rango y error de medida de variable independiente	0,43
δ	0,73

r = Correlación
d = Diferencia en desviación típica.
ρ = Correlación de puntuación verdadera
δ = Diferencia de puntuación verdadera en unidades de desviación típica.

Las unidades de negocio de la mitad superior en cuanto a rendimiento dentro de las empresas registran un desempeño combinado superior, con DT de 0,44, en los resultados directos en comparación con las situadas en la mitad inferior. Entre empresas, la diferencia es de 0,57 unidades de desviación típica. Tras corregir todos los errores de observación posibles, la diferencia es de 0,69 unidades de desviación típica.

Tabla 5: Correlación entre el compromiso del trabajador y el desempeño combinado de las unidades de negocio. Resultados directos (compromiso de clientes, rotación de personal, seguridad, absentismo, pérdidas materiales y calidad)

Análisis	Correlación entre el compromiso y el rendimiento
r observada	0,25
d	0,41
r corregida por error de medida de variable dependiente	0,27
d	0,44
r corregida por error de medida de variable dependiente y restricción de rango entre empresas	0,34
d	0,57
ρ corregida por error de medida de variable dependiente, restricción de rango y error de medida de variable independiente	0,41
δ	0,69

r = Correlación.
d = Diferencia en desviación típica.
ρ = Correlación de puntuación verdadera.
δ = Diferencia de puntuación verdadera en unidades de desviación típica.

ANÁLISIS DE UTILIDAD: VALOR PRÁCTICO DE LOS EFECTOS

ANÁLISIS DE UTILIDAD

En el pasado, los estudios sobre la relación entre la satisfacción en el trabajo y el rendimiento empresarial han efectuado un análisis limitado de la utilidad de dicha relación. Las correlaciones han sido descartadas a menudo como no significativas, sin hacer un esfuerzo por entender la potencial utilidad de esas relaciones en la práctica. El Q^{12} incluye elementos que, según los investigadores de Gallup, pueden ser modificados en cada unidad de negocio con la intervención de su gerente y de otros directivos. Por tanto, la comprensión de la utilidad práctica de estos cambios potenciales es de crucial importancia.

La literatura de investigación incluye gran cantidad de evidencias en el sentido de que los efectos estadísticamente bajos o moderados suelen traducirse en grandes efectos prácticos (Abelson, 1985; Carver, 1975; Lipsey, 1990; Rosenthal & Rubin, 1982; Sechrest & Yeaton, 1982). Tal como muestra la Tabla 6, este es, de hecho, el caso que nos ocupa. Las magnitudes de los efectos referenciadas en este estudio son acordes con las magnitudes de los efectos prácticos referenciadas en otros estudios, o bien están por encima de aquellas (Lipsey & Wilson, 1993).

Un método más intuitivo de exponer el valor práctico de un efecto es el de las presentaciones binomiales de la magnitud del efecto (o BESD, por sus siglas en inglés) (Rosenthal & Rubin, 1982; Grissom, 1994). Las BESD suelen indicar el índice de éxito de un tratamiento frente a un grupo de control como un porcentaje por encima de la media en la variable de interés.

Las BESD pueden aplicarse también a los resultados del presente estudio. La Tabla 6 muestra el porcentaje de unidades de negocio que se sitúan por encima de la mediana en cuanto a rendimiento combinado, para unidades de negocio de puntuación alta y baja en la medida combinada de compromiso del trabajador (Q^{12}). Las estimaciones de la validez verdadera (corrigiendo el error de medida solo en la variable dependiente) fueron usadas para el análisis de las unidades de negocio tanto dentro de una empresa como entre ellas.

En la Tabla 6 se puede apreciar que existen diferencias significativas entre las mitades superior e inferior. La mitad superior es definida como la media de las unidades de negocio que puntúan más del 50% en los Q^{12}, mientras que las que puntúan menos del 50% se ubican en la mitad inferior. Resulta evidente que los gerentes empresariales aprenderían mucho más sobre el éxito si analizaran lo que sucede en las unidades de la mitad superior en lugar de en las de la mitad inferior.

Respecto al desempeño combinado de las unidades de negocio, las clasificadas en la mitad superior en cuanto al compromiso del trabajador presentan un índice de éxito superior en un 78% al de su propia organización y en un 113% al total medio de las unidades de negocio participantes. En otras palabras, las unidades de negocio con un elevado compromiso de sus trabajadores casi doblan sus posibilidades de obtener un desempeño combinado por encima de la media en sus propias organizaciones, además de aumentar 2,1 veces sus posibilidades de éxito por encima de la media en todas las unidades de negocio de todas las empresas analizadas.

Tabla 6: BESD para compromiso del trabajador y resultados

Compromiso del trabajador	Unidades de negocio dentro de la empresa	Unidades de negocio entre empresas
	Desempeño combinado% por encima de la media (total)	Desempeño combinado% por encima de la media (total)
Mitad superior	64	68
Mitad inferior	36	32

	Desempeño combinado% por encima de la media (resultados directos)	Desempeño combinado% por encima de la media (resultados directos)
Mitad superior	63	67
Mitad inferior	37	33

Con el fin de ilustrar mejor este punto, la Tabla 7 muestra la probabilidad de obtener un desempeño por encima de la media para varios niveles de compromiso. Las unidades de negocio que presentan el nivel más alto de compromiso de todas las de la base de datos de Gallup tienen una posibilidad del 80% de obtener un desempeño combinado elevado (por encima de la media), en comparación con una posibilidad del 20% para las unidades situadas en el nivel más bajo de compromiso de sus trabajadores. Se observa, pues, que es posible conseguir un alto desempeño sin un alto compromiso del trabajador, si bien las posibilidades son significativamente menores (de hecho, cuatro veces menores).

Tabla 7: Porcentaje de unidades de negocio por encima de la media de la empresa en cuanto a rendimiento combinado (compromiso de clientes, rentabilidad, productividad, rotación de personal, seguridad, absentismo, pérdidas materiales y calidad) para diferentes percentiles de compromiso del trabajador

Percentil de compromiso del trabajador	Porcentaje por encima de la media de la empresa
Por encima del 99%	80%
95º	72%
90º	68%
80º	62%
70º	58%
60º	54%
50º	50%
40º	46%
30º	42%
20º	38%
10º	32%
5º	28%
Por debajo de 1º	20%

Otra forma de expresar el significado práctico que subyace tras los efectos procedentes de este estudio son, por ejemplo, los métodos de análisis de utilidades (Schmidt & Rauschenberger, 1986). Se ha diseñado una serie de fórmulas para estimar los incrementos en las ganancias (en dólares) como resultado de una mejor estrategia de selección de personal. Estas fórmulas tienen en cuenta la magnitud de los efectos (correlación), la variabilidad en el resultado estudiado y la diferencia en la variable independiente (el compromiso, en este caso), que puede usarse en la estimación de la diferencia en los resultados de rendimiento a diferentes niveles de distribución de las puntuaciones Q^{12}. Los estudios previos (Harter et al., 2002; Harter & Schmidt, 2000) proporcionan ejemplos de análisis de utilidades, comparando las diferencias en los resultados entre los cuartiles superior e inferior de los Q^{12}. En cuanto a las empresas incluidas en el presente metaanálisis, es habitual captar diferencias, entre los cuartiles de compromiso superior e inferior, de entre dos y cuatro puntos en cuanto a la fidelidad del cliente; de entre uno y cuatro puntos en la rentabilidad; de cientos de miles de dólares en las cifras de productividad mensuales; y de entre cuatro y diez puntos en la rotación de personal para empresas con baja rotación, o entre 15 y 50 puntos para empresas con alta rotación.

Recientemente, los investigadores de Gallup han llevado a cabo análisis de utilidad en múltiples organizaciones con resultados similares (se incluye una actualización de los análisis en Harter et al., 2002, p. 275, Tabla 6). Comparando las unidades de negocio del cuartil superior con las del inferior en cuanto al compromiso, se hallan unas diferencias de porcentaje medias del:

- 10% en compromiso de clientes.
- 21% en rentabilidad.
- 20% en productividad-ventas.
- 17% en productividad-registros de producción y evaluaciones.
- 24% en rotación para empresas con elevado grado de rotación (las que presentan más del 40% de rotación anual).
- 59% en rotación para empresas con bajo grado de rotación (las que presentan un 40% o menos de rotación anual).
- 70% en incidentes de seguridad.
- 28% en pérdidas materiales.
- 41% en absentismo.
- 58% en incidentes de seguridad del paciente.
- 40% en calidad (defectos).

Las diferencias antes citadas y su equivalencia en dólares deberían calcularse para cada organización, en función de sus resultados en todas las unidades de negocio. Las medianas estimadas representan el punto medio de la distribución de los análisis de utilidad de muchos estudios (83 para productividad, 92 para rotación, 48 para seguridad, 57 para fidelidad del cliente, 48 para rentabilidad, 29 para absentismo, 14 para calidad, 11 para pérdidas y 10 para seguridad del paciente), dependiendo del resultado y la disponibilidad de los datos en cada empresa.

Se puede observar que las relaciones antes citadas son relevantes si la empresa posee muchas unidades de negocio. El sentido de llevar a cabo estos análisis de utilidad, de acuerdo con la literatura que ha considerado seriamente este aspecto, es que la relación entre el compromiso del trabajador y los resultados empresariales, aun siendo conservadores, es significativa desde un punto de vista práctico.

DISCUSIÓN

Los hallazgos de este metaanálisis continúan aportando una validación cruzada a gran escala respecto a los previos realizados con el instrumento Q^{12}. El presente estudio incrementa el tamaño de la base de datos metaanalíticos en 32.320 unidades de negocio (un aumento del 65 %), además en cuanto al número de países y al tipo de unidades de negocio estudiadas. La relación entre el compromiso y el desempeño de las unidades de negocio continúa siendo significativa y altamente generalizable entre empresas. Las diferencias en las correlaciones entre empresas pueden atribuirse en su mayoría a los errores de observación de cada estudio. En lo que respecta a los resultados con tamaños de muestra de 10.000 o más unidades de negocio en 2013 (cliente, rentabilidad, productividad y rotación de personal), los resultados de este metaanálisis actualizado han sido casi completamente replicados. Respecto a tales resultados, las diferencias observadas en la magnitud del efecto ente 2013 y 2015 oscilaron entre 0,01 y 0,02, y la evidencia de la generalización siguió siendo significativa. El tamaño de esta base de datos nos da confianza en cuanto a que existe relación entre el compromiso del trabajador y los resultados empresariales, así como respecto a la magnitud de dicha relación, lo cual puede resultar útil para calcular el retorno potencial de la inversión derivado de las iniciativas de gestión del desempeño. Los consistentes hallazgos en muchas iteraciones de metaanálisis también nos hablan de la importancia de las percepciones de los trabajadores para las empresas en distintos periodos económicos, e incluso en plena época de cambios tecnológicos radicales, como la que vivimos desde 1997, año en que se inició este estudio.

Estos hallazgos son importantes porque significan que somos capaces de desarrollar herramientas de medida útiles para diferentes empresas con un alto nivel de confianza que permitirán obtener información relevante sobre el desempeño. Los datos extraídos del presente estudio justifican aún más la idea de que hacer lo mejor para los trabajadores no tiene por qué ir en contra de lo que es mejor para la empresa.

Conviene, asimismo, recalcar que, dado que los consultores de Gallup han formado a directivos y están asociadas con empresas que ya han puesto en marcha iniciativas de cambio, las organizaciones han experimentado, por término medio y entre el primer y el segundo año, un crecimiento de la mitad de la desviación típica en cuanto al compromiso del trabajador, y a veces de la desviación típica o incluso más al cabo de tres o más años.

Un importante factor a tener en cuenta respecto a la utilidad de cualquier instrumento o proceso de mejora aplicado es el grado en que la variable de estudio puede ser modificada. Nuestra actual evidencia es que el compromiso del trabajador es un aspecto modificable y varía ampliamente entre empresas y departamentos. Tal como hemos demostrado en el análisis de utilidades presentado en este artículo y en otras iteraciones de este análisis, la magnitud de los efectos observados posee implicaciones prácticas importantes, en especial dado que, como decimos, el compromiso (tal como se mide aquí) es modificable.

La investigación actual y futura de Gallup se centra en ampliar la base de resultados para incluir las variables de salud y bienestar. Por ejemplo, otro estudio ha revelado que existen vínculos significativos entre el compromiso del trabajador en 2008 y los días de baja por enfermedad en 2009, tras controlar los factores demográficos y las condiciones de salud previas, incluyendo el índice de masa corporal. En las muestras de ámbito mundial, hemos descubierto que existen relaciones consistentes entre el compromiso en el trabajo y la satisfacción vital, las experiencias cotidianas y la salud (Gallup, 2010). Otro estudio longitudinal ha hallado que los cambios en el compromiso predicen alteraciones en los niveles de colesterol y triglicéridos (medidos en análisis de sangre) tras controlar los factores demográficos, el historial médico y el uso de medicamentos (Harter, Canedy, & Stone, 2008). E incluso, más recientemente, hemos observado diferencias en el afecto momentáneo y los niveles de cortisol al comparar estas variables en trabajadores comprometidos y no comprometidos (Harter & Stone, 2011). Otro estudio, sin embargo, descubrió que el compromiso en el trabajo predecía la probabilidad de implicación en los programas de salud patrocinados por la empresa (Agrawal & Harter, 2009). Por último, diferentes trabajos han hallado que el compromiso es esencial para las percepciones de inclusión en diversos grupos (Jones & Harter, 2004; Badal & Harter, 2014). En conjunto, estos estudios sugieren que los límites de centro de trabajo con alto nivel de compromiso son bastante amplios.

REFERENCIAS

Abelson, R. P. (1985). A variance explanation paradox: When a little is a lot. *Psychological Bulletin, 97*(1), 129-133.

Agrawal, S. & Harter, J. K. (2009, octubre). *Employee engagement influences involvement in wellness programs*. Omaha, NE: Gallup.

Badal, S. & Harter, J. K. (2014). Gender diversity, business-unit engagement, & performance. *Journal of Leadership & Organizational Studies, 2*(4), 354-365.

Bangert-Drowns, R. L. (1986). Review of developments in meta-analytic method. *Psychological Bulletin, 99*(3), 388-399.

Batt, R. (2002). Managing customer services: Human resource practices, quit rates, and sales growth. *Academy of Management Journal, 45*(3), 587-597.

Carver, R. P. (1975). The Coleman Report: Using inappropriately designed achievement tests. *American Educational Research Journal, 12*(1), 77-86.

Denison, D. R. (1990). *Corporate culture and organizational effectiveness*. Nueva York: John Wiley.

Edmans, A. (2012, noviembre 1). The link between job satisfaction and firm value, with implications for corporate social responsibility. *Academy of Management Perspectives, 26*(4), 1-19.

Fleming, J. H., Coffman, C. & Harter, J. K. (2005, julio-agosto). Manage your Human Sigma. *Harvard Business Review, 83*(7), 106-114.

Gallup (2010). *The state of the global workplace: A worldwide study of employee engagement and wellbeing*. Omaha, NE: Gallup.

Gallup, G. H. (1976, invierno). Human needs and satisfactions: A global survey. *Public Opinion Quarterly, 40*(4), 459-467.

Gallup, G. H. & Hill, E. (1959). *The secrets of long life*. Nueva York: Bernard Geis.

The Gallup Organization (1992-1999). *Gallup Workplace Audit* (Copyright Registration Certificate TX-5 080 066). Washington, D. C.: US Copyright Office.

Grissom, R. J. (1994). Probability of the superior outcome of one treatment over another. *Journal of Applied Psychology, 79*(2), 314-316.

Harter, J. K. & Agrawal, S. (2011). *Cross-cultural analysis of Gallup's Q12 employee engagement instrument.* Omaha, NE: Gallup.

Harter, J. K., Asplund, J. W. & Fleming, J. H. (2004, agosto). *HumanSigma: A metaanalysis of the relationship between employee engagement, customer engagement and financial performance.* Omaha, NE: The Gallup Organization.

Harter, J. K., Canedy, J. & Stone, A. (2008). *A longitudinal study of engagement at work and physiologic indicators of health.* Presentado en la Conferencia sobre Trabajo, Estrés y Salud. Washington D. C.

Harter, J. K. & Creglow, A. (1997). *A meta-analysis and utility analysis of the relationship between core GWA employee perceptions and business outcomes.* Lincoln, NE: The Gallup Organization.

Harter, J. K. & Creglow, A. (1998, julio). *A meta-analysis and utility analysis of the relationship between core GWA employee perceptions and business outcomes.* Lincoln, NE: The Gallup Organization.

Harter, J. K., Hayes, T. L. & Schmidt, F. L. (2004, enero). *Meta-analytic predictive validity of Gallup Selection Research Instruments (SRI).* Omaha, NE: The Gallup Organization.

Harter, J. K. & Schmidt, F. L. (2000, marzo). *Validation of a performance-related and actionable management tool: A meta-analysis and utility analysis.* Princeton, NJ: The Gallup Organization.

Harter, J. K. & Schmidt, F. L. (2002, marzo). *Employee engagement, satisfaction, and business-unit-level outcomes: A meta-analysis.* Lincoln, NE: The Gallup Organization.

Harter, J. K. & Schmidt, F. L. (2006). Connecting employee satisfaction to business unit performance. En A. I. Kraut (Ed.), *Getting action from organizational surveys: New concepts, technologies, and applications* (pp. 33-52). San Francisco: Jossey-Bass.

Harter, J. K. & Schmidt, F. L. (2008). Conceptual versus empirical distinctions among constructs: Implications for discriminant validity. *Industrial and Organizational Psychology, 1*, 37-40.

Harter, J. K., Schmidt, F. L., Agrawal, S. & Plowman, S. K. (2013, febrero). *The relationship between engagement at work and organizational outcomes: 2012 Q12 metaanalysis.* Omaha, NE: Gallup.

Harter, J. K., Schmidt, F. L., Asplund, J. W., Killham, E. A. & Agrawal, S. (2010). Causal impact of employee work perceptions on the bottom line of organizations. *Perspectives on Psychological Science, 5*(4), 378-389.

Harter, J. K., Schmidt, F. L. & Hayes, T. L. (2002). Business-unit-level relationship between employee satisfaction, employee engagement, and business outcomes: A meta-analysis. *Journal of Applied Psychology, 87*(2), 268-279.

Harter, J. K., Schmidt, F. L. & Killham, E. A. (2003, julio). *Employee engagement, satisfaction, and business-unit-level outcomes: A meta-analysis.* Omaha, NE: The Gallup Organization.

Harter, J. K., Schmidt, F. L., Killham, E. A. & Agrawal, S. (2009). *Q12 meta-analysis.* Gallup. Omaha, NE.

Harter, J. K., Schmidt, F. L., Killham, E. A., & Asplund, J. W. (2006). *Q12 meta-analysis.* Omaha, NE: Gallup.

Harter, J. K. & Stone, A. A. (2011). Engaging and disengaging work conditions, momentary experiences, and cortisol response. *Motivation and Emotion, 36*(2), 104-113.

Hunter, J. E. & Schmidt, F. L. (1983). Quantifying the effects of psychological interventions on employee job performance and work-force productivity. *American Psychologist, 38*(4), 473-478.

Hunter, J. E. & Schmidt, F. L. (1990). *Methods of meta-analysis: Correcting error and bias in research findings.* Newbury Park, CA: Sage.

Hunter, J. E. & Schmidt, F. L. (2004). *Methods of meta-analysis: Correcting error and bias in research findings* (2ª ed.). Newbury Park, CA: Sage.

Hunter, J. E., Schmidt, F. L. & Le, H. A. (2006). Implications of direct and indirect range restriction for meta-analysis methods and findings. *Journal of Applied Psychology, 91*, 594-612.

Huselid, M. A. (1995). The impact of human resource management practices on turnover, productivity, and corporate financial performance. *Academy of Management Journal, 38*(3), 635-672.

Iaffaldano, M. T. & Muchinsky, P. M. (1985). Job satisfaction and job performance: A meta-analysis. *Psychological Bulletin, 97*(2), 251-273.

Johnson, J. W. (1996). Linking employee perceptions of service climate to customer satisfaction. *Personnel Psychology, 49*, 831-851.

Jones, J. R. & Harter, J. K. (2004). Race effects on the employee engagement-turnover intention relationship. *Journal of Leadership & Organizational Studies, 11*(2), 78-87.

Judge, T. A., Thoresen, C. J., Bono, J. E. & Patton, G. K. (2001). The job satisfaction-job performance relationship: A qualitative and quantitative review. *Psychological Bulletin, 127*(3), 376-407.

Lipsey, M. W. (1990). *Design sensitivity: Statistical power for experimental research.* Newbury Park, CA: Sage.

Lipsey, M. W. & Wilson, D. B. (1993). The efficacy of psychological, educational, and behavioral treatment: Confirmation from meta-analysis. *American Psychologist, 48*(12), 1181-1209.

Mosier, C. I. (1943). On the reliability of a weighted composite. *Psychometrika, 8*, 161-168.

National Technical Information Services (1987). *Standard Industrial Classification manual.* Washington, D. C.: Oficina Ejecutiva del Presidente, Oficina de Administración y Presupuestos.

Ostroff, C. (1992). The relationship between satisfaction, attitudes, and performance: An organizational level analysis. *Journal of Applied Psychology, 77*(6), 963-974.

Reynierse, J. H. & Harker, J. B. (1992). Employee and customer perceptions of service in banks: Teller and customer service representative ratings. *Human Resource Planning, 15*(4), 31-46.

Rosenthal, R. & Rubin, D. B. (1982). A simple, general purpose display of magnitude of experimental effect. *Journal of Educational Psychology, 74*, 166-169.

Schmidt, F. L. (1992). What do data really mean? Research findings, meta-analysis, and cumulative knowledge in psychology. *American Psychologist, 47*(10), 1173-1181.

Schmidt, F. L. & Hunter, J. E. (1977). Development of a general solution to the problem of validity generalization. *Journal of Applied Psychology, 62*, 529-540.

Schmidt, F. L. & Hunter, J. E. (1996). Measurement error in psychological research: Lessons from 26 research scenarios. *Psychological Methods, 1*(2), 199-223.

Schmidt, F. L. & Hunter, J. E. (2015). *Methods of meta-analysis: Correcting error and bias in research finding*s. (3ª ed.). Thousand Oaks, CA: Sage.

Schmidt, F. L., Hunter, J. E., McKenzie, R. C. & Muldrow, T. W. (1979). Impact of valid selection procedures on work-force productivity. *Journal of Applied Psychology, 64*(6), 609-626.

Schmidt, F. L., Hunter, J. E., Pearlman, K. & Rothstein-Hirsh, H. (1985). Forty questions about validity generalization and meta-analysis. *Personnel Psychology, 38*, 697-798.

Schmidt, F. L. & Le, H. A. (2004). *Software for the Hunter-Schmidt meta-analysis methods.* Iowa City, IA: Tippie College of Business, Universidad de Iowa.

Schmidt, F. L. & Rader, M. (1999). Exploring the boundary conditions for interview validity: Meta-analytic validity findings for a new interview type. *Personnel Psychology, 52*, 445-464.

Schmidt, F. L. & Rauschenberger, J. (1986, abril). Utility analysis for practitioners. Comunicación presentada a la Primera Conferencia Anual sobre Sociedad para la Psicología Industrial y Organizational, Chicago, IL.

Schmit, M. J. & Allscheid, S. P. (1995). Employee attitudes and customer satisfaction: Making theoretical and empirical connections. *Personnel Psychology, 48*, 521-536.

Schneider, B. (1991). Service quality and profits: Can you have your cake and eat it too? *Human Resource Planning, 14*(2), 151-157.

Schneider, B., Ashworth, S. D., Higgs, A. C. & Carr, L. (1996). Design, validity, and use of strategically focused employee attitude surveys. *Personnel Psychology, 49*(3), 695-705.

Schneider, B. & Bowen, D. E. (1993). The service organization: Human resources management is crucial. *Organizational Dynamics, 21*, 39-52.

Schneider, B., Parkington, J. J. & Buxton, V. M. (1980). Employee and customer perceptions of service in banks. *Administrative Science Quarterly, 25*, 252-267.

Sechrest, L. & Yeaton, W. H. (1982). Magnitudes of experimental effects in social science research. *Evaluation Review, 6*(5), 579-600.

Ulrich, D., Halbrook, R., Meder, D., Stuchlik, M. & Thorpe, S. (1991). Employee and customer attachment: Synergies for competitive advantage. *Human Resource Planning, 14*(2), 89-103.

Wagner, R. & Harter, J. K. (2006). 12: *The elements of great managing.* Nueva York: Gallup Press.

Whitman, D. S., Van Rooy, D. L. & Viswesvaran, C. (2010). *Satisfaction, citizenship behaviors, and performance in work units: A meta-analysis of collective construct relations. Personnel Psychology, 63*(1), 41-81.

Wiley, J. W. (1991). Customer satisfaction: A supportive work environment and its financial cost. *Human Resource Planning, 14*(2), 117-127.

Zohar, D. (1980). Safety climate in industrial organizations: Theoretical and applied implications. *Journal of Applied Psychology, 65*(1), 96-102.

Zohar, D. (2000). A group-level model of safety climate: Testing the effect of group climate on microaccidents in manufacturing jobs. *Journal of Applied Psychology, 85*(4), 587-596.

APÉNDICE 4

La relación entre el desarrollo del personal basado en las fortalezas y los resultados empresariales

Metaanálisis de fortalezas

Jim Asplund, M. en C., Gallup

Dr. James K. Harter, Gallup

Dr. Sangeeta Agrawal, D. en C., Gallup

Stephanie K. Plowman, D. en H., Gallup

RESUMEN EJECUTIVO

OBJETIVOS

Hasta la fecha, la evidencia procedente de numerosos estudios organizacionales sugiere que el desarrollo del trabajador basado en sus fortalezas da lugar a ambientes laborales más estimulantes y productivos. El propósito de este estudio es aplicar el metaanálisis a una recopilación de estudios de investigación sobre el desarrollo basado en las fortalezas y analizar las evidencias de generalización.

Específicamente, este trabajo examinará:

1. La relación entre el desarrollo basado en las fortalezas y el desempeño de 22 empresas.

2. La coherencia o generalización de dicha relación en todas las empresas.

3. El significado práctico de los hallazgos para ejecutivos y gerentes.

METAANÁLISIS, HIPÓTESIS, MÉTODO Y RESULTADOS

METAANÁLISIS

El metaanálisis es una técnica que puede aplicarse sobre un conjunto de estudios acerca de las relaciones entre dos o más variables de interés o bien sobre el impacto de dos intervenciones experimentales en dos grupos. Los primeros son metaanálisis de valores r y los segundos lo son de valores d (la diferencia entre el tratamiento y los grupos de control dividida por la desviación típica combinada). Las matemáticas metaanalíticas, que usan análisis estadísticos avanzados como la fiabilidad y las distribuciones de restricción de rango, son mucho más dadas a usar los valores r que los valores d. Ya que los valores d pueden ser directamente transformados en valores r (de correlación) biserial puntual, y viceversa, es más sencillo convertir los valores d en valores r, llevar a cabo el metaanálisis y después convertir de nuevo los valores r de puntuación verdadera en valores d con fines de interpretación. Este fue el proceso que se siguió en el presente estudio.

En este caso, hemos corregido en la medida de lo posible las distintas fuentes de errores de observación, tales como el error de muestreo, el de medida y la restricción de rango. El error de medida fue corregido en la mayoría de variables dependientes basadas en las distribuciones de artefactos obtenidas en otros metaanálisis previos de Gallup. Se usaron estimaciones y pruebas de análisis de fiabilidad basadas en el escenario 23 recogido en Schmidt & Hunter (1996). El escenario 23 toma en consideración el hecho de que cualquier cambio en las variables dependientes (estabilidad) es una función del cambio real.

INTERVENCIONES BASADAS EN LAS FORTALEZAS

La situación más típica de intervención basada en las fortalezas de Gallup es aquella en la que una persona realiza la evaluación CliftonStrengths y luego se le hace consciente de sus principales talentos naturales. En la práctica, las intervenciones basadas en las fortalezas varían en cuando a su objetivo, tipo y magnitud. En algunos casos, a los participantes se les imparte una formación y un entrenamiento más avanzados, mientras que en otros se les da una información más básica, como un manual o una descripción web y un tutorial. En algunas empresas, las intervenciones se han hecho para los líderes de equipo, mientras que en otras ha sido para colaboradores independientes.

Los investigadores de Gallup han ido acumulando estudios y comparando la intensidad de las intervenciones de desarrollo basadas en las fortalezas para cada unidad de negocio. En algunos de esos estudios, las unidades de negocio que habían llevado a cabo este tipo de intervención se compararon con las que no; en otros, las unidades de negocio con un bajo porcentaje de trabajadores (pero no igual a cero) que habían participado en la intervención se compararon con otras en las que un alto porcentaje de trabajadores había aprendido a desarrollar sus fortalezas. Tales estudios incluyeron algunos diseños experimentales aleatorios, pero la gran mayoría fueron de carácter cuasiexperimental, utilizando grupos de control con lista de espera en lugar de un diseño aleatorio y con grupos de control. En la medida de lo posible, las variables que se habían contemplado en las hipótesis para explicar las posibles diferencias entre los diseños no aleatorios y los que usaron grupos de control fueron empleadas como controles estadísticos en los análisis (por ejemplo, nivel de compromiso inicial, ubicación geográfica, antigüedad de la unidad de negocio, estadísticas del sector en la zona y tipo de producto).

TIPOS DE INTERVENCIONES BASADAS EN LAS FORTALEZAS

Los investigadores clasifican las intervenciones basadas en las fortalezas en cuatro tipos generales:

1. Al menos una persona en cada unidad de negocio lleva a cabo la evaluación CliftonStrengths. Se comparan las variables dependientes con las de las unidades en las que nadie la ha hecho.

2. Se registra el porcentaje de individuos que efectúa la evaluación CliftonStrengths dentro de cada unidad de negocio. En este caso, la variable independiente del grupo de tratamiento puede oscilar entre el 1 y el 100%.

3. Un líder de equipo hace la evaluación CliftonStrengths y además un curso de formación para el desarrollo. Las variables dependientes de la unidad se comparan en este caso con las de los líderes que no han hecho el curso.

4. Un líder de equipo hace la evaluación CliftonStrengths. Las variables dependientes de la unidad se comparan con las de los líderes que no han hecho la evaluación.

VARIABLES DEPENDIENTES

Se identificaron seis variables dependientes en todos los estudios: ventas, beneficios, compromiso del cliente, rotación de personal, compromiso del trabajador y seguridad (accidentes). A continuación, se presenta una descripción de los indicadores contenidos en estas seis variables:

- Ventas: ventas, tasas de cierre, unidades por transacción, crecimiento de los ingresos, ingresos por horas de trabajo, ventas en comparación con presupuesto u objetivos, crecimiento de ventas comparable y utilización productiva.

- Beneficios: porcentaje general de ingresos, aumento de beneficios, crecimiento bruto de beneficios, erosión de los márgenes (puntuaciones invertidas), margen respecto a meta u objetivo, beneficio de clientes existentes, ganancias antes de aplicar intereses y tasas (EBIT).

- Compromiso del trabajador: puntuaciones medias en el nivel de unidad de negocio registradas en encuestas de compromiso.

- Compromiso de los clientes: percepciones de calidad por parte del cliente.

- Rotación de personal: tasa de rotación anual por unidad de negocio, tasa de rotación de los primeros 90 días.

- Seguridad: costes de compensación de trabajadores, incidentes de compensación de trabajadores, caídas de pacientes, frecuencia de accidentes y gravedad de los accidentes.

En todos los estudios se observaron diferencias significativas en la proporción de la muestra general de aquellas empresas a las que se les administró una intervención basada en fortalezas. Estos valores oscilaron entre menos del 1% y el 99% (proporciones de menos de 0,01 a 0,99). Con cualquier proporción, la varianza se optimiza a 0,50. Como tal, la partida desde el 0,50 reduce la posible magnitud del efecto. Se hicieron correcciones de restricción de rango basadas en una distribución de artefactos de las estimaciones de las variables independientes de U (sd/SD) en todos los estudios. Se crearon varias distribuciones de artefactos para combinaciones de intervención-resultado. En este caso, la corrección de la restricción de rango hace que el tamaño del efecto verdadero sea más similar en magnitud al que cabría esperar de tratamientos y diseños de grupos de control de iguales dimensiones.

En una revisión exhaustiva de las bases de datos inferenciales de Gallup, se acumularon empresas con datos tanto procedentes de evaluaciones de CliftonStrengths como de desempeño, si bien los investigadores limitaron su análisis a las empresas con un mínimo de 30 respuestas completadas en las evaluaciones CliftonStrengths, mientras que unos cuantos estudios tuvieron que ser eliminados debido a la falta de grupos de contraste identificables. Al final, se llevó a cabo un total de 43 estudios en 22 empresas, los cuales contaban con una muestra de 1,2 millones de individuos.

Las organizaciones objeto de estudio provenían de un amplio abanico de sectores, incluidos la fabricación de maquinaria pesada y vehículos, la venta minorista y la banca comercial, la venta al por mayor y en tiendas especializadas, los servicios públicos, las empresas financieras y de seguros, el sector sanitario, el aeroespacial, el alimentario y de productos agrícolas, o los de materiales de construcción, servicios de inversión, educación y productos farmacéuticos.

La población del estudio también era geográficamente diversa, con unidades de negocio de 45 países. El número de países por estudio osciló entre 1 y 36.

Para efectuar este metaanálisis se siguieron los siguientes pasos:

1. Los estudios se categorizaron por tipo de resultado, tipo de intervención de fortalezas y en función de si utilizaba o no variables de control.

2. Los valores d procedentes de estudios experimentales y cuasiexperimentales fueron convertidos a r o r biserial puntual, dependiendo de la naturaleza de la variable del efecto de tratamiento (en un tipo de intervención, la variable de tratamiento fue continua: el porcentaje de personas dentro de una unidad de negocio a las que se administró la evaluación CliftonStrengths).

3. Se llevaron a cabo metaanálisis usando las distribuciones de artefactos y se dio cuenta de las magnitudes de efectos verdaderos observados, las desviaciones típicas y los estadísticos de generalización.

4. Los valores r fueron convertidos de nuevo en magnitudes de efecto de valores d.

5. Se realizaron análisis de utilidad para estimar el valor práctico de las estimaciones de las magnitudes de los efectos para varias combinaciones de resultados-intervención.

RESULTADOS

El presente estudio se centra en las relaciones entre el aprendizaje-desarrollo de las fortalezas y las medidas de desempeño empresarial. Los estadísticos de generalización metaanalítica y de validez para estas relaciones se muestran en la Tabla 1.

Tabla 1: Metaanálisis de la relación entre la intervención para la evaluación CliftonStrengths y los resultados empresariales

	Nivel de unidades de negocio					
	Cliente	Beneficio	Seguridad	Ventas	Compromiso	Rotación
Nº de unidades de negocio	1.345	7.188	423	9.438	29.620	1,581
Nº de r	3	9	3	10	15	3
Media de r observadas	0,053	0,129	-0,119	0,082	0,086	-0,214
DT observada	0,013	0,063	0,101	0,052	0,063	0,030
Media de d observadas	0,110	0,260	-0,240	0,170	0,170	-0,450
Validez verdadera r^1	0,107	0,251	-0,209	0,150	0,215	-0,478
Validez verdadera DT^1	0,000	0,078	0,060	0,054	0,095	0,000
Validez verdadera d^1	0,220	0,540	-0,440	0,310	0,450	-1,240
% de variación registrada por error de muestreo	1311,2	30,5	68,6	37,9	12,7	194,3
% de variación registrada por^1	1566,2	55,7	87,9	66,7	60,0	541,6
90% CVr	0,107	0,151	-0,286	0,081	0,093	-0,478
90% CVd	0,220	0,310	-0,620	0,160	0,190	-1,240

DT = Desviación típica.
[1] Incluye corrección de la amplitud de variación directa dentro de las organizaciones y del error de medida de la variable dependiente.

Se muestran las correlaciones y las desviaciones típicas observadas, seguidas por la validez verdadera estimada en cada caso, tras corregir el error de medida de la variable dependiente y la restricción de rango interna de las empresas. Esta última corrección sitúa a todas las compañías en la misma base respecto a la variabilidad de la variable independiente. Estos resultados pueden considerarse estimaciones de las relaciones entre unidades de negocio dentro de una empresa promedio.

Tales hallazgos muestran, asimismo, la posibilidad de generalización entre empresas, tal como indicaban los valores de credibilidad del 90%, todos los cuales van en la dirección que plantean las hipótesis (Schmidt & Hunter, 1977). Esto es, la evaluación CliftonStrengths predice de forma efectiva estos resultados (y en la dirección esperada) para todas las empresas, incluyendo aquellas pertenecientes a distintos sectores y países.

En lo que respecta a ciertas medidas, los errores de observación de cada estudio explican la mayor parte de la varianza en las correlaciones. En cuanto a los aspectos de seguridad y ventas, al menos dos tercios de la varianza observada en las correlaciones es atribuible al error de muestreo, la amplitud de variación o el error de medida. Los resultados en las medidas de beneficios fueron similares, pero en menor grado: más de la mitad de la variabilidad presente en estas correlaciones es atribuible a los errores de medida.

En el caso de los datos referidos a las evaluaciones de los clientes y la rotación de personal, la muestra de estudios presenta mucha menos varianza entre las magnitudes del efecto de lo esperado por error de muestreo. Esto suele ocurrir con un número escaso de estudios por entrada de tabla, como es el caso que nos ocupa. Como consecuencia de ello, la estimación de la varianza atribuible a los errores de observación excede la variabilidad total observada.

VARIABLES DE CONTROL

Tal como se mencionó anteriormente, las variables que se propusieron para explicar las posibles diferencias entre el tratamiento no aleatorio y aquel que contó con grupos de control fueron utilizadas como controles estadísticos en los análisis. Igual que sucede con las variables dependientes, la disponibilidad y calidad de estas variables de control difería notablemente tanto internamente como entre empresas.

○ Seguridad: todos los estudios incluyeron variables de control como el compromiso del trabajador, los identificadores geográficos y las características demográficas individuales y del mercado.

○ Cliente: dos de los tres estudios incluyeron variables de control como el compromiso del trabajador, los tipos de puesto y producto y otras variables demográficas individuales.

○ Rotación de personal: los tres estudios usaron variables de control como el compromiso del trabajador, los identificadores geográficos, la antigüedad del empleado y del líder, el número y tipo de empresas de la competencia y las características demográficas individuales y del mercado.

○ Compromiso: en todos los estudios la variable de control fue la cohorte a la que se administró la encuesta de compromiso (nivel inicial de compromiso antes de la intervención).

○ Beneficio: seis de los nueve estudios usaron variables de control como el compromiso del trabajador y del cliente, los identificadores geográficos, la antigüedad del personal, el tipo de producto, las características demográficas individuales y del mercado, las características de la unidad de negocio y el número y tipo de empresas de la competencia.

○ Ventas: siete de los diez estudios usaron variables de control como el compromiso del trabajador y del cliente, los identificadores geográficos, la antigüedad del empleado, el tipo de producto, las características demográficas del empleado y del mercado, las características de la unidad de negocio y el número y tipo de empresas de la competencia.

En total, el 85 % de los estudios incluidos en este metaanálisis usaron variables de control de algún tipo.

EFECTOS DEL DISEÑO

Tal como se señaló anteriormente, los estudios considerados usaron cuatro tipos de diseños de investigación. Una limitación de este metaanálisis es que el número de estudios de cada tipo de diseño no era elevado. La Tabla 2 muestra la gama de diseños de estudio empleada en el análisis.

Tabla 2

Metaanálisis en unidad de negocio	Variable dependiente	Tipo de estudio	¿Variables de control incluidas?	Nº de correla-ciones	Validez verdadera estimada			
					Media	10% inferior	10% superior	Rango
1	Cliente	1	mixto	3	0,11	0,11	0,11	0,00
2	Beneficio	Mixto	mixto	9	0,25	0,15	0,35	0,20
3	Beneficio	Mixto	sí	6	0,29	0,29	0,29	0,00
4	Beneficio	Mixto	no	3	0,14	0,14	0,14	0,00
5	Beneficio	1, 3	mixto	6	0,25	0,14	0,37	0,22
6	Beneficio	1, 3	sí	5	0,29	0,25	0,32	0,07
7	Beneficio	2, 4	mixto	3	0,25	0,25	0,25	0,00
8	Seguridad	1	sí	3	-0,21	-0,29	-0,13	0,15
9	Ventas	Mixto	mixto	10	0,15	0,08	0,22	0,14
10	Ventas	Mixto	sí	7	0,14	0,05	0,23	0,18
11	Ventas	Mixto	no	3	0,26	0,26	0,26	0,00
12	Ventas	1, 3	mixto	7	0,14	0,06	0,23	0,18
13	Ventas	1, 4	Si	6	0,14	0,04	0,24	0,20
14	Ventas	2, 4	mixto	3	0,20	0,20	0,20	0,00
15	Rotación	1, 3	sí	3	-0,48	-0,48	-0,48	0,00
16	Compromiso del trabajador	1, 2	sí	15	0,22	0,09	0,34	0,25

Para la mayoría de las medidas hubo una heterogeneidad significativa en el diseño del estudio. En vista del escaso número de estudios por tipo de diseño, resulta complicado hacer muchas inferencias respecto a la influencia de los distintos tipos de intervención basada en las fortalezas.

ANÁLISIS DE UTILIDADES: VALOR PRÁCTICO DE LOS EFECTOS

ANÁLISIS DE UTILIDADES

El efecto de las magnitudes reportadas en este caso es difícil de interpretar. Las convenciones relativas a los tamaños de efectos «pequeños» o «grandes» (Cohen, 1998) podrían no ser informativos, puesto que la significatividad práctica de tales efectos depende de los costes que suponga la mejora en la variable independiente y de los beneficios obtenidos a partir de los cambios en la variable dependiente. Rosenthal et al. (2000) proporciona un ejemplo clásico de un efecto numéricamente pequeño con grandes beneficios prácticos: un estudio sobre el uso de un bloqueador beta que aumenta la supervivencia en caso de ataque al corazón (p. 27). El tamaño de efecto d este estudio fue de 0,04, pero esto representó una disminución del 4% en los futuros ataques al corazón: algo con una significatividad práctica notable. La literatura de investigación incluye muchos otros ejemplos de beneficios prácticos demostrados a partir de estudios en los que el efecto era moderado (Abelson, 1985; Carver, 1975; Lipsey, 1990; Sechrest & Yeaton, 1982).

Otra forma de expresar el significado práctico que subyace tras los efectos procedentes de este estudio son, por ejemplo, los métodos de análisis de utilidades (Schmidt & Rauschenberger, 1986). Se ha diseñado una serie de fórmulas para estimar los incrementos en las ganancias (en dólares) como resultado de una mejor estrategia de selección de personal. Estas fórmulas tienen en cuenta la magnitud de los efectos (correlación), la variabilidad en el resultado estudiado y la diferencia en la variable independiente en los resultados de rendimiento.

Se incluyen estimaciones de utilidad para todos los resultados en la Tabla 3 y se representan diferencias con una considerable significatividad práctica. En vista de que los tamaños de efecto varían dependiendo de si se usaron variables de control o no, hemos preferido ser conservadores en nuestras estimaciones de la utilidad práctica y generar un abanico de estimaciones de utilidad probable basándonos en el 10° percentil (valor de credibilidad del 90%) de los efectos de la puntuación verdadera y el tamaño de efecto medio observado. La variabilidad de los resultados fue estimada en función de la literatura y de los valores de la base de datos de Gallup.

Tabla 3

	Nivel de unidades de negocio						
	Cliente	Beneficio	Seguridad	Ventas	Compromiso	Orgs. de baja rotación	Orgs. de alta rotación
Rango basado en VC del 90 % y observado	3,4%-6,9%	14,4%-29,4%	22,9%-59,0%	10,3%-19,3%	9%-15% de compromiso del trabajador	5,8-16,1 pts.	26,0-71,8 pts.

DISCUSIÓN

El presente estudio es el primer metaanálisis efectuado acerca de los beneficios prácticos que supone aprender sobre las propias fortalezas usando el método de evaluación CliftonStrengths. Estos hallazgos son importantes porque implican que el método puede ser desarrollado y empleado en distintas empresas con un alto grado de fiabilidad. Los datos extraídos del presente estudio proporcionan evidencias de que invertir en el desarrollo de cada trabajador puede aportar beneficios materiales y psicológicos a la empresa, a sus clientes y a sus propietarios.

REFERENCIAS

Abelson, R. P. (1985). A variance explanation paradox: When a little is a lot. *Psychological Bulletin, 97*(1), 129-133. doi: 10.1037/0033-2909.97.1.129

Carver, R. P. (1975). The Coleman report: Using inappropriately designed achievement tests. *American Educational Research Journal, 12*(1), 77-86.

Cohen, J. (1988). *Statistical power analysis for the behavioral sciences* (2ª ed.). Hillsdale, NJ: Lawrence Earlbaum Associates.

Lipsey, M. W. (1990). *Design sensitivity: Statistical power for experimental research*. Newbury Park, CA: SAGE Publications.

Rosenthal, R., Rosnow, R. L. & Rubin, D. B. (2000). *Contrasts and effect sizes in behavioral research: A correlational approach*. Cambridge: Cambridge University Press.

Schmidt, F. L. & Hunter, J. E. (1977). Development of a general solution to the problem of validity generalization. *Journal of Applied Psychology, 62*(5), 529.

Schmidt, F. L. & Hunter, J. E. (1996). Measurement error in psychological research: Lessons from 26 research scenarios. *Psychological Methods, 1*(2), 199-223.

Schmidt, F. L. & Rauschenberger, J. (1986, abril). Utility analysis for practitioners. Comunicación presentada a la *First Annual Conference of The Society for Industrial and Organizational Psychology*, Chicago, IL.

Sechrest, L. & Yeaton, W. H. (1982). Magnitudes of experimental effects in social science research. *Evaluation Review, 6*(5), 579-600. doi: 10.1177/0193841X8200600501

APÉNDICE 5

El metaanálisis de Gallup sobre la selección de líderes y los perfiles de desarrollo

Dr. Yongwei Yang

Dr. Joseph H. Streur

Dr.James K. Harter

Dr. en C. Sangeeta Agrawal

Hace casi seis décadas, Gallup empezó a estudiar las funciones de dirección: esto es, los patrones de excelencia y las tendencias innatas que predicen el más alto rendimiento laboral de líderes de equipo y gerentes de empresas. Gallup ha acumulado hallazgos cualitativos y cuantitativos del éxito en la gerencia y posee una base de datos con más de 300 estudios de desarrollo y validación de instrumentos de medida del éxito de personal directivo llevados a cabo en periodos económicos y tipos de empresas muy diferentes.

En cada organización, los empleados deben asumir las responsabilidades de sus respectivos roles. Cada función existe para satisfacer las necesidades de las personas a las que sirve la empresa, ya sean clientes, estudiantes o pacientes. Cuando la cobertura de tales necesidades concuerda con el propósito y los objetivos de la empresa, se produce un crecimiento sostenible. Esta máxima se cumple para todos los puestos de trabajo de una empresa, desde quienes atienden al público hasta su equipo directivo.

Las funciones de dirección suelen darse en los cargos más altos de liderazgo empresarial, en los puestos de colaboradores independientes y en los de sus supervisores inmediatos. Los puestos específicos en los que se asumen funciones de dirección son muy variados; lo normal es que reflejen las convenciones concretas de clasificación de puestos de la empresa o bien una estructura jerárquica determinada.

Para establecer los tipos de funciones de dirección, los investigadores de Gallup examinaron los análisis previos de más de 200 roles en empresas de numerosas sectores que incluían la venta minorista, la hostelería, la industria, las finanzas y el sector químico, lo cual les permitió establecer hipótesis sobre los temas de talento que permiten el cumplimiento satisfactorio de las responsabilidades directivas. Estos temas conforman la base para generar ítems de evaluación de las funciones de dirección. El banco de ítems de Gallup incluye más de 300 estudios de desarrollo de instrumentos para este tipo de evaluación. Los datos de dichos estudios se revisan y actualizan continuamente basándose en propiedades psicométricas como validez, fiabilidad e imparcialidad de ítems, temas y dimensiones. En función del análisis cuantitativo y cualitativo de las características que definen el éxito de directivos y gerentes, se han descubierto las siguientes dimensiones generalizables para predecirlo:

1. Motivación: se trata de personas que inspiran a los miembros de su equipo para que hagan un trabajo excepcional.

2. Estilo de trabajo: son individuos que fijan metas y proporcionan los recursos adecuados para que el equipo alcance un alto rendimiento.

3. Iniciativa: son líderes que motivan a la gente para actuar superando los obstáculos.

4. Colaboración: estas personas construyen equipos comprometidos y unidos por fuertes lazos.

5. Proceso de pensamiento: adoptan un enfoque analítico para la estrategia y la toma de decisiones.

La medición sistemática de estas tendencias innatas puede usarse —junto con un análisis crítico de la experiencia y el rendimiento— para generar un panorama objetivo y completo del potencial de un líder o directivo.

En las últimas décadas, Gallup ha recopilado datos de rendimiento asociados a los instrumentos de selección de directivos ya puestos a prueba en la práctica. Tales instrumentos contemplan varios niveles de gestión empresarial, desde la atención al cliente hasta los altos cargos ejecutivos. A partir de estos datos, Gallup ha llevado a cabo estudios de validez predictiva y simultánea (validación cruzada), analizando la relación entre las puntuaciones obtenidas con esos instrumentos y los resultados de desempeño (cumplimiento de objetivos, compromiso del trabajador de quienes reportan directamente al director, rendimiento económico de la unidad de negocio que se dirige, productividad, evaluaciones del cliente en cuanto a la calidad del servicio, rotación de personal de aquellos que reportan directamente a los directores y medidas combinadas de rendimiento, financiera y no financiera). Se han llevado a cabo varios estudios a lo largo de las pasadas décadas, incluidos los referenciados en los dos metaanálisis previos sobre los instrumentos de selección de Gallup (Schmidt & Rader, 1999; Harter et al., 2004). El propósito de este es actualizar los anteriores, en concreto en lo que se refiere a los instrumentos de selección de personal orientados a cargos directivos cuyas funciones incluyan la dirección y gestión de personas para la consecución de resultados empresariales. Ya que este método de evaluación para la selección de directivos ha sido desarrollado por Gallup y el presente estudio se basa en los resultados de otros estudios previos, las estimaciones de validez metaanalítica obtenidas de aquellos proporcionan una base para prever la validez de la presente herramienta y sus posibilidades de generalización en varios contextos.

Método: este metaanálisis contiene únicamente muestras de validación cruzada de instrumentos que Gallup ha desarrollado a lo largo del tiempo, incluidos los guiones de entrevistas estructuradas y los cuestionarios online. Las muestras son independientes para cada variable de rendimiento. Los distintos tipos de validez observados presentan un habitual sesgo a la baja a causa del error de medida en la evaluación del rendimiento y, en el caso de los estudios de validez predictiva, una restricción de rango a causa del uso explícito de cuestionarios en la selección de directivos. Se usó la distribución de artefactos para corregir dichos sesgos a la baja.

Los investigadores de Gallup contaron con 136 estudios con una muestra total de 14.597 líderes o directivos. De esos estudios, 81 fueron de validez predictiva y 55 de validación cruzada simultánea; en 87 se utilizaron entrevistas en profundidad (estructuradas) y en 49 se obtuvieron los resultados a partir de cuestionarios online. Estos estudios incluían siete resultados de rendimiento general, y algunos de ellos, además, correlaciones procedentes de múltiples resultados. La variable de resultado más frecuente fueron las evaluaciones de rendimiento del supervisor, seguida de las respuestas de compromiso del trabajador evaluadas por aquellos que informaban directamente a cada director; también había otras de rendimiento económico, como cifras de ventas y beneficios de las unidades de negocio dirigidas por esos líderes, y medidas de productividad, como premios por rendimiento, bonificaciones, total de cuentas (finanzas) y noches de hotel. Siete estudios contenían medidas de rendimiento basadas en el rendimiento económico combinado, así como de compromiso del cliente y del trabajador. Cinco contenían evaluaciones de los clientes sobre la calidad del servicio proporcionado por las unidades de negocio gestionadas por esos líderes. Y, por último, tres estudios contenían datos de retención del talento (la rotación anual de trabajadores reportada al director, invirtiendo las puntuaciones).

Este conjunto de estudios engloba múltiples sectores, como agricultura, bienes de consumo, construcción, servicios financieros, venta minorista, manufactura, petróleo, seguros, sanidad, educación, hoteles, restaurantes y otros negocios de hostelería, el sector militar y el tecnológico. También se han incluido datos internacionales, de distintos países de África y además Canadá, India, Malasia, Singapur y otras partes de Asia, el Reino Unido y los Estados Unidos. En algunos de los estudios se recogen múltiples medidas (por ejemplo, económicas). En estos casos, los investigadores de Gallup siguieron algunas pautas. Así, en algunos estudios se aportaron medidas de validez de criterio indistinguibles para ciertos resultados, de modo que se calculó la correlación media entre los diversos estudios y se usó esa estimación de la media para la muestra del estudio; en otros casos, se determinó que había una medida particular que era la que tenía mayor validez de criterio.

En el presente estudio se han usado las técnicas de metaanálisis de Hunter & Schmidt (2004). Un metaanálisis es una integración de los datos estadísticos procedentes de muchos estudios. Como tal, este tipo de análisis aporta una información muy valiosa, dado que controla los errores de muestreo y medida, así como otros aspectos que distorsionan los resultados en los estudios individuales. Un metaanálisis elimina los sesgos y proporciona una estimación de la validez o relación verdadera entre dos o más variables. Habitualmente, los análisis estadísticos efectuados en el marco de esta técnica también permiten a los investigadores explorar la presencia o ausencia de factores moderadores de dichas relaciones. En este caso empleamos el procedimiento interactivo (Hunter & Schmidt, 1990) con ciertos refinamientos que aumentan la precisión del metaanálisis basado en la distribución de artefactos (Hunter & Schmidt, 2004; Hunter & Schmidt, 1994; Law, Schmidt & Hunter, 1994; Schmidt et al., 1993). Los investigadores de Gallup aplicaron estos métodos porque no todos los estudios tenían suficiente restricción de rango ni estimaciones de fiabilidad de las variables dependientes. Se aplicaron, por ende, correcciones directas de las restricciones de rango únicamente a los estudios de validez predictiva, en los que las mismas son habituales. En los estudios de validez simultánea, por su parte, se aplicaron correcciones de restricciones de rango indirectas (Hunter, Schmidt, & Le, 2006). Las restricciones de rango indirectas son habituales entre titulares de empleo en estudios de validación cruzada, dado que es probable que los trabajadores hayan sido seleccionados usando algún método que mejore el rendimiento con independencia de las oportunidades, y por tanto las estimaciones de fiabilidad de criterio probablemente se atenúan. Se corrigió el error de medida en las variables de rendimiento tanto para los diseños de estudio de carácter predictivo como para los simultáneos.

Distribución de artefactos – Distribución de fiabilidad del predictor. La distribución de artefactos y la fiabilidad del predictor (variable independiente) (media = 0,82; s = 0,04) fueron extraídas de la fiabilidad test-retest de las evaluaciones Gallup, que incluían tanto entrevistas estructuradas como cuestionarios online (Harter, 2003). Para este metaanálisis no se hicieron correcciones de la fiabilidad del predictor en cuanto a la validez verdadera de la media, sino que se usaron las distribuciones de artefactos y la fiabilidad del predictor para corregir la desviación típica de la validez verdadera.

Distribución de artefactos–Medidas de rendimiento. Los índices de supervisión del rendimiento incluían indicadores usados con fines administrativos, así como los específicos para la investigación. Las formas de estos índices presentaban una gran variedad, pero la variable dependiente usada en cada estudio fue un índice compuesto «general», a partir de la media de todos sus elementos. Cuando se proporcionaron ambos índices, se usó el general para aumentar la fiabilidad y la cobertura del contenido. La fiabilidad entre evaluadores de los índices de supervisión del desempeño ha sido ampliamente examinada por Rothstein (1990) y Viswesvaran et al. (1996) a la hora de conformar la distribución de artefactos con una media de 0,52 (s = 0,10).

Distribución de artefactos –Compromiso del trabajador. Este aspecto se evaluó con los Q^{12} de Gallup, ya muy estudiados (Harter, Schmidt, Agrawal y Plowman, 2013). El promedio de sus 12 elementos fue usado como variable criterio, una vez agregada a todas las respuestas de los empleados que informaron a cada líder. Las distribuciones de artefactos se crearon en función de la fiabilidad test-retest en la unidad de negocio, basándose en la fórmula facilitada en Hunter y Schmidt (1996), escenario 23 (p. 219). Estos índices de fiabilidad test-retest para el rendimiento económico, la productividad, las evaluaciones de los clientes y la rotación de personal fueron calculados usando la misma fórmula, que corrige las posibles diferencias entre una medición y otra de estas variables. La fiabilidad media de la distribución de artefactos para el compromiso del trabajador fue de 0,73 (s = 0,14).

Distribución de artefactos –Rendimiento económico. Las variables económicas incluyeron las ventas en dólares de cada unidad de negocio, los ingresos, el incremento de los beneficios, los ingresos por habitación disponible (en el caso de hoteles), el porcentaje de beneficios respecto a los objetivos marcados y el porcentaje de margen bruto respecto a los objetivos fijados. La definición de desempeño económico es ligeramente diferente a la de los metaanálisis previos de Gallup, ya que en el actual se excluyeron los estudios con variables que no eran puramente económicas, como el número de cuentas nuevas, las unidades vendidas o las noches de hotel; estas se introdujeron en la categoría de productividad. También se tuvieron en cuando medidas compuestas puramente económicas. En la categoría de «desempeño combinado» se incluyeron combinaciones de resultados económicos y no económicos. Como los primeros hacían referencia a beneficios, ventas e ingresos, se combinaron las distribuciones de artefactos de la productividad en el nivel de unidad de negocios (ingresos o ventas) con los ingresos provenientes del metaanálisis presentado en Harter et al (2013), de lo cual se obtuvo una media de 0,87 (s=0,18).

Distribución de artefactos –Productividad. Tal como se indicó anteriormente, las medidas de productividad incluyeron las gratificaciones por desempeño, las bonificaciones, las cuentas totales (económicas) y las noches de hotel. En cuanto a los registros de producción, se usó la distribución de artefactos compuesta para la estadística de rendimiento y los registros de producción usada en Harter et al. (2004), con una media de 0,98 (s = 0,01).

Distribución de artefactos –Rendimiento combinado. En cuanto a los seis estudios que incluían medidas combinadas de rendimiento directivo, todos contemplaban la suma de los resultados económicos, las evaluaciones de los clientes y el compromiso del trabajador. Se empleó la distribución de artefactos de las medidas compuestas de Harter et al. (2004), con una media de 0,75 (s = 0,04).

Distribución de artefactos –Evaluaciones de los clientes. El índice de calidad del servicio proporcionado a los clientes (calculado a partir de las respuestas a encuestas de satisfacción del cliente) fue agregado en el nivel de unidad de negocio. Se usó la distribución de artefactos compuesta de Harter et al. (2013), con una media de 0,68 (s = 0,20).

Distribución de artefactos –Retención del talento. La distribución de artefactos relativa a la rotación de personal en el nivel de unidad de negocio también fue la compuesta empleada en Harter et al. (2013), y arrojó una media de 0,50 (s = 0,26).

Restricción de rango. Tal como se indicó anteriormente, los estudios de este análisis son tanto de validez predictiva como simultánea. La restricción de rango explícita suele darse en los estudios de validez predictiva, en los que las empresas seleccionan a los candidatos con las puntuaciones más altas, lo cual conlleva estimaciones de validez predictiva atenuada. Respecto a este estudio, usamos la distribución de artefactos compuesta basada en los estudios de Gallup (Harter et al., 2004), con una U media (DT de contratados/DT de candidatos) de 0,77 (s = 0,16).

Resultados. La tabla siguiente presenta los resultados del metaanálisis clasificados por tipo de diseño (simultáneo o predictivo) del estudio, dentro del tipo de variable de criterio de rendimiento. Los metaanálisis previos (Schmidt & Rader, 1999; Harter et al., 2004) hallaron que los instrumentos de Gallup —incluidos los estudios sobre herramientas de selección de directivos— servían para predecir varios resultados de rendimiento. Este es también el caso de los datos que se presentan aquí, con algunas variables añadidas procedentes de numerosos estudios sobre las relaciones entre los talentos del líder y el compromiso del trabajador, así como otros cinco estudios que en los que se trata la relación entre los talentos del líder y las evaluaciones de los clientes sobre la calidad de servicio. Adicionalmente, cuatro estudios analizaron la relación entre los talentos del líder y la rotación de personal en sus respectivas unidades de negocio.

Metaanálisis de la relación entre los talentos y el desempeño del líder

Tipo de criterio	Tipo de muestra	N° de casos	N° de correlaciones	Correlación media observada	DT de la correlación observada	Validez verdadera	DT de la validez verdadera	Valor de credibilidad del 90%	Valor de credibilidad del 10%
Desempeño combinado	Predictiva	256	6	0,26	0,07	0,37	0,00	0,37	0,37
Evaluaciones del desempeño	Simultánea	2.995	29	0,19	0,13	0,36	0,11	0,22	0,51
	Predictiva	5.662	26	0,16	0,11	0,28	0,14	0,10	0,46
Compromiso del trabajador	Simultánea	1.765	22	0,19	0,14	0,30	0,12	0,15	0,46
	Predictiva	1.013	9	0,18	0,15	0,26	0,15	0,06	0,47
Productividad	Predictiva	685	11	0,17	0,13	0,24	0,01	0,22	0,26
Desempeño económico	Predictiva	880	21	0,21	0,20	0,29	0,17	0,07	0,51
Evaluaciones de los clientes	Predictiva	492	6	0,10	0,11	0,15	0,00	0,15	0,15
Retención del talento	Predictiva	411	3	0,05	0,02	0,11	0,00	0,11	0,11

En vista de los resultados, existe evidencia de generalización de la relación entre los talentos del líder y los siete resultados de rendimiento. La distribución de la validez verdadera entre los distintos estudios va claramente en la dirección de las hipótesis. De los siete tipos de resultados, la validez predictiva más alta se dio en el rendimiento combinado (0,37), cuya magnitud fue coherente en los seis estudios tras corregir el error de medida, la restricción de rango y el error de muestreo, lo cual tiene sentido, ya que las empresas se dirigen con la intención de obtener múltiples resultados. Debería esperarse, pues, que el impacto del talento en el rendimiento de una empresa se expresara (y se evaluara) mejor a través de la combinación de múltiples variables, tanto económicas como de otro tipo. En el caso de cuatro de estos indicadores (evaluaciones de rendimiento, compromiso del trabajador, productividad y rendimiento económico), la validez predictiva fue similar, ya que osciló entre 0,24 y 0,29. Estos resultados de validez verdadera también resultan generalizables, ya que se detectó alguna variación en la validez predictiva entre estudios, si bien con una distribución claramente positiva. Esto significa que uno puede esperar encontrar una correlación positiva entre estos resultados de rendimiento en muchas situaciones. La mayor variación entre datos de validez predictiva se produjo respecto a los resultados económicos y el compromiso del trabajador, pero los percentiles 10º y 90º en uno y otro caso oscilaron entre 0,07 y 0,06 y entre 0,51 y 0,47, respectivamente. Esto indica claramente que la distribución de la predicción del desempeño económico y del compromiso del trabajador va en una dirección positiva, si bien presenta algunos posibles factores moderadores de la magnitud de la relación. Así, es posible que la magnitud del efecto del resultado económico sea moderada por el tipo de medidas económicas disponibles y por el grado de influencia del directivo sobre estas variables. También es posible que la relación entre los talentos del líder y el compromiso del trabajador dependa en cierto modo de los constructos considerados en la evaluación del talento de las diferentes empresas a lo largo del tiempo. Sin embargo, los distintos modos de evaluar el talento empleados en la literatura de investigación predicen de forma consistente y positiva tanto el desempeño económico como el compromiso del trabajador. La magnitud del efecto es solo un factor a la hora de determinar la utilidad práctica, esto es, un efecto estadísticamente bajo puede explicar un efecto práctico de un gran valor económico si se da una variabilidad amplia en el rendimiento en todas las unidades de negocio. En la siguiente sección se discute en detalle la utilidad práctica de estos resultados. En cuanto al resto de resultados (evaluaciones de los clientes y rotación de personal), se disponía de menos estudios que los incluyeron, y pese a ello obtuvieron puntuaciones de validez verdadera que iban en la dirección esperada. Los mejores talentos de un líder se asocian a unas valoraciones de los clientes más positivas (0,15) y a un mayor grado de retención del talento (0,11).

INTERPRETACIÓN DE LOS COEFICIENTES DE VALIDEZ DE CRITERIO

Las evidencias de validez de criterio se suelen expresar como correlaciones. Obviamente, uno se podría preguntar: ¿son «altas» estas correlaciones? Tal pregunta precisa ser contestada dentro de un contexto. El primero de estos contextos es el que proporcionan los hallazgos recogidos en la literatura sobre la validez de criterio de los métodos de selección de personal. En este sentido, los metaanálisis publicados que versan sobre la posibilidad de predecir qué factores predisponen para el liderazgo o la eficacia directiva son escasos. Judge, Bono, Ilies & Gerhardt (2002) reportaron correlaciones de puntuación verdadera (tras corregir la falta de fiabilidad tanto en el predictor como en los criterios, así como en las restricciones de rango), entre las medidas de los cinco grandes rasgos de personalidad y las de liderazgo eficaz, de entre 0,16 (para la consciencia) y 0,24 (para extraversión y apertura a la experiencia). Judge, Colbert & Ilies (2004), por su parte, obtuvieron correlaciones de puntuación verdadera entre las medidas de inteligencia de papel y lápiz y las de liderazgo eficaz de entre 0,17 y 0,33 —y la relación variaba dependiendo del tipo de medida de la eficacia—. La validez de criterio estimada mediante las evaluaciones de directivos parece comparable con la obtenida por Judge et al. (2002) y Judge et al. (2004), o incluso mayor en ciertos casos.

En las dos últimas décadas, varios metaanálisis han explorado la validez de las entrevistas de trabajo y otros métodos de selección (McDaniel, Whetzel, Schmidt & Maurer, 1994; Schmidt y Hunter, 1998). Tal y como muestran estos estudios, la fuente de varianza entre los coeficientes de validez no se limita al tipo de empleo; puede proceder también del tipo de medidas de criterio. En Judge et al. (2002), las medidas del liderazgo eficaz se basaron sobre todo en las evaluaciones de supervisores y subordinados. En Judge et al. (2004), las medidas de eficacia «objetivas» —definidas por los autores como «basadas en una puntuación cuantificable (por ejemplo, la actuación de un equipo en una simulación de supervivencia…)»— también se incluyeron. Sin embargo, ninguno de estos estudios parece haber considerado medidas de resultados empresariales; las medidas de criterio usadas para estimar la validez de criterio en las evaluaciones de directivos usaban puntuaciones compuestas por múltiples aspectos del desempeño laboral. Por tanto, la diversidad de medidas de criterio empleadas en dichos estudios y las estimaciones de validez obtenidas proporcionan un sólido apoyo en favor del uso de las técnicas de evaluación de directivos de Gallup en las intervenciones empresariales.

Otro contexto para entender la magnitud de un coeficiente de validez es considerar su impacto práctico en el negocio y su utilidad potencial. Existen métodos para estimar el impacto de implementar un determinado enfoque de selección de personal. Los modelos teóricos de expectativas (Taylor & Russell, 1939) muestran que, si se mantiene constante la validez, los beneficios prácticos de un procedimiento de selección pueden aumentar como resultado de la disminución de la ratio de selección y también pueden verse afectados por la tasa de éxito en ese puesto (es decir, la tasa de éxito obtenida sin usar la herramienta de selección). Por ejemplo, asumiendo una tasa de éxito del 50% entre personas que ocupan puestos directivos y aplicando la validez predictiva del rendimiento compuesto de 0,37, obtenida de los metaanálisis, seleccionar el mejor 10% de los solicitantes mejorará la tasa de éxito hasta llegar al 76%, lo que supone una mejora del 52%. Una ratio de selección del 30% resultaría en una tasa de éxito del 67% entre los candidatos contratados, o sea, una mejora del 34%. Considerando una tasa de éxito del 20% y una ratio de selección del 10%, los candidatos contratados tendrán una tasa de éxito del 42%, esto es, más el doble de la tasa básica.

En cuanto al rendimiento económico, asumiendo un nivel promedio de validez predictiva y un coeficiente de varianza (índice de la desviación típica respecto a la media) del 63% para los ingresos o ventas en el nivel de unidad de negocio de la base de datos de Gallup, si se selecciona al mejor 10% de los candidatos a puestos directivos con el instrumento Gallup, eso equivaldrá a una mejora del 32% en los ingresos y ventas por directivo. Dada la amplia variabilidad en el beneficio entre las unidades de negocio de cada empresa que Gallup ha analizado (coeficiente medio de varianza del 94%), seleccionar al mejor 10% de los candidatos a directivos puede suponer una mejora del 48% en los beneficios por directivo; y seleccionar al mejor 30% de los candidatos puede suponer una mejora del 32%. Estas estimaciones de utilidad pueden calcularse para muchos de los resultados empresariales de los que los directivos se responsabilizan. En resumen, si el instrumento de selección de directivos de Gallup es usado de forma sistemática, los ejemplos presentados muestran que una empresa puede esperar que se produzcan mejoras en el rendimiento de las unidades de negocio con el paso del tiempo.

REFERENCIAS

Harter, J. K. (2003). *Test-retest reliability of Gallup selection assessments*. Gallup Technical Report. Omaha, NE.

Harter, J. K., Hayes, T. L. & Schmidt, F. L. (2004). *Meta-analytic predictive validity of Gallup Selection Research Instruments (SRI)*. Gallup Technical Report. Omaha, NE.

Harter, J. K., Schmidt, F. L., Agrawal, S. A. & Plowman, S. K. (2013). *The relationship between engagement at work and organizational outcomes: 2012 Q12 meta-analysis*. Gallup Technical Report. Omaha, NE.

Hunter, J. E. & Schmidt, F. L. (1990). *Methods of meta-analysis: Correcting error and bias in research findings*. Newbury Park, CA: Sage.

Hunter, J. E. & Schmidt, F. L. (1994). Estimation of sampling error variance in the meta-analysis of correlations: Use of average correlation in the homogeneous case. *Journal of Applied Psychology, 79*, 171-177.

Hunter, J. E. & Schmidt, F. L. (1996). Measurement error in psychological research: Lessons from 26 research scenarios. *Psychological Methods, 1*, 199-223.

Hunter, J. E. & Schmidt, F. L. (2004). *Methods of meta-analysis: Correcting error and bias in research findings* (2ª ed.). Newbury Park, CA: Sage.

Hunter, J. E., Schmidt, F. L. & Le, H. A. (2006). Implications of direct and indirect range restriction for meta-analysis methods and findings. *Journal of Applied Psychology, 91*, 594-612.

Judge, T. A., Bono, J. E., Ilies, R. & Gerhardt, M. W. (2002). Personality and leadership: A qualitative and quantitative review. *Journal of Applied Psychology, 87*, 765-780.

Judge, T. A., Colbert, A. E. & Ilies, R. (2004). Intelligence and leadership: A quantitative review and test of theoretical propositions. *Journal of Applied Psychology, 89*, 542-552.

Law, K. S., Schmidt, F. L. & Hunter, J. E. (1994). Nonlinearity of range corrections in meta-analysis: Test of an improved procedure. *Journal of Applied Psychology, 79*, 425-438.

McDaniel, M. A., Whetzel, D. L., Schmidt, F. L. & Maurer, S. D. (1994). The validity of employment interviews: A comprehensive review and meta-analysis. *Journal of Applied Psychology, 79*, 599-616.

Rothstein, H. R. (1990). Interrater reliability of job performance ratings: Growth to asymptote level with increasing opportunity to observe. *Journal of Applied Psychology, 75*, 322-327.

Schmidt, F. L. & Hunter, J. E. (1998). The validity and utility of selection methods in personnel psychology: Practical and theoretical implications of 85 years of research findings. *Psychological Bulletin, 124*(2), 262.

Schmidt, F. L., Law, K., Hunter, J. E., Rothstein, H. R., Pearlman, K. & McDaniel, M. (1993). Refinements in validity generalization methods: Implications for the situational specificity hypothesis. *Journal of Applied Psychology, 78*, 3-12.

Schmidt, F. L. & Rader, M. (1999). Exploring the boundary conditions for interview validity: Meta-analytic validity findings for a new interview type. *Personnel Psychology, 52*, 445-464.

Taylor, H. C. & Russell, J. T. (1939). The relationship of validity coefficients to the practical effectiveness of tests in selection: discussion and tables. *Journal of Applied Psychology, 23*(5), 565.

Viswesvaran, C., Ones, D. S. & Schmidt, F. L. (1996). Comparative analysis of the reliability of job performance ratings. *Journal of Applied Psychology, 81*, 557-574.

Referencias y notas

El presente libro recoge un amplio espectro de investigaciones. Si desea más detalles sobre los estudios de Gallup, así como sobre otros referenciados en el texto, le rogamos que consulte la siguiente sección.

Hemos incluido comentarios adicionales en el caso de algunas referencias.

Se ruega tener en cuenta que cualquier trabajo sin fecha pertenece a la investigación interna de Gallup.

INTRODUCCIÓN: EL NUEVO PROPÓSITO DEL MUNDO

Bureau of Labor Statistics (2018, 19 de enero). *Labor force statistics from the current population survey.* Recuperado el 19/11/2018 de: https://www.bls.gov/cps/ cpsaat08.htm

Clifton, J. (2015, 10 de diciembre). *Killing small business.* Consulta el 19/112018, en: https://news.gallup.com/opinion/chairman/186638/killing-small-business.aspx

Clifton, J. (2015, 17 de diciembre). *What the whole world wants.* Recuperado el 19/11/2018 de: https://news.gallup.com/opinion/chairman/187676/whole-worldwants.aspx?g_source=link_NEWSV9&g_medium=&g_campaign=item_&g_content=What%2520the%2520Whole%2520World%2520Wants

Clifton, J. (2016, 3 de agosto). *Corporate boards: Failing at growth.* Recuperado el 19/11/2018 de: https://news.gallup.com/ opinion/chairman/194132/corporate-boards-failing-growth.aspx?g_ source=link_NEWSV9&g_medium=TOPIC&g_campaign=item_&g_content=Corporate%2520Boards%3a%2520Failing%2520at%2520Growth

Clifton, J. (2017, 13 de junio). *The world's broken workplace*. Recuperado el 19/11/2018 de: https://news.gallup.com/opinion/chairman/212045/world-broken-workplace. aspx?g_source=link_NEWSV9&g_medium=TOPIC&g_campaign=item_&g_ content=The%2520World%27s%2520Broken%2520Workplace

DeSilver, D. (2017, 4 de enero). *5 facts about the minimum wage*. Recuperado el 19/11/2018 de: http://www.pewresearch.org/fact-tank/2017/01/04/5-facts-about-theminimum-wage/

Desjardins, J. (2016, 8 de septiembre). *Visualizing the size of the U.S. national debt*. Recuperado el 19/11/2018 de: http://money.visualcapitalist.com/visualizing-size-u-snational-debt/

Drucker, P. F. (1954). *The practice of management: A study of the most important function in American society*. New York: Harper & Brothers.

Gallup. (2017). *State of the global workplace*. Nueva York: Gallup Press.

Kamp, K. (2013, 20 de septiembre). *By the numbers: The incredibly shrinking American middle class*. Recuperado el 19/11/2018 de: https://billmoyers.com/2013/09/20/by-thenumbers-the-incredibly-shrinking-american-middle-class/

Keng, C. (2014, 22 de junio). *Employees who stay in companies longer than two years get paid 50% less*. Recuperado el 19/11/2018 de: https://www.forbes.com/sites/ cameronkeng/2014/06/22/employees-that-stay-in-companies-longer-than-2-yearsget-paid-50-less/#1d727e4e07fa

Rothwell, J. (2016). *No recovery: An analysis of long-term U.S. productivity decline*. Washington, D.C.: Gallup and the U.S. Council on Competitiveness.

Statista (2018). *Number of full-time employees in the United States from 1990 to 2017 (in millions)*. Recuperado el 19/11/2018 de: https://www.statista.com/ statistics/192356/ number-of-full-time-employees-in-the-usa-since-1990/

Trading Economics. (2018, diciembre). *United States GDP*. Recuperado el 19/11/2018 de: https://tradingeconomics.com/united-states/gdp

ESTRATEGIA

CAPÍTULO I. ¿QUÉ DEBERÍAN CAMBIAR EXACTAMENTE LOS DIRECTORES GENERALES Y DE RECURSOS HUMANOS?

Gallup (2016). *How millennials want to work and live.* Recuperado el 07/12/2018 de: https://www.gallup.com/workplace/238073/millennials-work-live.aspx

CAPÍTULO 2. ¿POR QUÉ EL CAMBIO ORGANIZACIONAL ES TAN COMPLICADO?

En un estudio realizado por Gallup en 2018 con la participación de 4000 empleados a tiempo completo y parcial en Francia, Alemania, España y el Reino Unido, menos de uno de cada cuatro afirmó que el líder de su empresa le hacía ver el futuro con entusiasmo.

Agrawal, S. & Harter, J. K. (2010). *The cascade effect of employee engagement: A longitudinal study.* Technical report. Omaha, NE: Gallup.

Dunbar, R. I. M. (1992). Neocortex size as a constraint on group size in primates. *Journal of Human Evolution, 20,* 469-493.

Fowler, J. H. & Christakis, N. A. (2008). Dynamic spread of happiness in a large social network: Longitudinal analysis over 20 years in the Framingham heart study. *BMJ, 337,* a2338+.

Gallup. (2016). *First, break all the rules: What the world's greatest managers do differently.* New York: Gallup Press.

Hernando, A., Villuendas, D., Vesperinas, C., Abad, M. & Plastino, A. (2010). Unravelling the size distribution of social groups with information theory in complex networks. *The European Physical Journal B, 76*(1), 87-97.

Liberty, E., Woolfe, F., Martinsson, P., Rokhlin, V. & Tygert, M. (2007). Randomized algorithms for the low-rank approximation of matrices. *Proceedings of the National Academy of Sciences, 104*(51), 20167-20172.

CAPÍTULO 3. DOS RASGOS NO NEGOCIABLES QUE DEBEN POSEER LOS LÍDERES

En el curso del análisis llevado a cabo a lo largo de cinco décadas, incluido en una investigación de Gallup sobre el liderazgo, descubrimos una amplia gama de rasgos que correlacionan con el liderazgo exitoso: fortaleza, capacidad catalizadora, responsabilidad, flexibilidad, orientación a las metas, planificación, percepción individualizada, habilidad para generar una red de trabajo estratégica, aprecio del talento, liderazgo de equipos, orientación al negocio, concepto, búsqueda de conocimiento, pensamiento estratégico, competitividad, coraje, organización, estructura, entusiasmo, inversión, concepto y visión.

Emond, L. (2018, 16 de julio). Microsoft CHRO: A conversation about succession management. Recuperado el 06/12/2018 de: https://www.gallup.com/workplace/237113/microsoft-chro-conversation-succession-management.aspx

Newport, F. & Harter, J. (2017, 26 de septiembre). What Americans value in the president, workers value in their CEO. Recuperado el 06/12/2018 de: https://news.gallup.com/opinion/polling-matters/219932/americans-value-president-workers-value-ceo.aspx

CAPÍTULO 4. INTEGRAR MÚLTIPLES EQUIPOS

Para liderar de forma adecuada, Gallup ha descubierto que los ejecutivos inspiran a otros a través de su visión; optimizan los valores de la organización asignando responsabilidades y liderando el cambio; construyen el grupo y lo guían mediante el desarrollo de cada uno de sus miembros, el establecimiento de relaciones y la comunicación efectiva.

Agrawal, S. & Harter, J. K. (2010). *The cascade effect of employee engagement: A longitudinal study.* Technical report. Omaha, NE: Gallup.

Wigert, B. & Maese, E. (2018). *The manager experience study.* Gallup Working Paper. Omaha, NE.

CAPÍTULO 5. TOMAR BUENAS DECISIONES

En un estudio realizado por Gallup en 2018 con la participación de 4000 empleados a tiempo completo y parcial en varios países europeos, el 41 % de los franceses, el 26 % de los alemanes, el 17 % de los españoles y el 33 % de los británicos afirmaron que su empresa tenía la mentalidad correcta para responder rápidamente a las necesidades del negocio.

Book summary of Thinking, Fast and Slow by Daniel Kahneman (2016, 10 de septiembre). Recuperado el 07/12/2018 de: http://www.hughflint.com/book-reviews/booksummary-by-thinking-fast-and-slow-by-daniel-kahneman/

Garamone, J. (2013, 5 de mayo). *Improving the science of decision making.* Recuperado el 07/12/2018 de: http://science.dodlive.mil/2013/05/05/improving-the-science-ofdecision-making/

Greathouse, J. (2013, 30 de abril). *5 time-tested success tips from Amazon founder Jeff Bezos.* Recuperado el 07/12/2018 de: https://www.forbes.com/sites/johngreathouse/2013/04/30/5-time-tested-success-tips-from-amazon-founder-jeffbezos/#33db5d59370c

Kahneman, D. (2015). *Thinking, fast and slow.* New York: Farrar, Straus and Giroux.

CULTURA

CAPÍTULO 6. ¿QUÉ ES UNA CULTURA EMPRESARIAL?

En un estudio realizado por Gallup en 2018 con la participación de 4000 empleados a tiempo completo y parcial en Francia, Alemania, España y el Reino Unido, alrededor de uno de cada tres participantes de cada país afirmó que recomendaría su empresa a otras personas como lugar de trabajo.

Gallup. (2018). *Gallup's approach to culture: Building a culture that drives performance*. Recuperado el 07/12/2018 de: https://www.gallup.com/ workplace/232682/culture-paper-2018.aspx?g_source=link_WWWV9&g_ medium=related_insights_tile1&g_campaign=item_229832&g_ content=Get%2520the%2520Most%2520Out%2520of%2520Your%2520Culture

CAPÍTULO 7. POR QUÉ LA CULTURA EMPRESARIAL ES IMPORTANTE

Gallup (2016). *The relationship between engagement at work and organizational outcomes: 2016 Q12® meta-analysis: Ninth edition*. Recuperado el 07/12/2018 de: https:// news.gallup. com/reports/191489/q12-meta-analysis-report-2016.aspx

Gallup (2017). *State of the global workplace*. New York: Gallup Press.

CAPÍTULO 8. CÓMO TRANSFORMAR LA CULTURA EMPRESARIAL

Koi-Akrofi, G. Y. (2016). Mergers and acquisitions failure rates and perspectives on why they fail. *International Journal of Innovation and Applied Studies, 17*(1), 150-158.

Ratanjee, V. (2018, 27 de febrero). *Why HR leaders are vital for culture change*. Recuperado el 07712/2018 de: https://www.gallup.com/workplace/234908/why-leadersvital-culture-change.aspx

MARCA EMPLEADORA

CAPÍTULO 9. ATRAER A LA NUEVA FUERZA LABORAL

La mayoría de los trabajadores, no solo los que pertenecen a la generación *millennial*, prefieren hacer búsquedas de empleo online. Por tanto, un requisito básico para cualquier empresa es que este tipo de oportunidades laborales sean fáciles de encontrar. El sitio web de una compañía debe permitir un uso sencillo e intuitivo y presentar un aspecto atractivo; además sus contenidos han de describir con claridad qué diferencia a esa empresa de su competencia, cuál es su propósito, la intención de su marca y la cultura corporativa. Por otro lado, si tenemos en cuenta que el 85 % de los *millennials* accede a internet desde sus *smartphones*, es conveniente garantizar que la web tiene una versión móvil que funciona de forma ágil y sin contratiempos.

En la actualidad, únicamente una de cada cuatro personas que buscan trabajo (en su mayoría miembros de la generación X y del *baby boom*) sigue usando los periódicos para consultar las ofertas de empleo.

Gallup. (2016). *Gallup's perspective on: Designing your organization's employee experience.* Recuperado el 07/12/2018 de: https://www.gallup.com/workplace/242240/employee-experience-perspective-paper.aspx?g_source=link_wwwv9&g_campaign=item_242276&g_medium=copy

Gallup. (2016). *How millennials want to work and live.* Recuperado el 07/12/2018 de: https://www.gallup.com/workplace/238073/millennials-work-live.aspx

CAPÍTULO 10. CONTRATAR A LOS MEJORES

Ambady, N. & Rosenthal, R. (1992). Thin slices of expressive behavior as predictors of interpersonal consequences: A meta-analysis. *Psychological Bulletin, 111*(2), 256-274.

Bias (s. f.). *Psychology Today.* Recuperado el 07/12/2018 de: https://www. psychologytoday.com/us/basics/bias

Buchanan, R. D. & Finch, S. J. (2005). *History of psychometrics.* Recuperado el 07/12/2018 de: https://www.researchgate.net/publication/230267368_History_of_ Psychometrics

Christensen-Szalanski, J. J. & Beach, L. R. (1982). Experience and the base-rate fallacy. *Organizational Behavior & Human Performance, 29*(2), 270-278.

Dronyk-Trosper, T. & Stitzel, B. (2015). Lock-in and team effects: Recruiting and success in college football athletics. *Journal of Sports Economics, 18*(4), 376-387.

Gladwell, M. (2005). *Blink: The power of thinking without thinking.* Nueva York: Little, Brown.

Grinnell, R. (2016). *Availability heuristic. Psych Central.* Recuperado el 07712/2018 de: https://psychcentral.com/encyclopedia/availability-heuristic/

Moore, D. A. (2018, 22 de enero). *Overconfidence: The mother of all biases.* Recuperado el 07/12/2018 de: https://www.psychologytoday.com/us/blog/perfectlyconfident/201801/overconfidence

Pennsylvania State University (2015, 17 de abril). *Similar-to-me effect in the workplace.* Recuperado el 07/12/2018 de: https://sites.psu.edu/aspsy/2015/04/17/similar-tome-effect-in-the-workplace/

Shahani-Denning, C. (2003). *Physical attractiveness bias in hiring: What is beautiful is good.* Recuperado de: http://www.hofstra.edu/pdf/orsp_shahani-denning_spring03.pdf

Universidad de Texas en El Paso (s. f.). *Master list of logical fallacies.* Recuperado el 07/12/2018 de: http://utminers.utep.edu/omwilliamson/ENGL1311/ fallacies.htm

CAPÍTULO II. ANÁLISIS ESTADÍSTICOS PARA LA SELECCIÓN DE PERSONAL: LA SOLUCIÓN

Combinando cuatro criterios (experiencia y logros previos, características innatas, múltiples entrevistas y análisis del rendimiento laboral) se puede incrementar la tasa de éxito de la selección de personal del 20 al 70 %.

El estudio de Schmidt et al. (2016), que revisaba resultados procedentes de 100 años de investigaciones, halló que existen muchos métodos de selección que mejoran la predicción del rendimiento: test psicotécnicos, entrevistas estructuradas y no estructuradas, test de personalidad, comprobación de referencias, datos biográficos, experiencias previas, pruebas prácticas... Se pueden usar varios de estos métodos para medir los cinco rasgos o características innatas (motivación, estilo de trabajo, iniciativa, colaboración y proceso de pensamiento) y combinarlos para maximizar la predicción de rendimiento. Este estudio descubrió que los test psicotécnicos eran la herramienta más fiable para la predicción del rendimiento y que otros muchos aportaban también cambios significativos. La habilidad mental general puede ser medida de distintas formas: mediante test psicotécnicos o de razonamiento, experiencias y logros previos, test de conocimientos y supuestos prácticos, así como pruebas directas en el puesto de trabajo.

Harter, J. K., Hayes, T. L. & Schmidt, F. L. (2004). *Meta-analytic predictive validity of Gallup selection research instruments (SRI)*. Omaha, NE: Gallup.

Schmidt, F. L. & Rader, M. (1999). Exploring the boundary conditions for interview validity: Meta-analytic validity findings for a new interview type. *Personnel Psychology, 52*, 445-464.

Schmidt, F. L. & Zimmerman, R. D. (2004). A counterintuitive hypothesis about employment interview validity and some supporting evidence. *Journal of Applied Psychology, 89*(3), 553-561.

Schmidt, F. L., Oh, I. S. & Shaffer, J. A. (2016). *The validity and utility of selection methods in personnel psychology: Practical and theoretical implications of 100 years of research findings*. Recuperado el 07/12/2018 de: https://www.testingtalent.net/wp-content/uploads/2017/04/2016-100-Yrs-Working-Paper-on-Selection-Methods-SchmitMar-17.pdf

Yang, Y., Harter, J. K., Streur, J. H., Agrawal, S., Dvorak, N. & Walker, P. (2013). *The Gallup manager assessment*. Technical report. Omaha, NE: Gallup.

CAPÍTULO 12. DÓNDE ENCONTRAR «VÍDEOS DE PARTIDOS» DE FUTURAS ESTRELLAS

Gallup. (2014). *Great jobs, great lives. The 2014 Gallup-Purdue Index report*. Recuperado el 07/12/2018 de: https://news.gallup.com/reports/197141/gallup-purdueindex-report-2014.aspx

Gallup (2015). *Great jobs, great lives. The relationship between student debt, experiences and perceptions of college worth: Gallup-Purdue Index 2015 report.* Recuperado el 07/12/2018 de: https://news.gallup.com/reports/197144/gallup-purdue-index-report-2015.aspx

Gallup (2017). *2017 college student survey: A nationally representative survey of currently enrolled students.* Recuperado el 07/12/2018 de: https://news.gallup.com/ reports/225161/2017-strada-gallup-college-student-survey.aspx

CAPÍTULO I3. CINCO PREGUNTAS PARA LA INDUCCIÓN O INCORPORACIÓN DE PERSONAL

Adkins, A. (2015, 2 de abril). *Only 35% of U.S. managers are engaged in their jobs.* Recuperado el 07/12/2018 de: https://www.gallup.com/workplace/236552/managersengaged-jobs. aspx

Gallup (2017). *State of the American workplace.* Recuperado el 07/12/2018 de: https://www. gallup.com/workplace/238085/state-american-workplace-report-2017.aspx

Gallup (2017). *State of the global workplace.* Nueva York: Gallup Press.

Gallup (2018). *Gallup's perspective on aligning compensation with your talent management strategy.* Omaha, NE: Gallup.

CAPÍTULO I4. EL CAMINO MÁS CORTO HACIA EL DESARROLLO: CONVERSACIONES BASADAS EN LAS FORTALEZAS

Los trabajadores que se sienten comprometidos con su empresa pasan menos tiempo trabajando solos y más interactuando con sus líderes. Por desgracia para las empresas, los trabajadores menos comprometidos pasan más tiempo con los clientes, posiblemente contagiándoles su negatividad.

Los metaanálisis de Gallup a partir de estudios experimentales y cuasiexperimentales sobre las intervenciones basadas en las fortalezas, llevados a cabo en un total de 49.495 unidades de negocio, revelan mejoras significativas en el compromiso del trabajador, la productividad, los beneficios, la retención del talento, la seguridad y las percepciones de los clientes. Adicionalmente, en los metaanálisis sobre compromiso (con la participación de 23.640

individuos) y resultados de ventas (de 10.592 equipos), procedentes de más de 21 estudios, se halló que aquellos que recibieron retroalimentación sobre sus fortalezas y también sobre otros puntos no tan fuertes, incrementaron el rendimiento del equipo en mayor grado que quienes recibieron *feedback* únicamente sobre sus fortalezas.

Esto resultados indican que la mejor forma de dar retroalimentación implica tanto poner el foco en el desarrollo de las fortalezas como ser conscientes de la manera de gestionar las no fortalezas para que no se conviertan en debilidades.

Asplund, J. A. & Agrawal, S. (2018). *The effect of CliftonStrengths 34 feedback on employee engagement and sales: 2018 CliftonStrengths meta-analysis.* Recuperado el 10/12/2018 de: https://www.gallup.com/workplace/243827/cliftonstrengths-metaanalysis-2018-effects-of-cliftonstrengths-34-feedback.aspx

Asplund, J., Harter, J. K., Agrawal, S. & Plowman, S. K. (2015). *The relationship between strengths-based employee development and organizational outcomes 2015 strengths meta-analysis.* Recuperado el 10/12/2018 de: https://news.gallup.com/reports/193427/strengths-meta-analysis-2015.aspx

Harter, J. K. & Stone, A. A. (2012). Engaging and disengaging work conditions, momentary experiences and cortisol response. *Motivation and Emotion, 36*(2), 104-113.

Rigoni, B. & Asplund, J. (2016, 7 de julio). *Strengths-based employee development: The business results.* Recuperado el 10/12/2018 de: https://www.gallup.com/ workplace/236297/strengths-based-employee-development-business-results.aspx

CAPÍTULO 15. LA HISTORIA DE CLIFTONSTRENGTHS

Asplund, J., Agrawal, S., Hodges, T., Harter, J. & Lopez, S. J. (2014, marzo). *The Clifton StrengthsFinder 2.0 technical report: Development and validation.* Omaha, NE: Gallup.

Clifton, D. O. & Harter, J. K. (2003). Investing in strengths. En K. S. Cameron, J. E. Dutton & R. E. Quinn (Eds.), *Positive organizational scholarship: Foundations of a new discipline* (pp. 111-121). San Francisco: Berrett-Koehler.

Hodges, T. D. & Clifton, D. O (2004). Strengths-based development in practice. En P. A. Linley & S. Joseph (Eds.), *Positive psychology in practice.* Hoboken, NJ: John Wiley and Sons.

Nebraska Human Resources Institute (s. f.). *History of NHRRF: The Nebraska Human Resources Research Foundation*. Recuperado el 10/12/2018 de: https://alec.unl. edu/nhri/history-nhrrf

Piersol, R. (2015, 1 de junio). Gallup's Clifton dies at age 79. *Lincoln Journal Star*. Recuperado el 10/12/2018 de: https://journalstar.com/gallup-s-clifton-dies-at-age-thisstory-ran-in/article_cb499250-04a5-5852-b48f-282c047ff505.html

CAPÍTULO 16. CINCO PASOS PARA CONSTRUIR UNA CULTURA BASADA EN FORTALEZAS

1. *Empezar por el director ejecutivo, o no funcionará.* A pesar de que este es el punto de partida ideal, la mayoría de empresas con las que Gallup ha colaborado inician su método basado en fortalezas en las divisiones de negocio o en los departamentos, creando así una subcultura basada en las fortalezas. En tales casos, para conseguir la participación de los ejecutivos necesitan tratar estas subculturas como pruebas piloto, con el fin de demostrar el retorno de la inversión analizando —tanto cuantitativa como cualitativamente— de qué modo el enfoque basado en fortalezas se relaciona con una mejora de los resultados empresariales.

2. *Exigir a cada empleado que descubra sus fortalezas.* En algunas organizaciones, el descubrimiento de las fortalezas sucede de forma orgánica cuando se implanta este enfoque de manera progresiva. Idealmente, cada trabajador descubrirá sus fortalezas tarde o temprano.

3. *Generar una red de trabajo interna de* coaches *que potencien las fortalezas de los trabajadores.* Si bien el departamento de recursos humanos es vital para implementar y apoyar una cultura basada en las fortalezas, Gallup ha descubierto que los mejores resultados se producen cuando otros trabajadores de distintos departamentos se convierten en *coaches* de fortalezas. Esta actividad no tiene por qué requerir una dedicación a tiempo completo; al contrario, cuanto más integrados estén los *coaches* en la actividad productiva de la empresa, más efectivos serán.

4. *Integrar las fortalezas en la gestión del desempeño.* Para que los líderes sean más eficaces como *coaches*, primero necesitan saber cómo usar sus propias capacidades. Y además hace falta que tengan un alto nivel de compromiso. Conviene empezar por el personal directivo y, a medida que estos vean el impacto de la gestión basada en las fortalezas en su propia vida, serán más eficaces en la formación y el asesoramiento de sus equipos.

5. *Modificar los programas de formación.* La mayoría de organizaciones tendrán programas o cursos de formación que lideren con debilidades fijas. En ciertos casos, hacer consciente a las personas de sus puntos ciegos a través del cumplimiento y la ética resulta esencial.

Crabtree, S. (2018, 13 de febrero). *Strengths-based cultures are vital to the future of work.* Recuperado el 10/12/2018 de: https://www.gallup.com/workplace/236177/ strengths-based-cultures-vital-future-work.aspx

Gallup (s. f.). *Strengths-based workplaces: The replacement for annual reviews.* Recuperado el 10/12/2018 de: https://www.gallup.com/services/192827/organizationgreatest-potential-unlocked.aspx

Rigoni, B. & Asplund, J. (2016, 29 de septiembre). *Strengths-based development: Leadership's role.* Recuperado el 10/12/2018 de: https://www.gallup.com/workplace/236378/ strengths-based-development-leadership-role.aspx

Rigoni, B. & Asplund, J. (2017, 3 de enero). *Strengths-based cultures attract top talent.* Recuperado el 10/12/2018 de: https://www.gallup.com/workplace/236270/ strengths-based-cultures-attract-top-talent.aspx

CAPÍTULO 17. LAS EXPECTATIVAS CORRECTAS: COMPETENCIAS 2.0

Streur, J., Wigert, B. & Harter, J. (2018). *Competencies 2.0: The 7 expectations for achieving excellence.* Technical report. Omaha, NE: Gallup.

CAPÍTULO 18. HACER UN PLAN DE SUCESIÓN CORRECTO

Casad, B. J. (2016, 1 de agosto). Confirmation bias. In *Encyclopædia Britannica*. Recuperado el 10/12/2018 de: https://www.britannica.com/science/confirmation-bias

Green, B. S. & Zwiebel, J. (2013, noviembre). *The hot hand fallacy: Cognitive mistakes or equilibrium adjustments? Evidence from baseball*. Recuperado el 10/12/2018 de: https://www.gsb.stanford.edu/faculty-research/working-papers/hot-hand-fallacycognitive-mistakes-or-equilibrium-adjustments

Khoury, G. & Green, A. (2017, 9 de noviembre). *Don't leave succession planning to chance*. Recuperado el 10/12/2018 de: https://www.gallup.com/workplace/236258/donleave-succession-planning-chance.aspx

Ratanjee, V. & Green, A. (2018, 14 de junio). *How to reduce bias in your succession and promotion plans*. Recuperado el 10/12/2018 de: https://www.gallup.com/workplace/235970/reduce-bias-succession-promotion-plans.aspx

Recency bias. [Quick Reference]. (s. f.). *Oxford Reference*. Recuperado el 10/12/2018 de: http://www.oxfordreference.com/view/10.1093/oi/authority.20110803100407676

CAPÍTULO 19. GESTIONAR LA SALIDA DE TRABAJADORES

En un estudio realizado por Gallup en 2018 con la participación de 4000 empleados a tiempo completo y parcial en Francia, Alemania, España y el Reino Unido, se hallaron diferencias significativas entre países en cuanto a las intenciones de los trabajadores de permanecer en sus actuales empresas. Así, el 65 % de los participantes de Alemania y el 60 % de los de España afirmaron que pensaban quedarse en su actual empresa tres años más, mientras que solo dio esa respuesta el 38 % de los participantes del Reino Unido y el 36 % de los de Francia.

Gallup (2017). *State of the American workplace*. Recuperado el 07/12/2018 de: https://www.gallup.com/workplace/238085/state-american-workplace-report-2017.aspx

Gallup (2018). *Gallup's perspective on exit programs that retain stars and build brand ambassadors*. Omaha, NE.

DE JEFE A *COACH*

CAPÍTULO 20. LOS TRES REQUISITOS DEL *COACHING*

En un estudio realizado por Gallup en 2018 con la participación de 4000 empleados a tiempo completo y parcial en Francia, Alemania, España y el Reino Unido, el 34% de los empleados británicos reconocieron que sus responsables les tenían en cuenta para fijar objetivos. El porcentaje resultó inferior en Alemania (29%), Francia (25%) y España (19%). En los cuatro países, el 30% o menos de los trabajadores dijeron que su rendimiento se gestionaba de forma que se sentían motivados para hacer un trabajo excelente.

Gallup (2017). *State of the American workplace*. Recuperado el 07/12/2018 de: https:// www. gallup.com/workplace/238085/state-american-workplace-report-2017.aspx

Wigert, B. & Harter, J. (2017). *Re-engineering performance management*. Gallup Position Paper. Omaha, NE.

CAPÍTULO 21. LAS CINCO CONVERSACIONES DE *COACHING*

En un estudio realizado por Gallup en 2018 con la participación de 4000 empleados a tiempo completo y parcial en Francia, Alemania, España y el Reino Unido, el 22% de los alemanes, el 24% de los británicos, el 22% de los franceses y el 12% de los españoles afirmaban haber recibido retroalimentación sobre su rendimiento en la semana anterior.

Otros estudios a gran escala hallaron que la formación continua ejerce un impacto en el desempeño.

Brown, T. C., & Latham, G. P. (2002). The effects of behavioural outcome goals, learning goals, and urging people to do their best on an individual's teamwork behaviour in a group problem-solving task. *Canadian Journal of Behavioural Science*, 34(4), 276-285.

Cawley, B. D., Keeping, L., & Levy, P. E. (1998). Participation in the performance appraisal process and employee reactions: A meta-analytic review of field investigations. *Journal of Applied Psychology*, 83(4), 615-633.

Chen, S., Zhang, G., Zhang, A. & Xu, J. (2016). Collectivism-oriented human resource management and innovation performance: An examination of team reflexivity and team psychological safety. *Journal of Management & Organization, 22*(4), 535-548.

Colquitt, J. A., Conlon, D. E., Wesson, M. J., Porter, C. O. L. H. & Ng, K. Y. (2001). Justice at the millennium: A meta-analytic review of 25 years of organizational justice research. *Journal of Applied Psychology, 86*(3), 425-445.

Courtright, S. H., Thurgood, G. R., Stewart, G. L. & Pierotti, A. J. (2015). Structural interdependence in teams: An integrative framework and metaanalysis. *Journal of Applied Psychology, 100*(6), 1825-1846.

Harkin, B. *et al* (2016). Does monitoring goal progress promote goal attainment? A meta-analysis of the experimental evidence. *Psychological Bulletin, 142*(2), 198-229.

Jeffrey, S. A., Schulz, A. & Webb, A. (2012). The performance effects of an ability-based approach to goal assignment. *Journal of Organizational Behavior Management, 32*(3), 221-241.

Klein, H. J., Wesson, M. J., Hollenbeck, J. R. & Alge, B. J. (1999). Goal commitment and the goal-setting process: Conceptual clarification and empirical synthesis. *Journal of Applied Psychology, 84*(6), 885-896.

Kluger, A. N. & DeNisi, A. S. (1996). The effects of feedback interventions on performance: A historical review, a meta-analysis, and a preliminary feedback intervention theory. *Psychological Bulletin, 119*(2), 254-284.

Koestner, R., Lekes, N., Powers, T. A. & Chicoine, E. (2002). Attaining personal goals: Self-concordance plus implementation intentions equals success. *Journal of Personality and Social Psychology, 83*(1), 231-244.

Konradt, U., Otte, K. P., Schippers, M. C. & Steenfatt, C. (2016). Reflexivity in teams: A review and new perspectives. *The Journal of Psychology, 150*(2), 153-174.

Locke, E. A. & Latham, G. P. (2002). Building a practically useful theory of goal setting and task motivation: A 35-year odyssey. *American Psychologist, 57*(9), 705-717.

McEwan, D. *et al* (2015). The effectiveness of multi-component goal setting interventions for changing physical activity behaviour: A systematic review and meta-analysis. *Health Psychology Review, 10*(1), 67-88.

Mone, M. A. & Shalley, C. E. (1995). Effects of task complexity and goal specificity on change in strategy and performance over time. *Human Performance, 8*(4), 243-262.

Pearsall, M. J., Christian, M. S. & Ellis, A. P. J. (2010). Motivating interdependent teams: Individual rewards, shared rewards, or something in between? *Journal of Applied Psychology, 95*(1), 183-191.

Pichler, S. (2012). The social context of performance appraisal and appraisal reactions: A meta-analysis. *Human Resource Management, 51*(5), 709-732.

Pulakos, E. (2015, abril). Embedding high-performance culture through new approaches to performance management and behavior change. Presentado en la *Society for Industrial-Organizational Psychology Annual Conference*, Philadelphia, PA.

Rodgers, R. & Hunter, J. E. (1991). Impact of management by objectives on organizational productivity. *Journal of Applied Psychology, 76*(2), 322-336.

Schippers, M. C., West, M. A. & Dawson, J. F. (2015). Team reflexivity and innovation: The moderating role of team context. *Journal of Management, 41*(3), 769-788.

Seifert, C. F., Yukl, G. & McDonald, R. A. (2003). Effects of multisource feedback and a feedback facilitator on the influence behavior of managers toward subordinates. *Journal of Applied Psychology, 88*(3), 561-569.

Sheldon, K. M. & Elliot, A. J. (1998). Not all personal goals are personal: Comparing autonomous and controlled reasons for goals as predictors of effort and attainment. *Personality and Social Psychology Bulletin, 24*(5), 546-557.

Smither, J. W., London, M. & Reilly, R. R. (2005). Does performance improve following multisource feedback? A theoretical model, meta-analysis, and review of empirical findings. *Personnel Psychology, 58*, 33-66.

Winters, D. & Latham, G. P. (1996). The effect of learning versus outcome goals on a simple versus a complex task. *Group & Organization Management, 21*(2), 236-250.

Wigert, B. & Harter, J. (2017). *Re-engineering performance management*. Gallup Position Paper. Omaha, NE.

CAPÍTULO 22. RETRIBUCIÓN ECONÓMICA Y PROMOCIONES

Brosnan, S. F. & De Waal, F. B. (2003). Monkeys reject unequal pay. *Nature, 425*(6955), 297-299.

Cable, D. M. & Judge, T. A. (1994). Pay preferences and job search decisions: A person organization fit perspective. *Personnel Psychology, 47*(2), 317-348.

Cawley, B. D., Keeping, L. & Levy, P. E. (1998). Participation in the performance appraisal process and employee reactions: A meta-analytic review of field investigations. *Journal of Applied Psychology, 83*(4), 615-633.

Cerasoli, C. P., Nicklin, J. M. & Ford, M. T. (2014). Intrinsic motivation and extrinsic incentives jointly predict performance: A 40-year meta-analysis. *Psychological Bulletin, 140*(4), 980-1008.

Chapman, D. S., Uggerslev, K. L., Carroll, S. A., Piasentin, K. A. & Jones, D. A. (2005). Applicant attraction to organizations and job choice: A meta-analytic review of the correlates of recruiting outcomes. *Journal of Applied Psychology, 90*(5), 928-944.

Dal Bó, E., Finan, F. & Rossi, M. A. (2013). Strengthening state capabilities: The role of financial incentives in the call to public service. *The Quarterly Journal of Economics, 128*(3), 1169-1218.

Deci, E. L., Koestner, R. & Ryan, R. M. (1999). A meta-analytic review of experiments examining the effects of extrinsic rewards on intrinsic motivation. *Psychological Bulletin, 125*(6), 627-668.

Dulebohn, J. H. & Martocchio, J. J. (1998). Employee perceptions of the fairness of work group incentive pay plans. *Journal of Management, 24*(4), 469-488.

Dweck, C. S. (2006). *Mindset: The new psychology of success*. New York: Random House.

Fehr, E. & Gächter, S. (2000). Fairness and retaliation: The economics of reciprocity. *The Journal of Economic Perspectives, 14*(3), 159-181.

Fehr, E. & Gächter, S. (2001, febrero). *Do incentive contracts crowd-out voluntary cooperation?* IEER Working Paper No. 34; and USC CLEO Research Paper No. C01-3.

Gallup (2018). *Gallup's perspective on exit programs that retain stars and build brand ambassadors*. Omaha, NE.

Griffeth, R. W., Hom, P. W. & Gaertner, S. (2000). A meta-analysis of antecedents and correlates of employee turnover: Update, moderator tests, and research implications for the next millennium. *Journal of Management, 26*(3), 463-488.

Jenkins, G. D., Jr., Mitra, A., Gupta, N. & Shaw, J. D. (1998). Are financial incentives related to performance? A meta-analytic review of empirical research. *Journal of Applied Psychology, 83*(5), 777-787.

Judge, T. A., Piccolo, R. F., Podsakoff, N. P., Shaw, J. C. & Rich, B. L. (2010). The relationship between pay and job satisfaction: A meta-analysis of the literature. *Journal of Vocational Behavior, 77*(2), 157-167.

Nyberg, A. J., Pieper, J. R. & Trevor, C. O. (2016). Pay-for-performance's effect on future employee performance: Integrating psychological and economic principles toward a contingency perspective. *Journal of Management, 42*(7), 1753-1783.

PayScale (2018). *2018 compensation best practices report*. Recuperado el 10/12/2018 de: https://www.payscale.com/cbpr

Pfeffer, J. (1998). Six dangerous myths about pay. *Harvard Business Review*. Recuperado el 10/12/2018 de: https://hbr.org/1998/05/six-dangerous-myths-about-pay

Rath, T. & Harter, J. (2010). *Wellbeing: The five essential elements*. New York: Gallup Press.

Rynes, S. L. (1987). Compensation strategies for recruiting. *Topics in Total Compensation,* *2*(2), 185.

Wiersma, U. J. (1992). The effects of extrinsic rewards in intrinsic motivation: A metaanalysis. *Journal of Occupational and Organizational Psychology, 65*(2), 101-114.

Williams, M. L., McDaniel, M. A. & Nguyen, N. T. (2006). A meta-analysis of the antecedents and consequences of pay level satisfaction. *Journal of Applied Psychology, 91*(2), 392-413.

CAPÍTULO 23. INDICADORES DE DESEMPEÑO: SESGOS Y PREJUICIOS

Balzer, W. K. & Sulsky, L. M. (1992). Halo and performance appraisal research: A critical examination. *Journal of Applied Psychology, 77*(6), 975-985.

Cascio, W. F. (1989). *Managing human resources: Productivity, quality of work life, profits.* New York: McGraw-Hill.

Hoffman, B., Lance, C. E., Bynum, B. & Gentry, W. A. (2010). Rater source effects are alive and well after all. *Personnel Psychology, 63*(1), 119-151.

Lunenburg, F. C. (2012). Performance appraisal: Methods and rating errors. *International Journal of Scholarly Academic Intellectual Diversity, 14*(1), 1-9.

Mount, M. K., Judge, T. A., Scullen, S. E., Sytsma, M. R. & Hezlett, S. A. (1998). Trait, rater and level effects in 360-degree performance ratings. *Personnel Psychology, 51*(3), 557-576.

Neves, P. (2012). Organizational cynicism: Spillover effects on supervisor-subordinate relationships and performance. *The Leadership Quarterly, 23*(5), 965-976.

Scullen, S. E., Mount, M. K. & Goff, M. (2000). Understanding the latent structure of job performance ratings. *Journal of Applied Psychology, 85*(6), 956.

Wigert, B. & Harter, J. (2017). *Re-engineering performance management.* Gallup Position Paper. Omaha, NE.

CAPÍTULO 24. INDICADORES DE DESEMPEÑO: LA SOLUCIÓN

Wigert, B. & Harter, J. (2017). *Re-engineering performance management.* Gallup Position Paper. Omaha, NE

CAPÍTULO 25. CÓMO HACER QUE «MI DESARROLLO» SEA EL MOTIVO POR EL QUE LOS TRABAJADORES SE QUEDAN EN LA EMPRESA

En un estudio realizado por Gallup en 2018 con la participación de 4000 empleados a tiempo completo y parcial en Francia, Alemania, España y el Reino Unido, menos de uno de cada cuatro de los participantes de Francia (23 %), Alemania (23 %), Reino Unido (17 %) y España (17 %) reconoció que en su empleo actual detecta oportunidades claras de progreso profesional.

Benko, C. & Anderson, M. (2010). *The corporate lattice: Achieving high performance in the changing world of work.* Boston: Harvard Business Review Press.

Biron, M. M. & Eshed, R. (2017). Gaps between actual and preferred career paths among professional employees: Implications for performance and burnout. *Journal of Career Development, 44*(3), 224-238.

Crawshaw, J. R., van Dick, R. & Brodbeck, F. C. (2012). Opportunity, fair process and relationship value: Career development as a driver of proactive work behaviour. *Human Resource Management Journal, 22*(1), 4-20

Gallup (2016). *How millennials want to work and live.* Recuperado el 07/12/2018 de: https://www.gallup.com/workplace/238073/millennials-work-live.aspx

Gallup (2017). State of the American workplace. Recuperado el 07/12/2018 de: https://www.gallup.com/workplace/238085/state-american-workplace-report-2017.aspx

CAPÍTULO 26. *MONEYBALL* PARA LOS CENTROS DE TRABAJO

Gallup (2016). *The relationship between engagement at work and organizational outcomes: 2016 Q12® meta-analysis: ninth edition*. Recuperado el 07/12/2018 de: https://news. gallup. com/reports/191489/q12-meta-analysis-report-2016.aspx

Global Happiness Council (2018). *Work and well-being: A global perspective. Global Happiness Policy Report 2018*. Recuperado el 10/012/2018 de: https://s3.amazonaws.com/ghc-2018/GlobalHappinessPolicyReport2018.pdf

Harter, J. K., Schmidt, F. L., Agrawal, S., Plowman, S. & Blue, A. T. (2018). *Increased business value for positive job attitudes during economic recessions: A meta-analysis and SEM analysis*. Gallup Working Paper. Omaha, NE.

Harter, J. K., Schmidt, F. L., Asplund, J. W., Killham, E. A. & Agrawal, S. (2010). Causal impact of employee work perceptions on the bottom line of organizations. *Perspectives on Psychological Science, 5*(4), 378-389.

Harter, J. K., Schmidt, F. L. & Hayes, T. L. (2002). Business-unit-level relationship between employee satisfaction, employee engagement, and business outcomes: A meta-analysis. *Journal of Applied Psychology, 87*(2), 268-279.

Kornhauser, J. (s. f.). *Chicago Cubs utilizing "Moneyball" approach for early success*. Recuperado el 10/12/2018 de: http://www.rantsports.com/mlb/2015/04/23/chicago-cubsutilizing-moneyball-approach-for-early-success/

Lewis, M. (2004). *Moneyball: The art of winning an unfair game*. New York: Norton.

Reiter, B. (2014, 30 de junio). Houston's grand experiment. *Sports Illustrated*. Recuperado el 10/12/2018 de: https://www.si.com/vault/2014/06/30/106479598/astromatic-baseball-houstons-grand-experiment

St. John, A. (2013, 31 de octubre). *Powered by Bill James and friends, the Red Sox win (another) Moneyball World Series*. Recuperado el 10/12/2018 de: https://www. forbes. com/sites/allenstjohn/2013/10/31/powered-by-bill-james-and-friends-the-redsox-win-another-moneyball-world-series/#76c13a857c64

CAPÍTULO 27. EL HALLAZGO DE LOS LÍDERES DE EQUIPO

Los 34 temas de las fortalezas Clifton clasificados en cuatro dominios

Ejecución	Influencia	Construyendo relaciones	Pensamiento estratégico
Consistente	Activador	Adaptabilidad	Analítico
Coordinador	Autoconfianza	Afinidad	Aprendedor
Creencia	Competitivo	Armonía	Coleccionador
Deliberativo	Comunicación	Conexión	Contexto
Disciplina	Mando	Desarrollador	Estratégico
Enfoque	Maximizador	Empatía	Futurista
Logrador	Significación	Inclusión	Idear
Responsabilidad	Sociable	Individualización	Intelección
Restaurador		Positivo	

En un estudio realizado sobre 159 equipos de atención al cliente, se descubrió que aquellos que contaban con un alto grado de compromiso de clientes tenían al menos una persona en el equipo con elevada «centralidad» respecto al resto de la empresa. Los equipos con elevada centralidad están conectados con otros de la empresa que son muy influyentes. El análisis de redes sociales calcula la centralidad de cada persona respecto a la red social general, considerando sus conexiones de primer, segundo y tercer grado.

En otro estudio llevado a cabo con la participación de 821 empleados, los investigadores descubrieron que los individuos más altamente comprometidos solían tener responsables con una elevada centralidad en la red social de la empresa.

El término «inteligencia colectiva» forma parte de la amplia literatura de investigación que incluye otros términos relacionados, como «modelos mentales compartidos» y «cognición compartida». En general, los equipos rinden más cuando sus miembros están en sintonía o cuando piensan de forman diferente pero complementaria.

DeChurch, L. A. & Mesmer-Magnus, J. R. (2010). The cognitive underpinnings of effective teamwork: A meta-analysis. *Journal of Applied Psychology, 95*(1), 32-53.

Gallup. (2014). *Estimating the influence of the local manager on team engagement.* Technical report. Omaha, NE.

Mann, A. & McCarville, B. (2015, 13 de noviembre). *What job-hopping employees are looking for.* Recuperado el 10/12/2018 de: https://news.gallup.com/ businessjournal/186602/job-hopping-employees-looking.aspx

Mathieu, J. E., Hollenbeck, J. R., van Knippenberg, D. & Ilgen, D. R. (2017). A century of work teams in the Journal of Applied Psychology. *Journal of Applied Psychology, 102*(3), 452-467.

Woolley, A. W., Aggarwal, I. & Malone, T. W. (2015). Collective intelligence and group performance. *Current Directions in Psychological Science, 24*(6), 420-424.

CAPÍTULO 28. POR QUÉ LOS PROGRAMAS DE COMPROMISO NO FUNCIONAN

Según un estudio de Gallup sobre la productividad de 82.248 unidades de negocio en 230 empresas, combinando las puntuaciones de 4 y 5 en una escala tipo Likert (de acuerdo/ desacuerdo) se genera una medida menos efectiva que escogiendo solo los 5 (totalmente de acuerdo). Una subida del 10% teniendo en cuenta solo a quienes puntúan 5 se relaciona con una mejora de casi el doble en los resultados de la empresa (en cuanto a beneficios, productividad, fidelización de clientes, rotación de personal y seguridad), en comparación con una subida del 10% de los que puntúan 4 (de acuerdo).

Emond, L. (2017, 15 de agosto). *2 reasons why employee engagement programs fall short.* Recuperado el 10/12/2018 de: https://www.gallup.com/workplace/236147/ reasons-why-employee-engagement-programs-fall-short.aspx

Gallup (2017). *State of the global workplace.* New York: Gallup Press.

Harter, J. (s. f.). *Dismal employee engagement is a sign of global mismanagement.* Recuperado el 10/12/2018 de: https://www.gallup.com/workplace/231668/dismalemployee-engagement-sign-global-mismanagement.aspx

Harter, J. (2018, 26 de agosto). *Employee engagement on the rise in the U.S.* Recuperado el 10/12/2018 de: https://news.gallup.com/poll/241649/employeeengagement-rise.aspx

Pendell, R. (2018, 28 de agosto). *10 ways to botch employee surveys.* Recuperado el 10/12/2018 de: https://www.gallup.com/workplace/241253/ways-botch-employee-surveys.aspx

CAPÍTULO 29. CREANDO UNA CULTURA DE ALTO DESARROLLO

Flade, P., Harter, J. & Asplund, J. (2014, 15 de abril). *Seven things great employers do (that others don't): Unusual, innovative, and proven tactics to create productive and profitable working environments.* Recuperado el 10/12/2018 de: https://news.gallup.com/businessjournal/168407/seven-things-great-employers-others-don.aspx

Harter, J. (2015, 4 de noviembre). *Who drives employee engagement — manager or CEO?* Recuperado el 10/12/2018 de: https://news.gallup.com/opinion/gallup/186503/ drives-employees-engagement-manager-ceo.aspx

O'Boyle, E. & Harter, J. (2018, 18 de abril). *39 organizations create exceptional workplaces.* Recuperado el 10/12/2018 de: https://www.gallup.com/workplace/236117/organizations-create-exceptional-workplaces.aspx

CAPÍTULO 30. LOS CINCO RASGOS DE LOS GRANDES LÍDERES

A partir de cientos de estudios procedentes de la base de datos de Gallup, que cubre cinco décadas de investigación, nuestro equipo analizó los cambios en el perfil de la buena dirección empresarial a lo largo del tiempo. Cada uno de esos cientos de estudios aportó información sobre qué rasgos predecían el éxito en la época en que se llevó a cabo. Y definimos «éxito» como las puntuaciones altas en productividad de un equipo, compromiso de los trabajadores, índices de retención del talento, evaluación del servicio al cliente y beneficios económicos de la empresa.

También comparamos los estudios por décadas para entender qué cosas han ido cambiando. Y a raíz de ello descubrimos una significativa coherencia en muchos aspectos básicos que predecían el éxito de los equipos; es decir, muchos de los factores que predecían el éxito en las décadas de 1970 y 1980 lo siguen haciendo en la actualidad: los buenos líderes *se orientan hacia la consecución de resultados de rendimiento y establecen relaciones cercanas con sus subordinados para conseguir tales resultados.*

Así, descubrimos que las mismas dimensiones generales descritas en el Capítulo 30 (motivación, estilo de trabajo, iniciativa, colaboración y proceso de pensamiento) estaban presentes en el carácter de los buenos líderes de distintas épocas, pero también hallamos importantes diferencias en la *forma* en que hoy en día estas personas *conforman* sus equipos, solucionan los problemas y toman decisiones a través de un proceso de reflexión.

A continuación exponemos las dos diferencias más importantes detectadas en esta investigación:

1. Los líderes o directivos del pasado podían influir en los demás aplicando la ley y ejerciendo *control* sobre sus empleados. Para ello era necesario que fueran la figura central y quienes determinaban cómo se hacia el trabajo. Hoy en día, más bien juegan el rol de *facilitadores* o *coaches* de sus subordinados. Podemos pensar en ellos como si fueran una especie de coordinadores u organizadores. Deben hablar con autoridad, pero ser abiertos a las respuestas y reacciones de sus empleados. Además, necesitan establecer normas claras para la responsabilidad personal en un mundo en el que el tiempo y el espacio laboral son flexibles y el trabajo y la vida están entremezclados.

2. Los líderes o directivos del pasado solucionaban los problemas intentando entender el contexto en el que trabajaban sus equipos y siendo conscientes de las circunstancias en las que se tomaban las decisiones, lo cual les aportaba una *perspectiva informada* a la hora de decidir. Actualmente, para triunfar hace falta tomar *decisiones más analíticas*. Con seguridad ahora están más centrados en el futuro y más orientados a los sistemas, poseen una curiosidad innata por la novedad, son más objetivos, solucionan los problemas de modo empírico y son consumidores de datos.

Estas dos diferencias entre los líderes empresariales del pasado y del presente son un reflejo de los cambios que ha experimentado la moderna fuerza laboral, que han dado lugar a una mayor independencia del trabajador y a mejoras significativas en el acceso a la información. Los nuevos perfiles de selección de personal para liderar equipos de alto rendimiento deberían tener en cuenta estos cambios, que Gallup ha incluido en sus sistemas de evaluación para la selección de personal.

Bouchard, T. J., Lykken, D. T., McGue, M., Segal, N. L. & Tellegen, A. (1990). Sources of human psychological differences: The Minnesota study of twins reared apart. *Science, 250*(4978), 223-228.

Harter, J. K. (2000). Managerial talent, employee engagement, and business-unit performance. *The Psychologist-Manager Journal, 4*(2), 215.

Jang, K. L., Livesley, W. J. & Vemon, P. A. (1996). Heritability of the big five personality dimensions and their facets: A twin study. *Journal of Personality, 64*(3), 577-592.

Plomin, R., DeFries, J. C. & McClearn, G. E. (2008). *Behavioral genetics.* MacMillan.

Segal, N. L. (2012). *Born together—reared apart: The landmark Minnesota twin study.* Harvard University Press.

Yang, Y., Harter, J. K., Streur, J. H., Agrawal, S., Dvorak, N. & Walker, P. (2013). *The Gallup manager assessment.* Technical report. Omaha, NE: Gallup.

CAPÍTULO 31. CÓMO POTENCIAR EL DESARROLLO DE QUIENES YA SON LÍDERES

Los investigadores de Gallup estudiaron a 581 empresas que habían invertido (n = 309) o no (n = 272) en formación proporcionada por Gallup entre la primera y la segunda administración de la encuesta de compromiso del trabajador, la cual cuenta con datos recopilados de 2,5 millones de individuos que participaron en ella entre 2000 y 2016. Dicha formación se centraba en la estrategia basada en las fortalezas, en el compromiso de los trabajadores y/o en el desarrollo de los líderes.

Las empresas que habían invertido en la formación sobre las fortalezas registraron una subida media del 17% en el número de empleados comprometidos, en comparación con el 8% de aumento para quienes midieron el Q^{12}, pero sin hacer la formación. Las empresas que contrataron la formación sobre el compromiso del trabajador consiguieron una mejora del 12% en su rendimiento; esto para empresas grandes, con 10.000 empleados, significa unas ganancias estimadas de 23,3 millones de dólares por empleados en el primer año a partir de una base o una red de 12,1 millones de dólares más que las empresas que no aplicaban dicha formación y una red de 8,6 millones de dólares más que las que aplicaban la formación de compromiso del trabajador, pero sin el componente de las fortalezas.

Meinert, D. (2014, 22 de julio). *Leadership development spending is up*. Recuperado el 10/12/2018 de: https://www.shrm.org/hr-today/news/hr-magazine/pages/0814-execbrief.aspx

Wigert, B. & Agrawal, S. (2018, 16 de julio). *Employee burnout, part 2: What managers can do*. Recuperado el 10/12/2018 de: https://www.gallup.com/workplace/237119/employee-burnout-part-2-managers.aspx

Wigert, B. & Maese, E. (2018). *The manager experience study*. Gallup Working Paper. Omaha, NE.

EL FUTURO DEL TRABAJO

CAPÍTULO 32. UN RÁPIDO REPASO DE LO QUE HA CAMBIADO EN LOS CENTROS DE TRABAJO

Gallup (2016). *How millennials want to work and live*. Recuperado el 07/12/2018 de: https://www.gallup.com/workplace/238073/millennials-work-live.aspx

Gallup (2017). *State of the American workplace*. Recuperado el 07/12/2018 de: https:// www.gallup.com/workplace/238085/state-american-workplace-report-2017.aspx

Harter, J. (2014, 9 de septiembre). *Should employers ban email after work hours?* Recuperado el 10/12/2018 de: https://www.gallup.com/workplace/236519/employers-banemail-work-hours.aspx

Newport, F. (2017, 10 de mayo). *Email outside of working hours not a burden to U.S. workers*. Recuperado el 10/12/2018 de: https://news.gallup.com/poll/210074/emailoutside-working-hours-not-burden-workers.aspx

CAPÍTULO 33. TRES REQUISITOS PARA LA DIVERSIDAD Y LA INCLUSIÓN

Bezrukova, K., Spell, C. S., Perry, J. L. & Jehn, K. A. (2016). A meta-analytical integration of over 40 years of research on diversity training evaluation. *Psychological Bulletin, 142*(11), 1227-1274.

Brenan, M. (2017, 16 de noviembre). *Americans no longer prefer male boss to female boss*. Recuperado el 10/12/2018 de: https://news.gallup.com/poll/222425/americansno-longer-prefer-male-boss-female-boss.aspx

Downey, S. N., van der Werff, L., Thomas, K. M. & Plaut, V. C. (2014). The role of diversity practices and inclusion in promoting trust and employee engagement. *Journal of Applied Social Psychology, 45*(1), 35-44.

Gallup (2016). *How millennials want to work and live.* Recuperado el 07/12/2018 de: https://www.gallup.com/workplace/238073/millennials-work-live.aspx

Gallup (2018). *Three requirements of a diverse and inclusive culture — and why they matter for your organization.* Recuperado el 10/12/2018 de: https://www.gallup.com/workplace/242108/diversity-inclusion-perspective-paper.aspx

Jones, J. M. (2015, 20 de mayo). *Majority in U.S. now say gays and lesbians born, not made.* Recuperado el 10/12/2018 de: https://news.gallup.com/poll/183332/majoritysay-gays-lesbians-born-not-made.aspx

Kalev, A., Dobbin, F. & Kelly, E. (2006). Best practices or best guesses? Assessing the efficacy of corporate affirmative action and diversity policies. *American Sociological Review, 71*(4), 589-617.

Saad, L. (2017, 3 de noviembre). *Concerns about sexual harassment higher than in 1998.* Recuperado el 10/12/2018 de: https://news.gallup.com/poll/221216/concernssexual-harassment-higher-1998.aspx

Swift, A. (2017, 15 de marzo). *Americans' worries about race relations at record high.* Recuperado el 10/12/2018 de: https://news.gallup.com/poll/206057/americans-worry-racerelations-record-high.aspx

Washington, E. & Patrick, C. (2018, 17 de septiembre). *3 requirements for a diverse and inclusive culture.* Recuperado el 10/12/2018 de: https://www.gallup.com/workplace/242138/requirements-diverse-inclusive-culture.aspx

CAPÍTULO 34. DIVERSIDAD E INCLUSIÓN: «TRÁTAME CON RESPETO»

Entre los trabajadores de los Estados Unidos, el 9% se muestran en desacuerdo o totalmente en desacuerdo con la idea de que son tratados con respeto en el trabajo. De ese porcentaje, el 90% indica que ha experimentado al menos uno de los 35 actos de discriminación o acoso en el puesto de trabajo.

En un estudio realizado por Gallup en 2018 con la participación de 4000 empleados a tiempo completo y parcial en Francia, Alemania, España y el Reino Unido, el 3% de los participantes de este último país se mostraron en desacuerdo o totalmente en desacuerdo con la afirmación de que siempre eran tratados con respeto en el trabajo; la proporción fue del 4% en Alemania, el 10% en España y el 2% en Francia.

Gallup (2018). *Three requirements of a diverse and inclusive culture — and why they matter for your organization*. Recuperado el 10/12/2018 de: https://www.gallup.com/ workplace/242108/diversity-inclusion-perspective-paper.aspx

Jones, J. R. & Harter, J. K. (2005). Race effects on the employee engagement-turnover intention relationship. *Journal of Leadership & Organizational Studies, 11*(2), 78-88.

Porath, C. (2014, 19 de noviembre). Half of employees don't feel respected by their bosses. *Harvard Business Review*. Recuperado el 10/12/2018 de: https://hbr. org/2014/11/half-of-employees-dont-feel-respected-by-their-bosses

CAPÍTULO 35. DIVERSIDAD E INCLUSIÓN: «VALÓRAME POR MIS FORTALEZAS»

Polzer, J. T., Milton, L. P. & Swarm Jr., W. B. (2002). Capitalizing on diversity: Interpersonal congruence in small work groups. *Administrative Science Quarterly, 47*(2), 296-324.

Riffkin, R. & Harter, J. (2016, 21 de marzo). *Using employee engagement to build a diverse workforce*. Recuperado el 10/12/2018 de: https://news.gallup.com/opinion/ gallup/190103/using-employee-engagement-build-diverse-workforce.aspx

Washington, E. (2018, 3 de octubre). *How to use Clifton Strengths to develop diversity and inclusion*. Recuperado el 10/12/2018 de: https://www.gallup.com/ workplace/243251/ cliftonstrengths-develop-diversity-inclusion.aspx

CAPÍTULO 36. DIVERSIDAD E INCLUSIÓN: «LOS LÍDERES HARÁN LO CORRECTO»

En un estudio realizado por Gallup en 2018 con la participación de 4000 empleados a tiempo completo y parcial en Francia, Alemania, España y el Reino Unido, el 57 % de los participantes de este último país estaban totalmente de acuerdo con la afirmación de que sus responsables harían lo correcto si ellos les plantearan un problema ético; el 36 % en Francia, el 32 % en España y el 31 % en Alemania sostuvieron lo mismo.

DiSciullo, M. & Jones, D. D. (2017, 12 de junio). *More than 150 CEOs make unprecedented commitment to advance diversity and inclusion in the workplace.* Recuperado el 10/12/2018 de: https://www.ceoaction.com/media/press-releases/2017/more-than-150ceos-make-unprecedented-commitment-to-advance-diversity-and-inclusion-in-theworkplace/

Miller, J. (2017, 19 de octubre). *It's not you, it's me: Supporting workplace inclusion.* Recuperado el 10/12/2018: https://www.gallup.com/workplace/236264/not-supportingworkplace-inclusion.aspx

Pendell, R. (2018, 10 de septiembre). *How to reduce bias and hire the best candidate.* Recuperado el 10/12/2018 de: https://www.gallup.com/workplace/241955/reduce-biashire-best-candidate.aspx

Washington, E. (s. f.). *Starbucks after anti-bias training: Will it last?* Recuperado el 10/12/2018 de: https://www.gallup.com/workplace/235139/starbucks-anti-biastraining-last.aspx

Washington, E. & Newport, F. (2017, 25 de abril). *Diversity and inclusion in the workplace after Trump election.* Recuperado el 10/12/2018 de: https://www.gallup.com/workplace/236324/diversity-inclusion-workplace-trump-election.aspx

CAPÍTULO 37. LA BRECHA DE GÉNERO

Badal, S. & Harter, J. K. (2014). Gender diversity, business-unit engagement, and performance. *Journal of Leadership & Organizational Studies, 21*(4), 354-365.

Brenan, M. (2017, 16 de noviembre). Americans no longer prefer male boss to female boss. Recuperado el 10/12/2018 de: https://news.gallup.com/poll/222425/americansno-longer-prefer-male-boss-female-boss.aspx

Gallup (2016). *Women in America: Work and life well-lived.* Recuperado el 10/12/2018 de: https://www.gallup.com/workplace/238070/women-america-work-life-livedinsights-business-leaders.aspx

Gallup and the International Labour Organization (s. f.). *Towards a better future for women and work: Voices of women and men.* Recuperado el 10/12/2018 de: https://news.gallup.com/reports/204785/ilo-gallup-report-towards-better-future-womenwork-voices-women-men.aspx

Miller, J. (2017,17 de enero). *The dwindling female labor force in the U.S.* Recuperado el 10/12/2018 de: https://news.gallup.com/businessjournal/201719/dwindlingfemale-labor-force.aspx

Ray, J. & Esipova, N. (2017, 8 de marzo). *Millions of women worldwide would like to join the workforce.* Recuperado el 10712/2018 de: https://news.gallup.com/poll/205439/millions-women-worldwide-join-workforce.aspx

CAPÍTULO 38. LAS MUJERES EN EL TRABAJO: LA ERA DEL #YOTAMBIÉN

Gallup and the International Labour Organization (s. f.). *Towards a better future for women and work: Voices of women and men.* Recuperado el 10/12/2018 de: https://news.gallup.com/reports/204785/ilo-gallup-report-towards-better-future-womenwork-voices-women-men.aspx

Newport, F. & Saad, L. (2017, 14 de noviembre). *How widespread is sexual harassment in the U.S.?* [Audio blog post]. Recuperado el 10/12/2018 de: https://news.gallup.com/podcast/222344/widespread-sexual-harassment.aspx

Saad, L. (2017, 3 de noviembre). *Concerns about sexual harassment higher than in 1998.* Recuperado el 10/12/2018 de: https://news.gallup.com/poll/221216/concernssexual-harassment-higher-1998.aspx

CAPÍTULO 39. LAS MUJERES EN EL TRABAJO: ¿POR QUÉ EXISTE LA BRECHA SALARIAL?

Bertrand, M., Goldin, C. & Katz, L. F. (2010). Dynamics of the gender gap for young professionals in the financial and corporate sectors. *American Economic Journal: Applied Economics, 2*(3), 228-255.

Bureau of Labor Statistics (2016, 15 de enero). *Women's earnings 83 percent of men's, but vary by occupation. TED: The Economics Daily.* Recuperado el 10/12/2018 de: https://www.bls.gov/opub/ted/2016/womens-earnings-83-percent-of-mens-but-varyby-occupation.htm

Cook, C., Diamond, R., Hall, J., List, J. A. & Oyer, P. (2018). *The gender earnings gap in the gig economy: Evidence from over a million rideshare drivers.* Recuperado el 10/1272018 de: https://www.gsb.stanford.edu/faculty-research/working-papers/genderearnings-gap-gig-economy-evidence-over-million-rideshare

Gallup and the International Labour Organization (s. f.). *Towards a better future for women and work: Voices of women and men.* Recuperado el 10/12/2018 de: https://news.gallup.com/reports/204785/ilo-gallup-report-towards-better-future-womenwork-voices-women-men.aspx

Goldin, C. (2014). A grand gender convergence: Its last chapter. *American Economic Review, 104*(4), 1091-1119.

Goldin, C. (2015, 27 de julio). How to achieve gender equality in pay. *Milken Institute Review.* Recuperado el 10/12/2018 de: http://www.milkenreview.org/articles/ how-to-achieve-gender-equality-in-pay

Goldin, C. & Devani, T. (2017, 7 de agosto). Narrowing the wage gap: An interview with Claudia Goldin. *Harvard International Review.* Recuperado el 10/12/2018 de: http://hir.harvard.edu/article/?a=14544

Plumb, E. (2016, 15 de noviembre). *The gender pay gap: An interview with Harvard economist Claudia Goldin*. Recuperado el 10/12/2018 de: https://www.workflexibility.org/ gender-pay-gap-interview-economist-claudia-goldin/

CAPÍTULO 40. LAS MUJERES EN EL TRABAJO: CONCILIACIÓN ENTRE TRABAJO Y VIDA PERSONAL

Gallup (2016). *Women in America: Work and life well-lived*. Recuperado el 10/12/2018 de: https://www.gallup.com/workplace/238070/women-america-work-life-livedinsights-business-leaders.aspx

Gallup and the International Labour Organization (s. f.). *Towards a better future for women and work: Voices of women and men*. Recuperado el 10/12/2018 de: https://news.gallup.com/reports/204785/ilo-gallup-report-towards-better-future-womenwork-voices-women-men.aspx

CAPÍTULO 41. ¿SON UNA CARGA LOS TRABAJADORES DE LA GENERACIÓN DEL *BABY BOOM*?

Arnold, J. & Clark, M. (2016). Running the penultimate lap of the race: A multimethod analysis of growth, generativity, career orientation, and personality amongst men in mid/late career. *Journal of Occupational and Organizational Psychology, 89*(2), 308-329.

Case, A. & Deaton, A. (2015). Rising morbidity and mortality in midlife among white non-Hispanic Americans in the 21st century. *Proceedings of the National Academy of Sciences, 112*(49), 15078-15083.

Gallup (2019). *Gallup's perspective on transitioning baby boomer employees*. Gallup Working Paper. Omaha, NE.

Harter, J. & Agrawal, S. (2015, 27 de enero). *Older baby boomers more engaged at work than younger boomers*. Recuperado el 10/12/2018 de: https://news.gallup.com/ poll/181298/older-baby-boomers-engaged-work-younger-boomers.aspx

Newport, F. (2018, 9 de mayo). *Update: Americans' concerns about retirement persist*. Recuperado el 10/12/2018 de: https://news.gallup.com/poll/233861/update-americansconcerns-retirement-persist.aspx

Newport, F. (2018, 10 de mayo). *Snapshot: Average American predicts retirement age of 66.* Recuperado el 10/12/2018 de: https://news.gallup.com/poll/234302/snapshotamericans-project-average-retirement-age.aspx

Norman, J. (2016, 3 de mayo). *Economic turmoil stirs retirement plans of young, old.* Recuperado el 10/12/2018 de: https://news.gallup.com/poll/191297/economic-turmoilstirred-retirement-plans-young-old.aspx

Saad, L. (2016, 13 de mayo). *Three in 10 U.S. workers foresee working past retirement age.* Recuperado el 10/12/2018 de: https://news.gallup.com/poll/191477/threeworkers-foresee-working-past-retirement-age.aspx

Swift, A. (2017, 8 de mayo). *Most U.S. employed adults plan to work past retirement age.* Recuperado el 10/12/2018 de: https://news.gallup.com/poll/210044/employedadults-plan-work-past-retirement-age.aspx

CAPÍTULO 42. PRESTACIONES Y FLEXIBILIDAD DE HORARIO: ¿QUÉ LES IMPORTA REALMENTE A LOS TRABAJADORES?

Gallup (2016). *How millennials want to work and live.* Recuperado el 07/12/2018 de: https://www.gallup.com/workplace/238073/millennials-work-live.aspx

Gallup (2017). *State of the American workplace.* Recuperado el 07/12/2018 de: https:// www.gallup.com/workplace/238085/state-american-workplace-report-2017.aspx

CAPÍTULO 43. CÓMO HACER QUE LA FLEXIBILIDAD DE HORARIOS SE CORRESPONDA CON UN ALTO DESEMPEÑO

Dvorak, N. (2017, 15 de septiembre). *The working vacation.* Recuperado el 10/12/2018 de: https://news.gallup.com/opinion/gallup/218015/working-vacation.aspx

Gallup (2012). *Engagement at work: Working hours, flextime, vacation time, and wellbeing.* Recuperado el 10/12/2018 de: https://www.gallup.com/services/176339/ engagement-work-working-hours-flextime-vacation-time-wellbeing.aspx

Mann, A. & Nelson, B. (2017, 12 de diciembre). *Thinking flexibly about flexible work arrangements.* Recuperado el 10/12/2018 de: https://www.gallup.com/workplace/236183/thinking-flexibly-flexible-work-arrangements.aspx

CAPÍTULO 44. LA NUEVA OFICINA

Dvorak, N. & Sasaki, J. (2017, 30 de marzo). Employees at home: Less engaged. Recuperado el 10/12/2018 de: https://news.gallup.com/businessjournal/207539/employeeshome-less-engaged.aspx

Gallup (2017). *State of the American workplace.* Recuperado el 07/12/2018 de: https://www.gallup.com/workplace/238085/state-american-workplace-report-2017.aspx

Hickman, A. (2018, 29 de marzo). *Why friendships among remote workers are crucial.* Recuperado el 10/12/2018 de: https://www.gallup.com/workplace/236072/whyfriendships-among-remote-workers-crucial.aspx

Hickman, A. & Fredstrom, T. (2018, 7 de febrero). *How to build trust with remote employees.* Recuperado el 10/12/2018 de: https://www.gallup.com/ workplace/236222/build-trust-remote-employees.aspx

Hickman, A. & Pendell, R. (2018, 31 de mayo). *The end of the traditional manager.* Recuperado el 10/12/2018 de: https://www.gallup.com/workplace/236108/end-traditionalmanager.aspx

Hickman, A. & Sasaki, J. (2017, 5 de abril). *Can you manage employees you rarely see?* Recuperado el 10/12/2018 de: https://www.gallup.com/workplace/236372/ manage-employees-rarely.aspx

Krueger, J. & Killham, E. (2006, 9 de marzo). *Why Dilbert is right: Uncomfortable work environments make for disgruntled employees — just like the cartoon says.* Recuperado el 10/12/2018 de: https://news.gallup.com/businessjournal/21802/WhyDilbert-Right.aspx

Mann, A. (2017, 22 de junio). *How to make an open office floor plan work.* Recuperado el 10/12/2018 de: https://www.gallup.com/workplace/236219/open-office-floor-planwork. aspx

Mann, A. (2017, 1 de agosto). *3 ways you are failing your remote workers.* Recuperado el 10/12/2018 de: https://www.gallup.com/workplace/236192/ways-failing-remoteworkers. aspx

Mann, A. & Adkins, A. (2017, 15 de marzo). *America's coming workplace: Home alone.* Recuperado el 10/12/2018 de: https://news.gallup.com/businessjournal/206033/ america-coming-workplace-home-alone.aspx

Mann, A. & Adkins, A. (2017, 22 de marzo). *How engaged is your remote workforce?* Recuperado el 10/12/2018 de: https://www.gallup.com/workplace/236375/ engaged-remote-workforce.aspx

MikeBloomberg (2018, 28 de febrero). I've always believed that open, collaborative workspaces make a difference — in businesses and city halls alike. Glad to see this idea spreading to @BloombergDotOrg #iteams around the world. [Tweet]. Recuperado el 10/12/2018 de: https://twitter.com/MikeBloomberg/ status/968952708542730241

CAPÍTULO 45. LA INNOVACIÓN EMPRESARIAL: CÓMO GESTIONAR Y FOMENTAR LA CREATIVIDAD

En un estudio realizado por Gallup en 2018 con la participación de 4000 empleados a tiempo completo y parcial en Francia, Alemania, España y el Reino Unido, el 55 % de los participantes de este último país reconoció que se les dejaba tiempo para pensar de forma creativa o discutir nuevas ideas en su puesto de trabajo al menos varias veces a la semana; lo mismo sostuvo el 48 % de los franceses y el 38 % de españoles y alemanes. Por otra parte, en Alemania el 41 % de los trabajadores admitió que se sentían estimulados para idear nuevas y mejores formas de hacer las cosas; fueron el 36 % en el Reino Unido, el 30 % en Francia y el 20 % en España.

Otra investigación, llevada a cabo con 25.257 trabajadores por cuenta ajena de Estados Unidos, todos ellos mayores de edad, halló que la existencia de un alto compromiso genera una mayor cantidad de ideas:

- Así, ante la pregunta: «En los últimos 12 meses, ¿han tenido Vd. o su equipo alguna idea para mejorar su empresa o departamento?».
    - El 61 % respondió que sí.
- «¿Se ha llegado a poner en práctica dicha idea?».
    - El 46 % respondió que sí.
- «¿Ha supuesto esta idea algún tipo de ahorro de costos, un aumento de los ingresos o de la eficacia para su equipo o su empresa?».
    - El 20 % dio una respuesta afirmativa.
- Los resultados de este estudio demostraron que los empleados comprometidos tienen:
    - Un 20 % más de probabilidades que el trabajador promedio (y un 66 % más que quienes no están nada comprometidos) de reconocer que ellos mismos o su equipo tuvieron una idea.
    - 2,4 veces más probabilidades que el trabajador promedio (y 7,8 veces más que quienes no están nada comprometidos) de afirmar que tuvieron una idea, que esta fue puesta en práctica y que ello conllevó una mejora.

Gallup (2014, 30 de enero). *Innovation: The new frontier for quality: Companies should use the tools they once used to prevent defects to promote fast, transformational change*. Recuperado el 10/12/2018 de: https://news.gallup.com/businessjournal/166958/ innovation-new-frontier-quality.aspx

Reiter-Palmon, R., Wigert, B. & de Vreede, T. (2011). Team creativity and innovation: The effect of team composition, social processes and cognition. En M. Mumford (Ed.), *Handbook of organizational creativity* (pp. 295-326). Cambridge, MA: Academic Press.

Wigert, B. (2018). Constructing an evidence-based model for managing creative performance. En R. Reiter-Palmon, V. L. Kennel, & J. C. Kaufman (Eds.), *Individual creativity in the workplace* (pp. 339-369), Cambridge, MA: Academic Press.

CAPÍTULO 46. NO SE PUEDE SER «ÁGIL» SIN BUENOS LÍDERES

En un estudio realizado por Gallup en 2018 con la participación de 4000 empleados a tiempo completo y parcial en Francia, Alemania, España y el Reino Unido, alrededor de uno de cada cuatro empleados de estos cuatro países admitió que disponía de los recursos y herramientas adecuados para responder con agilidad a los requerimientos de la empresa. Aproximadamente la misma proporción decía estar satisfecha con la colaboración entre su departamento y los demás de la compañía.

Emond, L. (2018, 1 de octubre). *Agility is both structural and cultural at Roche.* Recuperado el 10/12/2018 de: https://www.gallup.com/workplace/243167/agilitystructural-cultural-roche.aspx

Gallup (2018, 29 de agosto). *What does agility mean for business leaders?* Recuperado el 10/12/2018 de: https://www.gallup.com/workplace/241250/agility-mean-businessleaders.aspx

Gallup (2018, 7 de septiembre). *3 steps on the path to agility.* Recuperado el 10/12/2018 de: https://www.gallup.com/workplace/241793/steps-path-agility.aspx

Gallup (2018, 25 de septiembre). *2 key strategies for managing agile teams.* Recuperado el 10/12/2018 de: https://www.gallup.com/workplace/242387/key-strategiesmanaging-agile-teams.aspx

Krieger, J. (2010, 5 de octubre). *Creating a culture of innovation.* Recuperado el 10/12/2018 de: https://news.gallup.com/businessjournal/143282/Creating-CultureInnovation.aspx

Ratanjee, V. & Dvorak, N. (2018, 18 de septiembre). *Mastering matrix management in the age of agility.* Recuperado el 10/12/2018 de: https://www.gallup.com/ workplace/242192/mastering-matrix-management-age-agility.aspx

CAPÍTULO 47. EL TRABAJO POR PROYECTOS: LA NUEVA RELACIÓN EMPRESA-COLABORADOR

Gallup (2018). *Gallup's perspective on the gig economy and alternative work arrangements.* Recuperado el 10/12/2018 de: https://www.gallup.com/workplace/240878/gigeconomy-paper-2018.aspx

Katz, L. F. & Krueger, A. B. (2016). *The rise and nature of alternative work arrangements in the United States, 1995-2015 (No. w22667).* National Bureau of Economic Research.

McFeely, S. (2017, 5 de junio). *Is the growing Uber-economy a threat to small businesses?* Recuperado el 10/12/2018 de: https://news.gallup.com/opinion/gallup/211739/growing-uber-economy-threat-small-businesses.aspx

McFeely, S. (2018, 30 de agosto). *7 ways your organization can capitalize on the gig economy.* Recuperado el 10/12/2018 de: https://www.gallup.com/workplace/241769/waysorganization-capitalize-gig-economy.aspx

McFeely, S. & Pendell, R. (2018, 16 de agosto). *What workplace leaders can learn from the real gig economy.* Recuperado el 10/12/2018 de: https://www.gallup.com/ workplace/240929/workplace-leaders-learn-real-gig-economy.aspx

Newport, F. & McFeely, S. (2018, 19 de septiembre). *What is the future of the U.S. gig economy?* [Audio blog post]. Recuperado el 10/12/2018 de: https://news.gallup. com/podcast/242315/future-gig-economy.aspx

CAPÍTULO 48. TRABAJORES EVENTUALES: ¿DESESPERADOS O SATISFECHOS?

Deutschkron, S. & Pearce, C. (2017, 17 de octubre). *Freelancers predicted to become the U.S. workforce majority within a decade, with nearly 50% of millennial workers already freelancing, annual "Freelancing in America" study finds.* Recuperado el 10/12/2018 de: https://www.upwork.com/press/2017/10/17/freelancing-in-america-2017/

Gallup (2018). *Gallup's perspective on the gig economy and alternative work arrangements.* Recuperado el 10/12/2018 de: https://www.gallup.com/workplace/240878/gigeconomy-paper-2018.aspx

Manyika, J., Lund, S., Bughin, J., Robinson, K., Mischke, J. & Mahajan, D. (2016, octubre). *Independent work: Choice, necessity, and the gig economy*. McKinsey Global Institute. Recuperado el 10/12/2018 de: https://www.mckinsey.com/~/media/McKinsey/ Featured%20Insights/Employment%20and%20Growth/Independent%20work%20 Choice%20necessity%20and%20the%20gig%20economy/IndependentWork-Choice-necessity-and-the-gig-economy-Full-report.ashx

McFeely, S. & Pendell, R. (2018, 16 de agosto). *What workplace leaders can learn from the real gig economy*. Recuperado el 10/12/2018 de: https://www.gallup.com/ workplace/240929/ workplace-leaders-learn-real-gig-economy.aspx

CAPÍTULO 49. LA INTELIGENCIA ARTIFICIAL YA HA LLEGADO: ¿Y AHORA QUÉ?

En un estudio realizado por Gallup en 2018 con la participación de 4000 empleados a tiempo completo y parcial en Francia, Alemania, España y el Reino Unido, el 37 % de los trabajadores alemanes reconocieron que su empresa implementaba con rapidez nuevas tecnologías que les ayudaban a ser más productivos; la misma respuesta dio el 26 % de los participantes franceses, el 21 % de los británicos y el 18 % de los españoles. Además, tal como sucede en los Estados Unidos, la mayoría de los trabajadores de estos países europeos no creen que su empleo vaya a desaparecer en los próximos cinco años como consecuencia de la implantación masiva de las nuevas tecnologías.

Brynjolfsson, E. & McAfee, A. (2012). *Race against the machine: How the digital revolution is accelerating innovation, driving productivity, and irreversibly transforming employment and the economy*. Lexington, MA: Digital Frontier Press.

Chang, S. (2017, 2 de septiembre). *This chart spells out in black and white just how many jobs will be lost to robots*. Recuperado el 10/12/2018 de: http://www.marketwatch. com/ story/this-chart-spells-out-in-black-and-white-just-how-many-jobs-will-be-lostto-robots-2017-05-31

Daugherty, P. & Wilson, H. J. (2018). *Process reimagined: Together, people and AI are reinventing business processes from the ground up*. Recuperado el 10/12/2018 de: https:// www.accenture.com/t20180424T033337Z__w__/us-en/_acnmedia/PDF-76/ Accenture-Process-Reimagined.pdf

Dugan, A. & Nelson, B. (2017, 8 de junio). *3 trends that will disrupt your workplace forever*. Recuperado el 10/12/2018 de: https://www.gallup.com/workplace/235814/ trends-disrupt-workplace-forever.aspx

Frey, C. B. & Osborne, M. A. (2017). The future of employment: How susceptible are jobs to computerisation? *Technological Forecasting & Social Change, 114*, 254-280.

Levin, S. (2017, 5 de diciembre). Google to hire thousands of moderators after outcry over YouTube abuse videos. *The Guardian*. Recuperado el 10/12/2018 de: https://www. theguardian.com/technology/2017/dec/04/google-youtube-hire-moderatorschild-abuse-videos

Newport, F. (2017, 17 de mayo). *One in four U.S. workers say technology will eliminate job*. Recuperado el 10/12/2018 de: http://www.gallup.com/poll/210728/one-fourworkers-say-technology-eliminate-job.aspx

Northeastern University & Gallup (2018). *Optimism and anxiety: Views on the impact of artificial intelligence and higher education's response*. Recuperado el 10/12/2018 de: https:// www.northeastern.edu/gallup/pdf/OptimismAnxietyNortheasternGallup.pdf

Perez, S. (2017). *YouTube promises to increase content moderation and other enforcement staff to 10k in 2018*. Recuperado el 10/12/2018 de: https://techcrunch.com/2017/12/05/ youtube-promises-to-increase-content-moderation-staff-to-over-10k-in-2018/

Reinhart, R. (2018, 31 de enero). *Americans upbeat on artificial intelligence, but still wary*. Recuperado el 10/12/2018 de: https://news.gallup.com/poll/226502/americansupbeat-artificial-intelligence-wary.aspx

Reinhart, R. (2018, 8 de febrero). *Most U.S. workers unafraid of losing their jobs to robots. Retrieved December 10, 2018, from* https://news.gallup.com/poll/226841/ workersunafraid-losing-jobs-robots.aspx

Reinhart, R. (2018, 26 de febrero). *Public split on basic income for workers replaced by robots*. Recuperado el 10/12/2018 de: https://news.gallup.com/poll/228194/public-splitbasic-income-workers-replaced-robots.aspx

Reinhart, R. (2018, 6 de marzo). *Most Americans already using artificial intelligence products*. Recuperado el 10/12/2018 de: https://news.gallup.com/poll/228497/americansalready-using-artificial-intelligence-products.aspx

Reinhart, R. (2018, 9 de marzo). *AI seen as greater job threat than immigration, offshoring.* Recuperado el 10/12/2018 de: https://news.gallup.com/poll/228923/seengreater-job-threat-immigration-offshoring.aspx

Rugaber, C. S. (2017, 30 de octubre). *Robots and automation likely to create more jobs in e-commerce.* Recuperado el 10/12/2018 de: https://www.inc.com/associatedpress/e-commerce-automation-robots-create-more-jobs-amazon-effect.html

CAPÍTULO 50. INTELIGENCIA ARTIFICIAL: LA ADAPTACIÓN DE LOS CENTROS DE TRABAJO

Herway, J. (2018, 19 de septiembre). *How to set your company apart in a tech-driven world.* Recuperado el 10/12/2018 de: https://www.gallup.com/workplace/242186/setcompany-apart-tech-driven-world.aspx

Northeastern University & Gallup (2018). *Optimism and anxiety: Views on the impact of artificial intelligence and higher education's response.* Recuperado el 10/12/2018 de: https://www.northeastern.edu/gallup/pdf/OptimismAnxietyNortheasternGallup.pdf

Reinhart, R. (2018, 12 de febrero). *U.S. workers unsure about securing training if AI takes jobs.* Recuperado el 10/12/2018 de: https://news.gallup.com/poll/226868/workersunsure-securing-training-takes-jobs.aspx

Semykoz, M. (2018, 26 de julio). *Is your culture ready for the AI era?* Recuperado el 10/12/2018 de: https://www.gallup.com/workplace/237923/culture-ready-era.aspx

Semykoz, M. (2018, 3 de agosto). *How to manage the AI disruption: A culture of purpose.* Recuperado el 10/12/2018 de: https://www.gallup.com/workplace/238106/ manage-disruption-culture-purpose.aspx

Semykoz, M. (2018, 6 de agosto). *Are you asking the right questions in the new AI era?* Recuperado el 10/12/2018 de: https://www.gallup.com/workplace/238151/ asking-right-questions-new-era.aspx

Semykoz, M. (2018, 8 de agosto). *How to build a culture of confidence in the new age of AI.* Recuperado el 10/12/2018 de: https://www.gallup.com/workplace/238154/ build-culture-confidence-new-age.aspx

Semykoz, M. (2018, 15 de agosto). *How to make expert ethical decisions in the AI era.* Recuperado el 10/12/2018 de: https://www.gallup.com/workplace/238157/expert-ethicaldecisions-era.aspx

Semykoz, M. (2018, 3 de septiembre). *Learn how to cultivate a culture of trust in the AI era.* Recuperado el 10/12/2018 de: https://www.gallup.com/workplace/238160/learncultivate-culture-trust-era.aspx

Semykoz, M. (2018, 5 de septiembre). *AI is not magic: How to create the right AI culture.* Recuperado el 10/12/2018 de: https://www.gallup.com/workplace/238163/notmagic-create-right-culture.aspx

CAPÍTULO 51. ACTUALIZACIONES TECNOLÓGICAS: SISTEMAS GCH Y OTRAS SOLUCIONES

En un estudio realizado por Gallup en 2018 con la participación de 4000 empleados a tiempo completo y parcial en Francia, Alemania, España y el Reino Unido, se halló que el 55 % de los participantes de Alemania, el 51 % de los del Reino Unido y el 35 % de los de España y Francia decían que les resultaba sencillo acceder a la información clave o relevante para su trabajo.

Applin, S. A. & Fischer, M. D. (2015). Cooperation between humans and robots: Applied agency in autonomous processes. Presentado en la *10th ACM/IEEE International Conference on Human-Robot Interaction, Workshop on the Emerging Policy and Ethics of HumanRobot Interaction*, Portland, OR.

Baraka, K. & Veloso, M. (2015). Adaptive interaction of persistent robots to user temporal preferences. En A. Tapus, E. Andre, J. C. Martin, F. Ferland, M. Ammi (Eds.), *Social robotics* (pp. 61-71). Suiza: Springer.

Carpenter, T. J. & Zachary, W. W. (2017). Using context and robot-human communication to resolve unexpected situational conflicts. Presentado en la *2017 IEEE Conference on Cognitive and Computational Aspects of Situation Management (CogSIMA)*, Savannah, GA.

Faber, M., Butzler, J. & Schlick, C. M. (2015). Human-robot cooperation in future production systems: Analysis of requirements for designing an ergonomic work system. *Procedia Manufacturing, 3,* 510-517.

Faggella, D. (2018, 29 de noviembre). *Machine learning in human resources — applications and trends*. Recuperado el 10/12/2018 de: https://www.techemergence.com/machinelearning-in-human-resources/

Fairchild, M. (s. f.). *The top 5 HRIS mistakes and how to avoid them*. Recuperado el 10/12/2018 de: http://www.hrlab.com/hris-mistakes.php

Hayes, B. & Scassellati, B. (2014). Discovering task constraints through observation and active learning. Presentado en la *2014 IEEE/RSJ International Conference on Intelligent Robots and Systems*, Chicago.

Jain, D. & Sharma, Y. (2017). Adoption of next generation robotics: A case study on Amazon. *Perspectiva: A Case Research Journal, 3*, 9-23.

Kahneman, D. (2015). *Thinking, fast and slow*. Nueva York: Farrar, Straus and Giroux.

Leite, I., McCoy, M., Ullman, D., Salomons, N. & Scassellati, B. (2015). Comparing models of disengagement in individual and group interactions. Presentado en la *10th ACM/IEEE International Conference on Human-Robot Interaction, Workshop on the Emerging Policy and Ethics of Human-Robot Interaction*, Portland, OR.

Leite, I., Pereira, A., Castellano, G., Mascarenhas, S., Martinho, C. & Paiva, A. (2012). Modelling empathy in social robotic companions. En L. Ardissono & T. Kuflik (Eds.), *Advances in user modeling. UMAP 2011. Lecture Notes in Computer Science, vol. 7138*. (pp. 135-147). Berlin: Springer.

Leyzberg, D., Spaulding, S. & Scassellati, B. (2014). Personalizing robot tutors to individuals' learning differences. Presentado en *Proceedings of the 2014 ACM/IEEE International Conference on Human-Robot Interaction*, Bielefeld, Germany.

Leyzberg, D., Spaulding, S., Toneva, M. & Scassellati, B. (2012). *The physical presence of a robot tutor increases cognitive learning gains*. CogSci.

Michalos, G., Karagiannis, P., Makris, S., Tokcalar, O. & Chryssolouris, G. (2016). Augmented reality (AR) applications for supporting human-robot interactive cooperation. *Procedia CIRP, 41*, 370-375.

Saerbeck, M., Schut, T., Bartneck, C. & Janse, M. D. (2010). Expressive robots in education — Varying the degree of social supportive behavior of a robotic tutor. Presentado en *Proceedings of the 28th ACM Conference on Human Factors in Computing Systems*, Atlanta, pp. 1613-1622.

Sharp, B. (2018). Policy implications of people analytics and the automated workplace. En R. Kiggins (Ed.), *The political economy of robots: Prospects for prosperity and peace in the automated 21st century* (pp. 61-80). Basingstoke, U.K.: Palgrave Macmillan

Stoll, B., Reig, S., He, L., Kaplan, I., Jung, M. F. & Fussel, S. R. (2018). Wait, can you move the robot?: Examining telepresence robot use in collaborative teams. Presentado en *Proceedings of the 2018 ACM/IEEE International Conference on Human-Robot Interaction*, Chicago.

Strohkorb, S., Huang, C., Ramachandran, A. & Scassellati, B. (2016). Establishing sustained, supportive human-robot relationships: Building blocks and open challenges. Presentado en el *AAAI Spring Symposia*, Palo Alto, CA.

Thomaz, A. L. & Breazeal, C. (2008). Teachable robots: Understanding human teaching behavior to build more effective robot learners. *Artificial Intelligence, 172*(6-7), 716-737.

Tsarouchi, P., Michalos, G., Makris, S., Athanasatos, T., Dimoulas, K. & Chryssolouris, G. (2017). On a human-robot workplace design and task allocation system. *International Journal of Computer Integrated Manufacturing, 30*(12), 1272-1279.

Unhelkar, V. V. & Shah, J. A. (2016). ConTCT: Deciding to communicate during time-critical collaborative tasks in unknown, deterministic domains. Presentado en la *Thirtieth AAAI Conference on Artificial Intelligence*, Phoenix, AZ.

Xu, A. & Dudek, G. (2015). OPTIMo: Online Probabilistic Trust Inference Model for asymmetric human-robot collaborations. Presentado en la *10th ACM/IEEE International Conference on Human-Robot Interaction*, Workshop on the Emerging Policy and Ethics of HumanRobot Interaction, Portland, OR.

CAPÍTULO 52. LA TOMA DE DECISIONES BASADA EN LA ESTADÍSTICA PREDICTIVA: *MONEYBALL* PARA LÍDERES

En un estudio realizado por Gallup en 2018 con la participación de 4000 empleados a tiempo completo y parcial en Francia, Alemania, España y el Reino Unido, el 36 % de los participantes alemanes afirmó que su empresa hacía un uso adecuado de la información disponible para tomar decisiones; el 32 % dijo lo mismo en Francia, el 31 % en España y el 29 % en el Reino Unido.

Goasduff, L. (2015, 15 de septiembre). *Gartner says business intelligence and analytics leaders must focus on mindsets and culture to kick start advanced analytics.* Recuperado el 10/12/2018 de: https://www.gartner.com/newsroom/id/3130017?utm_source=link_newsv9&utm_campaign=item_193574&utm_medium=copy

Kruse, W. E. & Dvorak, N. (2016, 16 de marzo). *Managing employee risk demands data, not guesswork.* Recuperado el 10/12/2018 de: https://news.gallup.com/businessjournal/189878/managing-employee-risk-demands-data-not-guesswork.aspx

Leonard, D. & Nelson, B. (2018, 14 de julio). *Successful predictive analytics demand a datadriven workplace.* Recuperado el 10/12/2018 de: https://news.gallup.com/businessjournal/193574/successful-predictive-analytics-demand-data-driven-culture.aspx

Petti, B. (2018, 3 de mayo). *4 keys to becoming a data-driven HR leader.* Recuperado el 10/12/2018 de: https://www.gallup.com/workplace/236084/keys-becoming-datadriven-leader.aspx

Petti, B. & Williams, S. (2015, 11 de marzo). *Use different analytics to solve different problems.* Recuperado el 10/12/2018 de: https://news.gallup.com/opinion/gallup/181943/different-analytics-solve-different-problems.aspx

Schmarzo, B. (2014, 6 de febrero). *KPMG survey: Firms struggle with big data.* Recuperado el 10/12/2018 de: https://infocus.dellemc.com/william_schmarzo/ kpmg-survey-firms-struggle-with-big-data/?utm_source=link_newsv9&utm_ campaign=item_193574&utm_medium=copy

PARA CONCLUIR: EL PAPEL DE LA NATURALEZA HUMANA EN LOS RESULTADOS EMPRESARIALES

Asplund, J., Harter, J. K., Agrawal, S. & Plowman, S. K. (2015). *The relationship between strengths-based employee development and organizational outcomes 2015 strengths metaanalysis*. Recuperado el 10/12/2018 de: https://news.gallup.com/reports/193427/strengths-meta-analysis-2015.aspx

Fleming, J. H. & Asplund, J. (2007). *Human sigma: Managing the employee-customer encounter*. Nueva York: Gallup Press.

Fleming, J. H., Coffman, C. & Harter, J. (2005). Manage your human sigma. *Harvard Business Review, 83*(7), 106-14.

Harter, J. K. (2000). Managerial talent, employee engagement, and business-unit performance. *The Psychologist-Manager Journal, 4*(2), 215-224.

Harter, J. K., Hayes, T. L. & Schmidt, F. L. (2004). *Meta-analytic predictive validity of Gallup selection research instruments (SRI)*. Omaha, NE: Gallup.

Schmidt, F. L., Oh, I. S. & Shaffer, J. A. (2016). *The validity and utility of selection methods in personnel psychology: Practical and theoretical implications of 100 years of research findings*. Recuperado el 07/12/2018 de: https://www.testingtalent.net/wp-content/uploads/2017/04/2016-100-Yrs-Working-Paper-on-Selection-Methods-SchmitMar-17.pdf

Schmidt, F. L. & Rader, M. (1999). Exploring the boundary conditions for interview validity: Meta-analytic validity findings for a new interview type. *Personnel Psychology, 52*(2), 443-464.

Yang, Y., Harter, J. K., Streur, J. H., Agrawal, S., Dvorak, N. & Walker, P. (2013). *The Gallup manager assessment*. Technical report. Omaha, NE: Gallup.

Yu, D., Harter, J. K. & Fleming, J. (2014). *The relationship between customer engagement and organizational outcomes in the business-to-consumer context: 2014 B2C customer engagement meta-analysis*. Omaha, NE: Gallup.

Agradecimientos

El líder es el producto de décadas de investigaciones llevadas a cabo por los científicos, consultores y empresas clientes de Gallup, así como por investigadores punteros de la comunidad académica. Sus resultados se basan en las opiniones y comportamientos de decenas de millones de trabajadores de todo el mundo y de muy diversos sectores. A pesar de que, nosotros, los autores, hemos condensado todo ese conocimiento en los 52 breves capítulos de este libro, detrás se encuentra un equipo más amplio, mencionado a continuación, que nos ha aportado orientación, pensamiento crítico y asesoría —tanto de investigación como editorial—. Deseamos, pues, hacerles llegar nuestro más sincero agradecimiento por sus incansables esfuerzos.

Editor: Geoff Brewer.

Editor de prensa de Gallup: Seth Schuchman.

Jefa de personal para Jim Clifton: Christine Sheehan.

Corrección de textos: Kelly Henry.

Verficación de datos: Trista Kunce.

Diseño: Samantha Allemang.

Contribuciones a la redacción y edición: Ryan Pendell.

Apoyo administrativo: Carissa Christensen, Shawna Hubbard-Thomas y Deann Wootton.

Redacción y edición de páginas web y marketing: Rachael Breck, Jessica Schatz, Kelly Slater y Jane Smith.

Coordinadora de prensa de Gallup: Christy Trout.

Marketing y gestión de proyectos: Jessica Kennedy.

Comunicación: Ashley Anderson, Anand Madhavan, Bryant Ott y Shari Theer.

Tecnología: Katie Barton, Ryan Kronschnabel, Morgan Lubeck y Emily Ternus.

Gestión de proyectos internos: Chelsea Boryca, Tiffany Saulnier.

Equipo científico: Sangeeta Agrawal, Jim Asplund, Kristin Barry, Anthony Blue, Nate Dvorak, Cheryl Fernandez, Ellyn Maese, Shane McFeely, Marco Nink, Stephanie Plowman, Joe Streur, Ben Wigert, Dan Witters y Daniela Yu.

Revisores expertos: Jon Clifton, Larry Emond, Vipula Gandhi, Dean Jones, Emily Meyer, Jane Miller, Scott Miller, Melissa Moreno, Matt Mosser, Tom Nolan, Steve O'Brien, Ed O'Boyle, Phil Ruhlman y John Wood.

Un agradecimiento especial a la chica de la United Gate F4 y RaLinda

Finalmente, queremos dar el agradecimiento más especial a nuestro mentor, Don Clifton (1924-2003), pionero de la psicología basada en las fortalezas e inventor del método de evaluación CliftonStrengths; él nos enseñó a estudiar lo que tienen de *positivo* las personas.

Sobre Gallup

Gallup es una empresa de análisis global, firma consultora y de formación que ayuda a líderes y directivos empresariales a solucionar los problemas que amenazan sus negocios.

Gallup tiene más conocimiento sobre los objetivos de trabajadores, clientes, estudiantes y ciudadanía en general que cualquier otra organización del mundo. En Gallup ofrecemos soluciones, cambios y servicios en muchas áreas, incluyendo los siguientes aspectos:

- Cambio de cultura.
- Desarrollo de liderazgo.
- Desarrollo de directivos.
- *Coaching* y cultura basados en las fortalezas.
- Estrategias de crecimiento orgánico.
- Herramientas de software «Boss-to-coach».
- Atracción y selección de talentos.
- Planificación de la sucesión en puestos directivos.
- Sistemas e indicadores de gestión del desempeño.
- Estadísticas de perfeccionamiento del desempeño.
- Reducción de errores y riesgos de seguridad.
- Evaluación de programas internos.
- Experiencia y compromiso de los trabajadores.
- Evaluación predictiva en el proceso de selección de personal.
- Pronósticos de retención del talento.
- Formación de equipos ágiles.
- Mejora de la experiencia de cliente (B2B).
- Diversidad e inclusión.
- Iniciativas para la mejora del bienestar del personal.

Si desea saber más, le rogamos que se ponga en contacto con Gallup en nuestra página web: press.gallup.com/purchase/Spanish/code.

Sobre los autores

Jim Clifton es presidente y director ejecutivo de Gallup, además del autor de los éxitos de ventas *Born to Build* y *The Coming Jobs War*. Su trabajo más reciente e innovador, la Encuesta Mundial Gallup, ha sido diseñada para dar voz a los siete mil millones de habitantes del planeta en prácticamente todos los temas de interés en el ámbito mundial. Bajo el liderazgo de Clifton, Gallup ha pasado de ser una empresa estadounidense a convertirse en una compañía global, con 40 oficinas en 30 países. Clifton es actualmente profesor visitante y catedrático emérito en el Instituto de Empresa Privada Frank Hawkins Kenan de la Universidad de Carolina del Norte.

Jim Harter, doctor en Matemáticas, ejerce como jefe científico de Gallup. Ha llevado a cabo más de mil estudios acerca de la eficacia del entorno laboral, incluido el mayor metaanálisis en curso sobre el potencial humano y el rendimiento de la unidad de negocio. Este autor obtuvo un gran éxito de ventas con su obra *12: The Elements of Great Managing and Wellbeing: The Five Essential Elements*. Harter también ha publicado diversos artículos en revistas académicas y empresariales de prestigio.

Gallup Press tiene como objetivo formar e informar a las personas responsables de gobernar, administrar, educar y liderar a los siete mil millones de habitantes de este planeta. Cada libro que Gallup edita cumple con sus estrictos requisitos de integridad, fiabilidad e independencia y su contenido se basa en la investigación previa avalada por Gallup.